Baldur

Mistelgott und Sterbender Gott
Ase der Schönheit und Träger des Rings

Band 9 der Reihe „Die Götter der Germanen"

Bücher von Harry Eilenstein:

- Astrologie (496 S.)
- Photo-Astrologie (64 S.)
- Tarot (104 S.)
- Handbuch für Zauberlehrlinge (408 S.)
- Physik und Magie (184 S.)
- Der Lebenskraftkörper (230 S.)
- Die Chakren (100 S.)
- Meditation (140 S.)
- Drachenfeuer (124 S.)
- Krafttiere – Tiergöttinnen – Tiertänze (112 S.)
- Schwitzhütten (524 S.)
- Totempfähle (440 S.)
- Muttergöttin und Schamanen (168 S.)
- Göbekli Tepe (472 S.)
- Hathor und Re:
    Band 1: Götter und Mythen im Alten Ägypten (432 S.)
    Band 2: Die altägyptische Religion – Ursprünge, Kult und Magie (396 S.)
- Isis (508 S.)
- Die Entwicklung der indogermanischen Religionen (700 S.)
- Wurzeln und Zweige der indogermanischen Religion (224 S.)
- Der Kessel von Gundestrup (220 S.)
- Cernunnos (690 S.)
- Christus (60 S.)
- Odin (300 S.)
- Die Götter der Germanen (Band 1 – 80)
- Dakini (80 S.)
- Kursus der praktischen Kabbala (150 S.)
- Eltern der Erde (450 S.)
- Blüten des Lebensbaumes:
    Band 1: Die Struktur des kabbalistischen Lebensbaumes (370 S.)
    Band 2: Der kabbalistische Lebensbaum als Forschungshilfsmittel (580 S.)
    Band 3: Der kabbalistische Lebensbaum als spirituelle Landkarte (520 S.)
- Über die Freude (100 S.)
- Das Geheimnis des inneren Friedens (252 S.)
- Von innerer Fülle zu äußerem Gedeihen (52 S.)
- Das Beziehungsmandala (52 S.)
- Die Symbolik der Krankheiten (76 S.)

Kontakt: www.HarryEilenstein.de / Harry.Eilenstein@web.de
Impressum: Copyright: 2011 by Harry Eilenstein – Alle Rechte, insbesondere auch das der Übersetzung, vorbehalten. Kein Teil des Buches darf ohne schriftliche Genehmigung des Autors und des Verlages (nicht als Fotokopie, Mikrofilm, auf elektronischen Datenträgern oder im Internet) reproduziert, übersetzt, gespeichert oder verbreitet werden.
Herstellung und Verlag: BoD - Books on Demand, Norderstedt
ISBN: 9783741294716

Die Themen der einzelnen Bände der Reihe „Die Götter der Germanen"

1. Die Entwicklung der germanischen Religion
2. Lexikon der germanischen Religion
3. Der ursprüngliche Göttervater Tyr
4. Tyr in der Unterwelt: der Schmied Wieland
5. Tyr in der Unterwelt: der Riesenkönig   Teil 1
6. Tyr in der Unterwelt: der Riesenkönig   Teil 2
7. Tyr in der Unterwelt: der Zwergenkönig
8. Der Himmelswächter Heimdall
9. Der Sommergott: Baldur, Phol und Meili
10. Der Meeresgott: Ägir, Hler und Njörd
11. Der Eibengott Ullr
12. Die Zwillingsgötter Alcis
13. Der neue Göttervater Odin   Teil 1
14. Der neue Göttervater Odin   Teil 2
15. Der Fruchtbarkeitsgott Freyr
16. Der Chaos-Gott Loki
17. Der Donnergott Thor
18. Der Priestergott Hönir
19. Die Göttersöhne
20. Die unbekannteren Götter
21. Die Göttermutter Frigg
22. Die Liebesgöttin: Freya und Menglöd
23. Die Erdgöttinnen
24. Die Korngöttin Sif
25. Die Apfel-Göttin Idun
26. Die Hügelgrab-Jenseitsgöttin Hel
27. Die Meeres-Jenseitsgöttin Ran
28. Die unbekannteren Jenseitsgöttinnen
29. Die unbekannteren Göttinnen
30. Die Nornen
31. Die Walküren
32. Die Zwerge
33. Der Urriese Ymir
34. Die Riesen
35. Die Riesinnen
36. Mythologische Wesen
37. Mythologische Priester und Priesterinnen
38. Sigurd/Siegfried
39. Helden und Göttersöhne
40. Die Symbolik der Vögel und Insekten
41. Die Symbolik der Schlangen, Drachen und Ungeheuer
42. Die Symbolik der Herdentiere
43. Die Symbolik der Raubtiere
44. Die Symbolik der Wassertiere und sonstigen Tiere
45. Die Symbolik der Pflanzen
46. Die Symbolik der Farben
47. Die Symbolik der Zahlen
48. Die Symbolik von Sonne, Mond und Sternen
49. Das Jenseits
50. Seelenvogel, Utiseta und Einweihung
51. Wiederzeugung und Wiedergeburt
52. Elemente der Kosmologie
53. Der Weltenbaum
54. Die Symbolik der Himmelsrichtungen und der Jahreszeiten
55. Mythologische Motive
56. Der Tempel
57. Die Einrichtung des Tempels
58. Priesterin – Seherin – Zauberin – Hexe
59. Priester – Seher – Zauberer
60. Rituelle Kleidung und Schmuck
61. Skalden und Skaldinnen
62. Kriegerinnen und Ekstase-Krieger
63. Die Symbolik der Körperteile
64. Magie und Ritual
65. Gestaltwandlungen
66. Magische Waffen
67. Magische Werkzeuge und Gegenstände
68. Zaubersprüche
69. Göttermet
70. Zaubertränke
71. Träume, Omen und Orakel
72. Runen
73. Sozial-religiöse Rituale
74. Weisheiten und Sprichworte
75. Kenningar
76. Rätsel
77. Die vollständige Edda des Snorri Sturluson
78. Frühe Skaldenlieder
79. Mythologische Sagas
80. Hymnen an die germanischen Götter

Inhaltsverzeichnis

Baldur

I Baldur in der mythologischen Überlieferung der Germanen   8
1. Gylfis Vision (1)   8
2. Die Saga über Hervor und König Heidrek den Weisen   22
3. Gylfis Vision (2)   23
4. Hyndla-Lied   23
5. Fiölswin-Lied   24

6. Heimskringla (1)   24
7. Wegtamlied   26
8. Odins Rabenzauber   30
9. Die Vision der Seherin   41
10. Lokasenna   43

11. Husdrapa   43
12. Grimnir-Lied   45
13. Heimskringla (2)   45
14. Hymir-Lied   45
15. Haustlöng   46

16. Skaldskarparmal (1)   46
17. Eiriksmal   46
18. Heimskringla (3)   48
19. Skaldskarpamal (2)   48
20. Merseburger Zaubersprüche   49

21. Edda-Zitat   49
22. Gylfis Vision (3)   50
23. Gylfis Vision (4)   50
24. Skirnir-Lied   51
25. Skaldskaparmal (3)   51

26. Gedicht über Gizurr Goldbrauen-Skalde   53
27. Asen-Thulur   54
28. Kenningar   55
29. Personennamen   58
30. Zusammenfassung   59

II	**Baldur in den Sagas der Germanen**	**60**
	1. Baldur	60
	a) Fridthjofssaga	*60*
	b) Saga über König Olaf den Ruhmreichen Tryggvason	*62*
	c) Styrbjörn-Saga	*63*
	d) Sögubrot af nokkrum fornkonungum	*63*
	2. Der Ring	67
	a) Huldar-Saga	*67*
	b) Die Saga von Thorstein Haus-Macht	*72*
	c) Halsringe auf den Goldbrakteaten	*75*
	d) Der Ring Draupnir auf den Runensteinen	*76*
	e) Ringe auf dem Goldhorn von Gallehus	*80*
	f) Archäologische Ring-Funde	*81*
	3. Die Schiffsbestattungen der Germanen	82
	a) Gisli-Saga	*82*
	b) Beowulf-Epos	*82*
	c) Steinsetzungen in Schiffsform	*83*
	4. Das Feuer-Jenseitstor	85
	a) Tacitus	*85*
	b) Sigurd-Lied	*85*
	c) Gudruns Streit-Lied	*85*
	d) Das Beowulf-Epos	*86*
	e) Hervor-Saga	*87*
	f) Ibn Fadlans Reisebericht	*91*
	g) Die Saga von Thrond von Gate	*98*
	h) Brakteaten	*101*
	5. Zusammenfassung	102
III	**Baldur in den Chroniken**	**103**
	1. Baldur in der „Gesta danorum" des Saxo grammaticus	103
	a) Gesta danorum (1)	*103*
	b) Gesta danorum (2)	*113*
	c) Gesta danorum (3)	*121*
	2. Baldur in der Chronicon lethrense	122
IV	**Baldur in Jakob Grimms „Deutscher Mythologie"**	**123**
	1. Baldur	123
	2. Angelsächsiche Stammtafeln	126

V	**Baldur, Forseti und Hofund**	**129**
VI	**Der Name „Baldur"**	**130**
	1. Frühes Nordeuropa	130
	2. Frühgermanisches England	131
	3. Angelsachsen	131
	4. Frühes deutsches Mittelalter	131
	5. Goten	131
	6. Deutschland	132
	7. Urgermanen	134
	8. Kelten	134
	9. Litauen und Lettland	134
	10. Slawen	135
	11. Griechen	136
	12. Indogermanen	136
	13. Jungsteinzeit	138
	14. Altsteinzeit	139
	15. Baldur in Ortsnamen	141
	16. Baldur in Pflanzennamen	142
VII	**Baldur bei den Indogermanen**	**143**
	1. Schönheit-Richtigkeit	143
	2. Der sterbende Gott	147
	3. Der Ring	148
	4. Der Mistelpfeil	149
	5. Das Totenschiff	149
	6. Die Feuerbestattung	150
	7. Das Opfer der Ehefrau	150
	8. Die Jenseitsgöttin	150
	9. Horn und Rinderfell	151
	10. Der Lachs	152
	11. Der Göttermet	153
	12. Die Unverwundbarkeit	154
	13. Zusammenfassung	159
VIII	**Die Wurzeln des Baldur in der Jungsteinzeit**	**160**
IX	**Die Wurzeln des Baldur in der Altsteinzeit**	**163**

X	Die Biographie des Gottes Baldur	**166**
XI	Das Aussehen des Gottes Baldur	**173**
XII	Der Weg zu Baldur	**180**
XIII	**Hymnen an Baldur**	**185**
	1. An Baldur	185
	2. Baldurs Schicksal	186
	3. Hermodr und Thökk	190
	4. Baldurs Reise	193
	5. Baldur und Ullr	196
XIV	**Traumreisen zu Baldur**	**200**
	1. Traumreise zu Baldur	200
	2. Traumreise nach Breidablick	203
XV	**Baldur heute**	**205**

Phol

I	**Phol in der germanischen Überlieferung**	**207**
	1. Merseburger Zaubersprüche	207
	2. Jakob Grimm: Deutsche Mythologie	208
	3. Zusammenfassung	212

Meili

I	**Meili in der germanischen Überlieferung**	**213**
	1. Der Name „Meili"	213
	2. Nafna-Thulur	213
	3. Harbard-Lied	214
	4. Haustlöng	215
	5. Zusammenfassung	216
	Themen-Verzeichnis	218

I Baldur in der mythologischen Überlieferung der Germanen

Die Hauptquelle für die Mythen der Germanen ist die Edda. Sie ist eine Sammlung von Geschichten und Liedern über die germanischen Götter sowie eine ausführliche Beschreibung der germanischen Dichtkunst. Der Name „Edda" leitet sich von dem lateinischen „editio" ab und bedeutet hier in etwa „Sammlung, Zusammenstellung". Sie besteht aus zwei Teilen: aus einer Sammlung von alten Liedern und einem Prosateil mit einzelnen Strophen, der um 1220 n.Chr. von Snorri Sturluson (1179-1241 n.Chr.) für den norwegischen König Hákon Hákonarson und für seinen Freund, den norwegischen Jarl („Earl" = Fürst) Skule Bårdson verfaßt wurde.

Diese Texte werden schon recht alt sein, da sich einige Motive aus diesen Liedern bereits auf den Runensteinen finden und viele Motive auch aus den Mythen anderer indogermanischer Völker bekannt sind.

Der Gott Baldur ist vor allem in den Prosatexten der Edda beschrieben worden.

I 1. Gylfis Vision (1)

In dieser langen Vision wird zunächst allgemein Baldurs Herkunft und sein Charakter dargestellt:

Da sprach Gangleri: „Ich möchte auch von den anderen Asen Kunde hören."
Har sprach: „Odins anderer Sohn ist Baldur. Von ihm ist nur Gutes zu sagen: Er ist der beste und wird von allen gelobt. Er ist so schön von Antlitz und so glänzend, daß ein Schein von ihm ausgeht. Ein Kraut ist so licht, daß es mit Baldurs Augenbrauen verglichen wird, es ist das lichteste aller Kräuter: Davon magst Du auf die Schönheit seines Haars sowohl als seines Leibes schließen. Er ist der weiseste, beredteste und mildeste von allen Asen. Er hat die Eigenschaft, daß niemand seine Urteile schelten kann. Er bewohnt im Himmel die Stätte, welche Breidablick heißt. Da wird nichts Unreines geduldet, wie hier gesagt wird:

'Die siebente ist Breidablick, da hat Baldur sich
Die Halle erhöht
In jener Gegend, wo ich der Greuel
Die wenigsten lauschen weiß.' "

Später wird in dem Text ausführlich dargestellt, wie es zu Baldurs Tod kam und was sich danach ereignete:

Da frug Gangleri: „Haben sich noch andere Abenteuer mit den Asen ereignet? Eine gewaltige Heldentat hat Thor auf dieser Fahrt verrichtet."

Har antwortete: „Es mag noch von Abenteuern berichtet werden, die den Asen bedeutender scheinen.

Und das ist der Anfang dieser Sage, daß Baldur der Gute schwere Träume träumte, die seinem Leben Gefahr deuteten. Und als er den Asen seine Träume sagte, hielten sie zusammen Rat und beschlossen, dem Baldur Sicherheit vor allen Gefahren auszuwirken.

Da nahm Frigg Eide von Feuer und Wasser, Eisen und allen Erzen, Steinen und Erden, von Bäumen, Krankheiten und Giften, dazu von allen vierfüßigen Tieren, Vögeln und Würmern, daß sie Baldurs schonen wollten. Als das geschehen und allen bekannt war, da kurzweilten die Asen mit Baldur, daß er sich mitten in den Kreis stellte und einige nach ihm schossen, andere nach ihm hieben und noch andere mit Steinen warfen. Und was sie auch taten, es schadete ihm nicht; das dünkte sie alle ein großer Vorteil.

Aber als Loki, Laufeyjas Sohn, das sah, da gefiel es ihm übel, daß den Baldur nichts verletzen sollte. Da ging er zu Frigg nach Fensal in Gestalt eines alten Weibes. Da frug Frigg die Frau, ob sie wüßte, was die Asen in ihrer Versammlung vornähmen.

Die Frau antwortete, daß sie alle nach Baldur schossen; ihm aber nichts schade.

Da sprach Frigg: 'Weder Waffen noch Bäume mögen Baldur schaden: ich habe von allen Eide genommen.'

Da frug das Weib: 'Haben alle Dinge Eide geschworen, Baldurs zu schonen?'

Frigg antwortete: 'Östlich von Walhall wächst eine Staude, Mistel genannt, die schien mir zu jung, sie in Eid zu nehmen.'

Darauf ging die Frau fort; Loki nahm den Mistelzweig, riß ihn aus und ging zur Versammlung. Hödur stand zuäußerst im Kreise der Männer, denn er war blind. Da sprach Loki zu ihm: 'Warum schießt Du nicht nach Baldur?'

Er antwortete: 'Weil ich nicht sehe, wo Baldur steht; zum anderen hab ich auch keine Waffe.'

Da sprach Loki: 'Tu doch wie andere Männer und biete Baldur Ehre wie alle tun. Ich will Dich dahin weisen wo er steht: So schieße nach ihm mit diesem Reis.'

Hödur nahm den Mistelzweig und schoß nach Baldur nach Lokis Anweisung. Der Schuß flog und durchbohrte ihn, daß er tot zur Erde fiel, und das war das größte Unglück, das Menschen und Götter je traf.

Als Baldur gefallen war, standen die Asen alle wie sprachlos und gedachten nicht einmal, ihn aufzuheben. Einer sah den anderen an; ihr aller Gedanke war wider den gerichtet, der diese Tat vollbracht hatte; aber sie durften es nicht rächen: es war an einer heiligen Freistätte. Als aber die Asen die Sprache wieder erlangten, da war das erste, daß sie so heftig zu weinen anfingen, daß keiner mit Worten dem anderen seinen Gram zu sagen vermochte.

Und Odin nahm sich den Schaden um so mehr zu Herzen als niemand so gut wußte als er, zu wie großem Verlust und Verfall den Asen Baldurs Ende gereichte. Als nun die Asen sich erholt hatten, da sprach Frigg und frug, wer unter den Asen ihre Gunst und Huld gewinnen und den Helweg reiten wolle, um zu versuchen ob er da Baldur fände, und der Hel Lösegeld zu bieten, daß sie Baldur heimfahren ließe gen Asgard.

Der diese Fahrt übernahm, hieß Hermod der Schnelle, Odins Sohn. Da ward Sleipnir, Odins Hengst, genommen und vorgeführt, Hermod bestieg ihn und stob davon.

Da nahmen die Asen Baldurs Leiche und brachten sie zur See. Hringhorni hieß Baldurs Schiff, es war aller Schiffe größtes. Das wollten die Götter vom Strande stoßen und Baldurs Leiche darauf verbrennen; aber das Schiff ging nicht von der Stelle. Da wurde gen Jötunheim nach dem Riesenweib gesendet, die Hyrrockin hieß, und als sie kam, ritt sie einen Wolf, der mit einer Schlange gezäumt war. Als sie vom Rosse gesprungen war, rief Odin vier Berserker herbei, es zu halten; aber sie vermochten es nicht anders als indem sie es niederwarfen.

Da trat Hyrrockin an das Vorderteil des Schiffes und stieß es im ersten Anfassen vor, daß Feuer aus den Walzen fuhr und alle Lande zitterten. Da ward Thor zornig und griff nach dem Hammer und würde ihr das Haupt zerschmettert haben, wenn ihr nicht alle Götter Frieden erbeten hätten.

Da wurde Baldurs Leiche hinaus auf das Schiff getragen und als sein Weib Nanna, Neps Tochter, das sah, da zersprang sie vor Jammer und starb. Da wurde sie auf den Scheiterhaufen gebracht und Feuer darunter gezündet, und Thor trat hinzu und weihte den Scheiterhaufen mit Miölnir, und vor seinen Füßen lief der Zwerg, der Lit hieß, und Thor stieß mit dem Fuß nach ihm und warf ihn ins Feuer, daß er verbrannte.

Und diesem Leichenbrand wohnten vielerlei Gäste bei: Zuerst ist Odin zu nennen, und mit ihm fuhr Frigg und die Walküren und Odins Raben, und Freyr fuhr im Wagen und hatte den Eber vorgespannt, der Gullinborsti hieß oder Slidrugtanni. Heimdall ritt den Hengst Gulltopp und Freyja fuhr mit ihren Katzen. Auch kam eine große Menge Hrimthursen und Bergriesen.

Odin legte auf den Scheiterhaufen den Ring, der Draupnir hieß, der seitdem die Eigenschaft gewann, daß jede neunte Nacht acht gleich schöne Goldringe von ihm tropften. Baldurs Hengst wurde mit allem Geschirr zum Scheiterhaufen geführt.

Von Hermod aber ist zu sagen, daß er neun Nächte durch tiefe dunkle Täler ritt, so daß er nichts sah, bis er zum Giöllflusse kam und über die Giöllbrücke ritt, die mit glänzendem Gold belegt ist.

Modgud heißt die Jungfrau, welche die Brücke bewacht: Die frug ihn nach Namen und Geschlecht und sagte, gestern seien fünf Haufen toter Männer über die Brücke geritten, 'und nicht donnert sie jetzt minder unter Dir allein, und nicht hast Du die Farbe toter Männer: warum reitest Du den Helweg?'

Er antwortete: 'Ich soll zu Hel reiten, Baldur zu suchen. Hast Du vielleicht Baldur auf dem Helweg gesehen?'

Da sagte sie: Baldur sei über die Giöllbrücke geritten; 'aber nördlich geht der Weg hinab zu Hel.'

Da ritt Hermod dahin, bis er an das Helgitter kam: Da sprang er vom Pferd und gürtete es fester, stieg wieder auf und gab ihm die Sporen: Da setzte der Hengst so mächtig über das Gitter, daß er es nirgends berührte. Da ritt Hermod auf die Halle zu, stieg vom Pferd und trat in die Halle. Da sah er seinen Bruder Baldur auf dem Ehrenplatze sitzen.

Hermod blieb dort die Nacht über. Aber am Morgen verlangte Hermod von Hel, daß Baldur mit ihm heim reiten solle, und sagte, welche Trauer um ihn bei den Asen sei. Aber Hel sagte, das solle sich nun erproben, ob Baldur so allgemein geliebt werde als man sage. 'Und wenn alle Dinge in der Welt, lebendige sowohl als tote, ihn beweinen, so soll er zurück zu den Asen fahren; aber bei Hel bleiben, wenn eins widerspricht und nicht weinen will.'

Da stand Hermod auf und Baldur geleitete ihn aus der Halle und nahm den Ring Draupnir und sandte ihn Odin zum Andenken, und Nanna sandte der Frigg einen Überwurf und noch andere Gaben, und der Fulla einen Goldring.

Da ritt Hermod seines Weges zurück und kam nach Asgard und sagte alle Dinge, die er da gehört und gesehen hatte. Danach sandten die Asen Boten in alle Welt und geboten, Baldur aus Hels Gewalt zu weinen. Alle taten das, Menschen und Tiere, Erde, Steine, Bäume und alle Erze; wie Du schon gesehen haben wirst, daß diese Dinge weinen, wenn sie aus dem Frost in die Wärme kommen. Als die Gesandten heimfuhren und ihr Gewerbe wohl vollbracht hatten, fanden sie in einer Höhle ein Riesenweib sitzen, das Thökk genannt wurde. Die baten sie auch, den Baldur aus Hels Gewalt zu weinen. Sie antwortete:

*'Thöck muß weinen mit trocknen Augen
Über Baldurs Ende.
Nicht im Leben noch im Tod hatt ich Nutzen von ihm:
Behalte Hel was sie hat.'*

Man sagt, daß dies Loki, Laufeyjas Sohn, gewesen sei, der den Asen so viel Leid zugefügt hatte."

Da sprach Gangleri: „Viel Arges wahrlich hat Loki zu Wege gebracht, da er erst verursachte, daß Baldur erschlagen wurde, und dann schuld war, daß er nicht erlöst ward aus Hels Gewalt. Aber wurde das nicht irgendwie an ihm geahndet?"

Har antwortete: „Es ward ihm so vergolten, daß er lange daran denken wird. Als die Götter so wider ihn aufgebracht waren, wie man erwarten mag, lief er fort und barg sich in einem Berge. Da machte er sich ein Haus mit vier Türen, daß er aus dem Hause nach allen Seiten sehen konnte.

Oft am Tag verwandelte er sich in Lachsgestalt und barg sich in dem Wasserfall, der Franang hieß, und bedachte bei sich, welches Kunststück die Asen wohl erfinden könnten, ihn in dem Wasserfall zu fangen. Und einst, als er daheim saß, nahm er Flachsgarn und verflocht es zu Maschen, wie man seitdem Netze macht. Dabei brannte Feuer vor ihm. Da sah er, daß die Asen nicht weit von ihm waren, denn Odin hatte von Hlidskialfs Höhe seinen Aufenthalt erspäht.

Da sprang er schnell auf und hinaus ins Wasser, nachdem er das Netz ins Feuer geworfen hatte. Und als die Asen zu dem Haus kamen, da ging er zuerst hinein, der von allen der Weiseste war und Kwasir hieß, und als er im Feuer die Asche sah, wo das Netz gebrannt hatte, da merkte er, daß dies ein Mittel sein sollte, Fische zu fangen, und sagte das den Asen.

Da fingen sie an und machten ein Netz jenem nach, das Loki gemacht hatte, wie sie in der Asche sahen. Und als das Netz fertig war, gingen sie zu dem Fluß und warfen das Netz in den Wasserfall. Thor hielt das eine Ende, das andere die übrigen Asen, und nun zogen sie das Netz. Aber Loki schwamm voran und legte sich am Boden zwischen zwei Steine, so daß das Netz über ihn hinweggezogen wurde, doch merkten sie wohl, daß etwas Lebendiges vorhanden sei.

Da gingen sie abermals an den Wasserfall und warfen das Netz aus, nachdem sie etwas so Schweres daran gebunden hatten, daß nichts unten durchschlüpfen mochte. Loki fuhr vor dem Netze her und als er sah, daß es nicht weit von der See sei, da sprang er über das ausgespannte Netz und lief zurück in den Fall.

Nun sahen die Asen, wo er geblieben war: da gingen sie wieder an den Wasserfall und teilten sich in zwei Haufen nach den beiden Ufern des Flusses. Thor aber mitten im Fluß watend folgte ihnen bis an die See. Loki hatte nun die Wahl, entweder mit Lebensgefahr nach der See zu ziehen oder abermals über das Netz zu springen. Er tat das letzte und sprang schnell über das ausgespannte Netz. Thor griff nach ihm und kriegte ihn in der Mitte zu fassen; aber er glitt ihm in der Hand, so daß er ihn erst am Schwanz wieder festhalten konnte. Darum ist der Lachs hinten spitz.

Nun war Loki friedlos gefangen. Sie brachten ihn in eine Höhle und nahmen drei lange Felsenstücke, stellten sie auf die schmale Kante und schlugen ein Loch in jedes. Dann wurden Lokis Söhne, Wali und Nari oder Narwi, gefangen. Den Wali verwandelten die Asen in Wolfsgestalt: da zerriß er seinen Bruder Narwi.

Da nahmen die Asen seine Därme und banden den Loki damit über die drei Felsen: der eine stand ihm unter den Schultern, der andere unter den Lenden, der dritte unter den Kniegelenken; die Bänder aber wurden zu Eisen. Da nahm Skadi einen Giftwurm und befestigte ihn über ihm, damit das Gift aus dem Wurm ihm ins Antlitz träufelte.

Und Sigyn, sein Weib, steht neben ihm und hält ein Becken unter die Gifttropfen. Und wenn die Schale voll ist, da geht sie und gießt das Gift aus; derweil aber tropft ihm das Gift ins Angesicht, wogegen er sich so heftig sträubt, daß die ganze Erde schüttelt, und das ist es, was man Erdbeben nennt. Dort liegt er in Banden bis zur Götterdämmerung."

Schließlich sprechen Gangleri und Har noch über die Zeit nach Baldurs Tod und nach dem Ragnarök, der durch Baldurs Tod ausgelöst worden war.

Da sprach Gangleri: „Leben denn dann heute noch Götter und gibt es noch eine Erde oder einen Himmel?"

Har antwortete: „Die Erde tauchte wieder aus der See auf, grün und schön, und Korn wächst darauf ungesät. Widar und Wali leben noch, weder die See noch Surturs Lohe haben ihnen geschadet. Sie wohnen auf dem Idafeld, wo zuvor Asgard war. Auch Thors Söhne, Modi und Magni, stellen sich ein und bringen den Miölnir mit.

Danach kommen Baldur und Hödur aus dem Reiche Hels: Da sitzen sie alle beisammen und besprechen sich und gedenken ihrer Heimlichkeiten, und sprechen von Dingen, die vordem sich ereignet, von der Midgardschlange und dem Fenriswolf. Da finden sie im Grase die Goldtafeln, welche die Asen besessen haben. Wie es heißt:

'Widar und Wali walten des Heiligtums,
Wenn Surturs Lohe losch.
Modi und Magni sollen Miölnir schwingen
Und zu Ende kämpfen den Krieg.'

An einem Ort, Hoddmimirs Holz genannt, verbargen sich während Surturs Lohe zwei Menschen, Lif und Lifthrasir genannt, und nährten sich vom Morgentau. Von diesen beiden stammt ein so großes Geschlecht, daß es die ganze Welt bewohnen wird. So heißt es hier:

'Lif und Lifthrasir leben verborgen
In Hoddmimirs Holz;
Morgentau ist all ihr Mahl.
Von ihnen stammt ein neues Geschlecht.'

Und das wird Dich wunderbar dünken, daß die Sonne eine Tochter geboren hat, nicht minder schön als sie selber: die wird nun die Bahn der Mutter wandeln. So heißt es hier:

'Eine Tochter entstammt der strahlenden Göttin
Eh' der Wolf sie würgt.
Glänzend fährt nach der Götter Fall
Die Maid auf den Wegen der Mutter.'"

Der rote Faden in diesem langen Bericht über Baldur ist sein Tod und seine Wiederkehr in das Land der Lebenden.

In diesem Text kommen viele Details vor, aus denen sich rekonstruieren läßt, worum es in dieser Mythe eigentlich geht.

Zunächst einmal wird Baldur als der beste, weiseste, mildeste, reinste und beredteste Gott von allen beschrieben, der deshalb von allen gelobt wird. Sowohl sein Charakter als auch sein Aussehen sind ganz von Schönheit erfüllt. Er scheint auch eine Art Richter zu sein, da niemand seine Urteile schelten kann. Selbst die Schönheit seines Haares und seiner Brauen wird erwähnt. Seine Schönheit ist so groß, daß ein Strahlen von ihm ausgeht.

Odins Sohn Baldur ist offensichtlich der Gott der Schönheit. Diese Qualität ist so groß, daß sie jeden überzeugt – außer Loki, der Baldurs Gegenpol zu sein scheint. Baldurs „Schönheits-Leuchten" läßt vermuten, daß er eine Art Sonnengott ist oder zumindestens Sonnen-Qualitäten hat. Dazu paßt, daß Loki ein Gott der Unterwelt ist: Er ist der Vater der Unterweltsgöttin Hel, des Fenris-Wolfes und der Mitgardschlange. Der Wolf ist in den germanischen Mythen oft der Verursacher des Todes und die Schlan-gen sind ganz allgemein Symbole des Weges in das Jenseits.

Baldur ist offenbar ein „Tages-Diesseits-Gott", der aber sterblich ist. Da er jedoch kein Mensch, sondern ein Gott ist, kehrt er aus dem Jenseits zurück.

Der blinde Gott Hödur, der Baldur aufgrund der List des Loki erschießt, ist der Zwillingsbruder des Baldur. Die Symbolik von „blind – sehend" findet sich auch bei Odin, dem einäugigen Vater der beiden Zwillingsbrüder. Es liegt nahe, das Sehen dem Diesseits und die Blindheit dem Jenseits zuzuordnen – was auch gut zu Odin als Schamanengott paßt, dessen wesentlichstes Merkmal seine Jenseitsreisen sind. Hödur ist ursprünglich wahrscheinlich „Baldur im Jenseits" gewesen.

Es fällt auf, wie nachdrücklich betont wird, daß Baldurs Tod das größte Unglück war, daß Menschen und Götter treffen konnte. Vor allem Odin wußte, daß aus Baldurs Tod der Ende der meisten Asen beim Ragnarök folgen würde.

Eine ähnliche Bedrohung der Asen findet sich auch bei dem Raub des Göttermets und dem Raub der Idun. Sowohl der Göttermet als auch die Äpfel der Idun geben den Göttern ihre Unsterblichkeit. Der Verdacht liegt nahe, daß Baldur von seiner Bedeutung für die Götter her dem Göttermet und den Äpfeln der Idun entspricht. Anscheinend bewirkt Baldurs Schönheit wie der Göttermet und Iduns Äpfel die Unsterblichkeit der Götter.

Interessant ist Baldurs Unverwundbarkeit, die lediglich einen winzigen Makel hat: den Mistelzweig. Sie erinnert an Siegfrieds Unverwundbarkeit, die lediglich zwischen seinen Schulterblättern, wo während seines Bades im Drachenblut ein Lindenblatt lag, einen Makel hat.

In der Nibelungensage heißt es:

Noch eine Mär weiß ich, die ist mir wohl bekannt:
Einen Linddrachen erschlug des Helden Hand
dann badet er in dem Blute. So ward dem Recken wert
die Haut von solcher Härte, dass keine Waffe sie versehrt.

Kriemhild verrät diese Stelle unbeabsichtigt dem Hagen, der daraufhin Siegfried tötet. Hagen hat hier offenbar die Rolle des Loki und des Hödur übernommen.

Baldurs Wiederkehr aus dem Jenseits wird von allen Wesen ersehnt – außer von Loki. Die Unterweltsgöttin Hel war bereit, Baldur ins Diesseits ziehen zu lassen, wenn alle Wesen um ihn weinen würden, was Loki in der Gestalt der Riesin Thökk aber verweigerte. Ihr Name bedeutet „Dunkel", womit Hel gemeint sein wird.

Nach der Götterdämmerung, also der großen Schlacht zwischen Asen und Riesen, taucht die Erde wieder aus dem Meer auf, wächst Korn auf den Feldern, kommt die Sonnengöttin in der Gestalt ihrer Tochter zurück und kehren Baldur zusammen mit Hödur sowie die Odinssöhne Widar und Wali und die Thorssöhne Modi und Magni zurück auf das Idafeld, wo vorher Asgard stand.

Offenbar stellt die Götterdämmerung einen Generationswechsel von den alten Göttern zu den jungen Göttern dar. Die gemeinsame Erwähnung der Sonne, des Getreides und der jungen Götter zeigt, daß es hier wohl nicht um ein einmaliges, sondern um ein zyklisches Ereignis geht: um den Zyklus des Tages und noch mehr um den Zyklus des Jahres.

Interessanterweise kehren drei Brüderpaare zurück: Baldur und Hödur, Widar und Wali sowie Modi und Magni. Das läßt vermuten, daß es sich bei diesen Brüder- bzw. Zwillingsbrüderpaaren um ein grundlegendes mythologisches Paar handelt – eben um den Diesseits- und den Jenseitsaspekt eines Gottes, dessen Mythe im Wesentlichen durch den Wechsel zwischen Diesseits und Jenseits geprägt ist. Diese Auffassung würde auch dazu passen, daß Baldur offenbar eine Analogie zu dem Göttermet und zu den Äpfeln der Idun ist.

Vermutlich ist Widar der Diesseitsgott, da sein Name „der weithin Herrschende" bedeutet, was recht irdisch klingt. Von den beiden Söhnen des Thor wird Magni der Diesseits-Sohn sein, da er das Riesenpferd Gullfaxi („Goldmähne") reitet, dessen Name ein Hinweis auf die Sonne sein könnte.

Diese Paarbildung ist bei den Germanen weit verbreitet. Die wichtigsten dieser Paar-Motive sind:

| Diesseits-Jenseits-Paare ||
Diesseits	*Jenseits*
Baldur	Hödur
Baldur	Loki
Odin	Loki
Thor	Riesen
Widar	Vali
Magni	Modi
Odins sehendes Auge	Odins blindes Auge
zweiarmiger Tyr	einarmiger Tyr
unversehrter Thor	Thor mit Steinsplitter im Kopf

Das Urbild dieser Brüderpaare könnten die beiden Pferde vor dem Streitwagen des Sonnengottes-Göttervaters Tyr gewesen sein. Sie konnten sowohl die Gestalt von Pferden als auch von Menschen annehmen. Am bekanntesten sind sie in den indogermanischen Mythen vermutlich als Kastor und Pollux, die Söhne des Jupiter und als die Dioskuren, die Söhne des Zeus. Diese beiden Pferde-Jünglinge hießen bei den Germanen „Alcis" („Elche, Hirsche"), da bei den Indogermanen der Sonnenwagen manchmal auch von Hirschen statt von Pferden gezogen wurde.

Diese beiden Pferdejünglinge starben des Abends zusammen mit dem Sonnengott-Göttervater Tyr und wurden dabei zu den beiden Zwergen in der Unterwelt, die das Schwert des Tyr neu schmiedeten und die magischen Gegenstände der Götter herstellten. Der Göttervater Tyr selber wurde während der Nacht in der Unterwelt zu dem Zwergenkönig – das germanische „Dwergaz" bedeutet „Totengeist".

Die beiden Pferdezwillinge wurden auch als der grundlegende Gegensatz von Diesseits und Jenseits aufgefaßt. Da sie Zwillinge, also zu zweit waren, lag es nahe, sie mit mit Diesseits und Jenseits, also dem grundlegenden Gegensatz-Paar in der Welt, zu assoziieren.

Ursprünglich sind die beiden Alcis die beiden Söhne des Tyr und die beiden Pferde vor seinem Wagen gewesen – möglicherweise hießen sie auch schon damals Alswinn („All-geschwind") und Arwak („Frühwach") wie die beiden Rosse vor dem Wagen der Sonne.

Als Odin während der Völkerwanderungszeit der Nachfolger des Tyr als Göttervater wurde, wurden auch die Alcis-Zwillinge auf ihn übertragen: In ihrer Menschengestalt wurden sie zu Odins Söhnen Widar und Wali und in ihrer Pferdegestalt zu Odins achtbeinigem „Doppelpferd" Sleipnir, in ihrer Wolfskrieger-Gestalt zu Odins Wölfen Geri und Freki und in ihrer Seelenvogel-Gestalt zu Odins beiden Raben Hugunn und Munin. Baldur und Hödur bilden ein zweites Brüderpaar, das Widar und Wali entsprach.

Als schließlich Thor in Island zu dem dominierenden Gott wurde, erhielt auch er die Pferdezwillinge als Söhne, die bei ihm Magni und Modi hießen.

Dieser Ursprung der beiden Zwillingssöhne bzw. Brüder bedeutet aber nicht, daß sich Baldur auf den „Diesseits-Pferdzwilling" reduzieren ließe, sondern nur, daß das Motiv der beiden Pferdezwillings-Söhne des Göttervaters die Mythen des Baldur mitgestaltet hat.

Tyr und die beiden Alcis				
Zeit	**Gottheit**			
	Sonnengott-Göttervater	**(weiße) Pferde-Zwillinge**		
		gemeinsamer Name	**Einzelnamen**	
			Diesseits-Zwilling	**Jenseits-Zwilling**
Indogermanen	Dyaus („Leuchtender")	Diuos Suhnuh („Gottessöhne")		
frühe Germanen	Tyr („Leuchtender")	Alcis? („Elch/Hirsch")		
Völkerwanderungszeit	Tyr („Leuchtender")	Alcis („Elch/Hirsch")	Arwak? („Frühwach")	Alswinn? („Allgeschwind")
	Tyr = „Zwergenkönig"	zwei Zwergen-Brüder	Brock („Grobschmied")	Sindri („Funke")
Wikingerzeit	Odin („Ekstase")		Widar („weithin Herrschender")	Wali („Wille")
			Baldur („Lichter Gott")	Hödur („Hüter")
		Sleipnir		
Island	Thor („Donner")		Magni („Kraft")	Modi („Mut")

Dieses Motiv ist noch heute gut bekannt: Aus ihnen ist der Weihnachtsmann (Tyr), dessen Schlitten von zwei Rentieren (Alcis) gezogen wird, und der an Weihnachten kommt (Wiedergeburt der Sonne an Mittwinter), geworden.

Die Anmerkung in „Gylfis Vision", daß die Asen den Mord an Baldur rächen nicht sofort konnten, weil sie sich in einem heiligen Bezirk befanden, zeigt, daß es sich bei Baldurs Tod um einen mythologischen, rituellen und religiösen Vorgang gehandelt haben muß – also nicht einfach um ein Verbrechen des Loki, das keine tiefere Bedeutung hat.

Baldurs Leiche wurde in einem Schiff verbrannt. Solche Feuerbestattungen wurden von den Germanen bis ca. 950 n.Chr. durchgeführt (Beowulf-Epos, Reisebericht des Ibn Fadlan). Zum Teil wurden auch die Urnen mit der Asche der Toten in schiffsförmigen Steinsetzungen oder in echten Schiffen begraben.

Es ist von den Germanen und allgemein von den Indogermanen belegt, daß z.T. die Frauen von Fürsten getötet und mitbestattet wurden. Der Tod von Baldurs Frau Nanna, die zu Baldur auf seinen Scheiterhaufen auf seinem Schiff gelegt wurde, ist vermutlich eine Erinnerung an diesen Brauch – und eine verharmlosende Darstellung aus einer Zeit, in der ein solches Verhalten schon lange nicht mehr als akzeptabel angesehen wurde.

Der religiöse Hintergrund dieses Brauches ist die Vorstellung, daß der Wiedergeburt des Toten durch die Jenseitsgöttin eine Wiederzeugung mit ihr vorausgehen muß, die entweder im Bestattungsritual inszeniert worden ist oder im Jenseits von dem Toten mit seiner getöteten Frau, die die Rolle der Jenseitsgöttin übernahm, durchgeführt wurde.

Der Name der Riesen Hyrrockin bedeutet „Feuer-Verräucherte". Dies ist wohl als eine Beschreibung der mit dem Fürsten verbrannten Ehefrau zu werten. Interessanterweise kann das Schiff erst dann auf das Meer hinaus, d.h. in das Jenseits fahren, nachdem diese Riesin es ins Wasser hinausgeschoben hat. Dazu paßt auch, daß Thor sie getötet hätte, wenn die Götter ihn nicht um Schonung gebeten hätten. Diese Szene sieht aus wie eine Umdeutung der Tötung der Ehefrau des Fürsten bzw. hier der Frau des Gottes Baldur.

Hyrrokkin reitet auf einem riesigem Wolf und benutzt Schlangen als Zaumzeug. Der Wolf ist in den germanischen Mythen oft der Todesbringer: Er tötet den Tyr, den Odin und die Sonne. In Odins Begleitern Geri und Freki zeigt sich die ursprüngliche Bedeutung der Wölfe als Jenseitsreise-Begleiter, die wie auf der Jagd die richtige Fährte bzw. den richtigen Weg dorthin finden können. Wie so oft in den Mythen ist auch hier das, was ursprünglich bei der Jenseitsreise half, mit der Zeit zur Ursache für den Tod umgedeutet worden: Aus dem hilfreichen Wolf wurde der mordende Wolf.

Hyrrokkin benutzt Schlangen als Zaumzeug für ihren Wolf. Aufgrund ihres Kriechens auf dem Erdboden und ihres Versteckens in Höhlen, Erdspalten u.ä. sind die Schlangen allgemein Symbole des Jenseitsweges und auch der Jenseitsreisenden. So verwandelt sich z.B. Odin in eine Schlange, um in den Berg zu der Riesentochter Gunnlöd zu gelangen, die die Jenseitsgöttin ist.

Es ist auffällig, daß nur Hyrrokkin Baldurs Schiff in See stechen lassen kann. Mythologisch gedacht gibt dies nur dann einen Sinn, wenn Hyrrokkin eine zentrale Rolle in den Vorstellung über das Jenseits innehat. Da sie als „Feuergeräucherte" in der Baldur-Mythe vermutlich mit Nanna identisch ist, braucht Baldur im Jenseits offenbar seine Frau.

Nannas Name bedeutet „Mutter". Möglicherweise ist sie daher im Jenseits Baldurs Mutter, d.h. sie gibt ihm seine Wiedergeburt. In der Logik dieser Mythen würde das bedeuten, daß der Tote nur dann wiedergeboren werden kann, wenn seine Frau mitbestattet wird.

In früher Zeit war es bei den Indogermanen üblich, bei einer Fürstenbestattung auch Diener zu töten und ihm mitzugeben, damit sie ihm im Jenseits weiterhin dienten. Diese Sitte ist in der späten Jungsteinzeit einmal weit verbreitet gewesen. Es wäre denkbar, daß die Szene, in der Thor den Zwerg Lit („Farbe") in das Feuer stößt, eine Umdeutung dieser Sitte ist. Es scheint so, als ob Thor einst für das Töten der Ehefrau und der Diener zuständig gewesen wäre.

Es ist auch Thor, der den Scheiterhaufen mit seinem Hammer weiht. Aus den germanischen Hochzeitsbräuchen ist bekannt, daß der Braut der Thors-Hammer in den Schoß gelegt wurde – er stellt offenbar auch einen Penis dar. Diese Szene findet sich u.a. in dem Edda-Lied „Des Hammers Heimholung". Diese Penis-Symbolik erklärt auch den kurzen Stiel des Hammers.

Bei einer Hochzeit ist eine solche Weihung mit dem Thors-Hammer sofort einzusehen – bei einer Bestattung gibt das Weihen mit einem „Penis-Hammer" hingegen nur einen Sinne, wenn es auch im Jenseits eine Zeugung gab: eine der Wiedergeburt vorausgehende „Wiederzeugung". Auch diese Szenerie findet sich in der Prosa-Edda bei Odins Reise zu Gunnlöd: Er verwandelt sich in eine Schlange, um in den Berg kriechen zu können, verient sich dort mit Gunnlöd, trinkt den Göttermet, verwandelt sich in einen Adler und fliegt nach Asgard zurück.

Die Szene mit dem Hammer des Thor bei Baldurs Bestattung bestätigt die Auffassung, daß sich Baldur in den ursprünglichen Jenseitsvorstellungen zusammen mit Nanna wiederzeugte und dann von ihr wiedergeboren wurde.

Nanna-Hyrrokkin scheint die Jenseitsmutter und Wiedergeburtsgöttin gewesen zu sein. Hyrrokkin erscheint zusammen mit einem Wolf und einer Schlange als dessen Zaumzeug. Diese Kombination von „Todes-Frau", Wolf und Schlange findet sich in der Edda auch in „Gylfis Vision".

Dort wird erzählt, daß Loki zusammen mit der Riesin Angrboda („Sorgenbringerin") drei Kinder hat: den Fenriswolf, die Midgardschlange und die Unterweltsgöttin Hel. „Hyrrokkin" ist demnach sehr wahrscheinlich ein Beiname der Hel. Es erscheint auch durchaus sinnvoll, daß Hel selber den Baldur ins Jenseits holt – zumal sie auch Nanna ist, die stirbt, um Baldur zu begleiten. Vermutlich ist „Angrboda" ein Beiname der Jenseitsgöttin Hel. Hel-Angrbioda erscheint sozusagen zusammen mit ihren beiden Geschwistern Wolf und Schlange als Hyrrokkin.

Odin ist bei der Bestattung seines Sohnes Baldur auch der Schamane. Dies zeigt sich deutlich in zwei Strophen aus dem Wafthrudnir-Lied:

Odin:
„Viel erfuhr ich,
viel erforschte ich,
viel befragt ich Erfahrene:
was sagte Odin
dem Sohn ins Ohr,
eh man auf den Holzstoß ihn hob?"

Wafthrudnir:
„Nicht einer weiß, was in alten Tagen
Deinem Sohn Du gesagt!
Verfallen dem Tod, erzählte ich Vorzeitkunde
und von der Asen Untergang!
Mit Odin maß ich mein Allwissen
Du bleibst der Wesen Weisester!"

In diesem Wissenswettstreit-Lied werden die Worte, die Odin seinem Sohn Baldur bei dessen Bestattung ins Ohr flüstert, als das größte Geheimnis angesehen. Diese Worte werden Odins Kenntnisse über den Weg ins Jenseits und zurück sein – was hätte er dem toten Baldur sonst ins Ohr flüstern können? Diese Worte konnten nur für Baldurs Seele bestimmt sein, die sich gerade auf dem Weg ins Jenseits befand.

Odin legt seinem Sohn Baldur den Ring Draupnir mit auf seinen Scheiterhaufen. Später erhält er ihn von Baldur aus dem Jenseits zurückgesandt. Dieser Vorgang ist recht auffällig.

„Draupnir" bedeutet „Tröpfler". Diesen Namen hat er, weil von ihm in jeder neunten Nacht acht identische Ringe abtropfen. Die Zahl „8" war bei den Indogermanen und auch vielen anderen Völkern das Symbol für „richtig, vollständig, gut, schön". Die „9" war bei den Germanen die Zahl des Jenseits. Man könnte die Zahlensymbolik des Draupnir-Ringes somit als „Vollkommenheit im Jenseits" übersetzen.

Diese Auffassung wäre jedoch recht unsicher, wenn nicht auch Baldur selber diese Schönheit, Richtigkeit und Vollkommenheit darstellen würde und seine Hauptmythe nicht die Jenseitsreise wäre. Diese Jenseitssymbolik wird dadurch bestätigt, das sein

Schiff „Hringhorni", d.h. „Ringhorn" heißt. Dieses größte und schwerste aller Schiffe hat offenbar sehr viel mit einem Ring und einem Horn zu tun. Der Ring wird mit Odins Draupnir identisch sein. Das würde bedeuten, daß Draupnir entweder ein Symbol der Jenseitsreise ist oder das Symbol einer Person, die erfolgreich ins Jenseits (und zurück) gereist ist, d.h. eines Schamanen oder eines Eingeweihten.

Diese Symbolik entspricht genau der Symbolik des „Torque" genannten Halsringes bei den Kelten.

Der Ring scheint sehr wichtig gewesen zu sein, da auch Nanna der Fulla, der Dienerin von Odins Frau Frigg, einen goldenen Ring aus dem Jenseits sendet. Vermutlich handelt es sich hier um eine Parallelbildung: Baldur sendet den Draupnir seinem Vater Odin; Nanna sendet Odins Frau Frigg einen Umhang und Friggs Dienerin Fulla einen Goldring.

Auch die Symbolik des Hornes hat mit der Jenseitsreise zu tun. Sie läßt sich aus verschiedenen Motiven der germanischen Religion erschließen:

Bei den Germanen gab es eine beliebte Methode, um Kontakt zu den Verstorbenen aufzunehmen: Man setzte sich nachts an einem Kreuzweg bzw. vor ein Hügelgrab auf ein Rinderfell und rief die Totengeister herbei. Diese Totenbeschwörung wurde „utiseta", also „Draußensitzen" genannt.

Aus Grabfunden u.ä. ist bekannt, daß die Germanen bei Bestattungen oft ein Herdentier opferten – in der Regel ein Pferd oder eine Ziege. Da es sich bei ihnen, soweit dies ersichtlich ist, um männliche Tiere handelt, könnte dieses Tieropfer dazu gedient haben, die Zeugungskraft des Toten, die er bei seiner Wiederzeugung im Jenseits benötigte, auf magische Weise sicherzustellen.

Diese Vorstellung findet sich bei fast allen Völkern, die von den frühen Ackerbauern in Mesopotamien abstammen, also von den Indogermanen über die Semiten und Sumerer bis hin zu den Ägyptern. Durch diese Identifizierung des Toten mit einem (meist) gehörnten Herdentier ist das Motiv des gehörnten Mannes in der Wildnis entstanden (Pan u.a.), der ursprünglich einmal der wiedergeborene Ahn im Jenseits gewesen ist und aus dem im Christentum der Teufel wurde.

Das Fell, auf dem die Germanen bei ihren Totenanrufungen saßen, findet sich als magischer Gegenstand im Besitz des Odin und des Freyr: das „Schiff" Skidbladnir, das sich wie ein Tuch zusammenfalten läßt.

Der Name „Ringhorn" des Schiffes des Baldur könnte sich also aus dem Ring der Jenseitsreise und dem gehörnten Opfertier bei den Bestattungen zusammengesetzt haben. In diesem Name sind somit die beiden wichtigsten Symbole bei der Bestattung kombiniert worden.

Loki nahm die Gestalt eines Lachses an, um vor den zornigen Asen zu entfliehen. Möglicherweise ist dies wie auch Baldurs Schiff ein Hinweis auf die Vorstellung einer Wasserunterwelt. Darauf weist auch hin, daß der Kessel, in dem der Göttermet gebraut wird, der den Göttern die Unsterblichkeit gibt, von dem Meerriesen Ägir aufbewahrt wird.

Loki wurde mit den Gedärmen eines seiner Söhne gefesselt, der von einem zweiten Loki-Sohn, den die Asen in einen Wolf verwandelt hatten, getötet worden war. Diese Wolf-Symbolik spricht dafür, daß sich auch der gefesselte Loki in der Unterwelt befand – von dort aus konnte er auch am ehesten Erdbeben verursachen. Dies würde mit der vermuteten Lachs-Symbolik übereinstimmen.

Baldur ist mit der Sonne, dem Sommer, dem Jenseitsreise-Ring, der selber einst ein Sonnen-Symbol gewesen ist, mit dem Tod, der Wiederzeugung und der Wiedergeburt sowie mit der Schönheit und dem Leuchten assoziiert worden.

Es ist daher anzunehmen, daß Baldur letztlich auf den ehemaligen Sonnengott-Göttervater Tyr zurückgeht, der auch der Sommergott gewesen ist. Tyrs endloser, zyklischer Kampf mit dem Wintergott Loki hat in den Tyr-zentrierten Mythen vor 500 n.Chr. die Jahreszeiten verursacht.

I 2. Die Saga von Hervor und König Heidrek dem Weisen

In den Rätseln, die Gestumblindi (Odin) dem König Heidrek (Tyr) stellt, ist die Frage nach den Schamanenworten des Odin, die er bei Baldurs Bestattung in dessen Ohr flüstert, die letzte, unlösbare Frage.

Da sagte Gestumblindi:

„Dann sag mir dies,
ein letztes Ding – wenn Du es vermagst –
wenn Du von allen Königen der weiseste bist:
Was hat Odin
in Baldurs Ohr gesagt,
bevor er auf den Scheiterhaufen gehoben wurde?"

König Heidrek sagte: „Nur Du weist das, Du Ungeheuer!"

König Heidrek („Lichtkönig") ist ebenso wie der Riese Wafthrudnir eine Saga-Variante des ehemaligen Sonnengott-Göttervaters Tyr.

Der Rätselstreit zwischen Odin und Tyr (Heidrek, Wafthrudnir u.a.) sollte bestätigen, daß Odin weiser ist als Tyr und ihn daher berechtigterweise als Göttervater abgesetzt hat und sein Nachfolger geworden ist. Das letzte Argument in diesem religions-politischen Streit sind stets Odins Schamanen-Kenntnisse – wobei Tyr als Sonnengott über dieselben Jenseits-Kenntnisse wie Odin verfügt hat, was aber in diesen Rätselstreits von den pro-Odin-Skalden geflissentlich verschwiegen wird …

I 3. Gylfis Vision (2)

Da frug Gangleri: „Wo ist der Götter vornehmster und heiligster Aufenthalt?"
Har antwortete: „Das ist bei der Esche Yggdrasil: da sollen die Götter täglich Gericht halten."

Aus dieser Schilderung kann man schließen, daß auch die Germanen ihre Thing-Versammlungen an heiligen Bäumen abhielten. Da der Weltenbaum die Verbindung zwischen den Welten war, konnte über den Heiligen Baum beim Thing der Rat und der Segen der Ahnen und Götter zu denen fließen, die sich dort berieten und Entscheidungen trafen.
Der Ort unter dem Heiligen Baum ist somit so etwas wie ein „Freiluft-Tempel".
Da der Mistelzweig, durch den Baldur starb, neben dem Eingang der Hel auf dem Weltenbaum wuchs und Baldur an einer „heiligen Stätte" ermordet wurde, sodaß die Asen ihn nicht sogleich rächen konnten, wird der Mord an Baldur wohl an diesem Thing-Platz stattgefunden haben.

I 4. Hyndla-Lied

Hyndla:

Elf an der Zahl waren die Götter, die wir kennen,
als Baldur über den Hügel des Todes gelegt wurde,
und schnell zu seiner Rache Vali ritt
und bald den Mörder seines Bruders tötete.
... ...
Der Vater des Baldur war der Erbe des Bur.

Bur ist der Vater des Odin und somit der Großvater des Baldur.

I 5. Fiölswin-Lied

Windkald:
„Sage mir, Fiölswin, was ich Dich fragen will
Und zu wissen wünsche:
Ist keine Waffe, die Windofnir möchte
Zu Hels Behausung senden?"

Fiölswin:
„Häwatein heißt der Zweig, Lopt hat ihn gebrochen
Vor dem Totentor.
In eisernem Schrein birgt ihn Sinmara
Unter neun schweren Schlössern."

Der Hahn „*Windofnir*", der getötet werden muß, damit Windkald (die Sonne) das Tor zu dem Reich der Menglöd (Jenseitsgöttin) durchschreiten kann, läßt sich nur mit dem „*Häwatein*" („treffender Zweig") töten, den „*Lopt*" („der Luftige" = Loki) vor dem Totentor abgebrochen hat. Diesen Zweig bewahrt Sinmara zudem in einer eisernen Kiste mit neun Schlössern auf. Dieser Zweig ist offensichtlich mit dem Mistelzweig („Mistiltein") identisch, den Loki dem Hödur als Pfeil gab, damit dieser mit ihm unwissentlich seinen Bruder Baldur erschoß.

Die Kombination des Mistelzweiges mit Baldur und dem Hahn läßt vermuten, daß der Hahn eigentlich die Fylgia, also der Seelenvogel des Baldur ist – ähnlich dem Adler, der der Seelenvogel des Göttervaters Tyr/Odin ist.

Die Mistel als immergrüne Pflanze wird die Hoffnung auf ein Ende des Winters und die Wiederkehr des Sommers darstellen. Genau dies will Svipdag (Morgensonne, Tyr) in dem Fiölswin-Lied wohl auch bewirken.

„*Sinmara*", die den Mistelpfeil bewacht, ist die Unterweltsriesin Hel. „Sinmara" bedeutet „Große Stute". Sie ist die Jenseitsgöttin bei der Wiederzeugung und der Wiedergeburt, wenn der Tote als Hengst angesehen worden ist.

I 6. Heimskringla (1)

Die Heimskringla ist ein Geschichtswerk, das Snorri Sturluson, der auch die Edda geschrieben hat, verfaßt hat. Snorri faßte seiner Zeit entsprechend die germanischen Gottheiten als frühe Könige, Königinnen und Helden auf. In der Heimskringla wird an zwei Stellen auch über Feuerbestattungen berichtet:

"Was die Bestattungsbräuche betrifft, wird das früheste Zeitalter das 'Zeitalter des Verbrennens' genannt, denn alle Toten wurden im Feuer verbrannt und über ihrer Asche wurden stehende Steine errichtet. Aber nachdem Freyr unter einem Hügelgrab in Upsala bestattet wurde, ließen sich viele Fürsten Hügelgräber und genauso oft auch stehende Steine als Erinnerung für ihre Verwandten errichten.

Das 'Zeitalter der Hügelgräber' begann in Dänemark jedoch erst richtig, nachdem Dan Milkillate sich selber ein Hügelgrab hatte errichten lassen und bestimmt hatte, daß er nach seinem Tod in ihm bestattet werden sollte – mitsamt seinen königlichen Kleidern und Waffen, seinem Pferd und seinem Zaumzeug und anderen kostbaren Gütern. Viele seiner Nachkommen folgten seinem Beispiel. Aber das Verbrennen der Toten blieb weiterhin ein weitverbreiteter Brauch bei den Schweden und den Nordmännern bis lange nach dieser Zeit."

"Odin starb in seinem Bett in Swithiod (Südrußland nördlich des Schwarzen Meeres). *Als er kurz vor seinem Tod war, ließ er sich selber mit seinem Speer zeichnen und sagte, daß er ins Gottesland gehen würde und dort allen seinen Freunden einen herzlichen Empfang bereiten würde und daß alle tapferen Krieger ihm geweiht werden sollten. Und die Schweden glaubten, daß er in das uralte Asgard gegangen sei und dort ewig leben würde.*

Dann begann der Glaube an Odin und sie riefen ihn an. Die Schweden glaubten, daß er sich ihnen oft vor großen Schlachten zeigte. Einigen gab er den Sieg, andere lud er zu sich selber (nach Walhalla) *ein – und sie sahen beides als glückliches Schicksal an.*

Odin wurde verbrannt und auf seinem Scheiterhaufen lagen große Schätze. Sie glaubten, daß je höher der Rauch in den Himmel hinaufstieg, umso höher würde auch der, dessen Scheiterhaufen es war, hinaufsteigen. Und je reicher der Verstorbene war, desto mehr von seinem Besitz wurde mit ihm verbrannt.

Dieser Brauch der Feuerbestattung war die Grundlage der Verbrennungen in den Hexen- und Ketzerverbrennungen: Die Kirche benutzte zur Folter und für Hinrichtungen vorzugsweise umgedeutete und umfunktionierte heidnische Bräuche und Vorstellungen, um diese vorchristlichen Traditionen auf diese Weise zu einem Bild der Angst und des Schreckens werden zu lassen.

Dieses Verfahren ist im großen und ganzen recht effektiv gewesen ...

I 7. Das Wegtam-Lied

„Wegtam", d.h. „der vom Wandern müde" ist ein Deckname des Gottes Odin. In diesem Lied wird beschrieben, wie die Götter ahnen, daß auf Baldur ein großes Unheil zukommt. Der Text dieses Liedes ist klar und direkt – im Gegensatz zu dem danach folgenden „Odins Rabenzauber", das dasselbe Thema behandelt, aber sehr ausgiebig Kenningar und andere Umschreibungen benutzt.

Die Asen eilten all zur Versammlung
Und die Asinnen all zum Gespräch:
Darüber berieten die himmlischen Richter,
Warum den Baldur böse Träume schreckten?

(Ihm schien der schwere Schlaf ein Kerker,
Verschwunden des süßen Schlummers Labe.)
Da fragten die Fürsten vorschaunde Wesen,
Ob ihnen das wohl Unheil bedeute?

Die Gefragten sprachen: „Dem Tode verfallen ist
Ullers Freund, so einzig lieblich."
Darob erschraken Swafnir und Frigg,
Und alle die Fürsten, sie faßten den Entschluß:

„Wir wollen besenden die Wesen alle
Frieden erbitten, daß sie Baldur nicht schaden."
Alles schwur Eide, ihn zu verschonen;
Frigg nahm die festen Schwüre in Empfang.

Allvater achtete das ungenügend,
Verschwunden schienen ihm die Schutzgeister all.
Die Asen berief der Rat zu heischen;
(Am Mahlstein gesprochen ward mancherlei.)

Auf stand Odin der Allerschaffer,
Und schwang den Sattel auf Sleipnirs Rücken –
Nach Nifelheim hernieder ritt er;
Da kam aus Hels Haus ein Hund ihm entgegen,

*Blutbefleckt vorn an der Brust,
Kiefer und Rachen klaffend zum Biß,
So ging er entgegen mit gähnendem Schlund
Dem Vater der Lieder und bellte laut –
Fort ritt Odin, die Erde dröhnte,
Zu dem hohen Hause kam er der Hel.*

*Da ritt Odin ans östliche Tor,
Wo er den Hügel der Wala wußte.
Das Wecklied begann er der Weisen zu singen,
(Nach Norden schauend schlug er mit dem Stabe,
Sprach die Beschwörung Bescheid erheischend)
Bis gezwungen sie aufstand Unheil verkündend.*

   Wala:
*„Welcher der Männer, mir unbekannter,
Schafft die Beschwerde mir solchen Gangs?
Schnee beschneite mich, Regen beschlug mich,
Tau beträufte mich, tot war ich lange."*

   Odin:
*„Ich heiße Wegtam, bin Waltams Sohn.
Wie ich von der Oberwelt, sprich von der Unterwelt.
Wem sind die Bänke mit Baugen* (Ringen) *bestreut,
Die glänzenden Betten mit Gold bedeckt?"*

   Wala:
*„Hier steht dem Baldur der Becher eingeschenkt,
Der schimmernde Trank, vom Schild bedeckt.
Die Asen alle sind ohne Hoffnung.
Genötigt sprach ich, nun will ich schweigen."*

   Odin:
*„Schweig nicht, Wala, ich will Dich fragen
Bis alles ich weiß. Noch wüßt ich gerne:
Welcher der Männer ermordet Baldurn,
Wird Odins Erben das Ende fügen?"*

Wala:
„Hierher bringt Hödur den hochberühmten,
Er wird der Mörder werden Baldurs,
Wird Odins Erben das Ende fügen.
Genötigt sprach ich, nun will ich schweigen."

Odin:
„Schweig nicht, Wala, ich will dich fragen
Bis alles ich weiß. Noch wüßt ich gerne:
Wer wird uns Rache gewinnen an Hödur,
Und zum Bühle bringen Baldurs Mörder?

Wala:
„Rinda im Westen gewinnt den Sohn,
Der einnächtig, Odins Erbe, zum Kampf geht.
Er wäscht die Hand nicht, das Haar nicht kämmt er
Bis zum Bühle (Hügel) er brachte Baldurs Mörder.
Genötigt sprach ich, nun will ich schweigen."

Odin:
„Schweig nicht, Wala, ich will Dich fragen
Bis alles ich weiß. Noch wüßt ich gerne:
Wie heißt das Weib, die nicht weinen will
Und himmelan werfen des Hauptes Schleier?
Sage das eine noch, nicht eher schläfst Du."

Wala:
„Du bist nicht Wegtam, wie erst ich wähnte,
Odin bist Du der Allerschaffer."

Odin:
„Du bist keine Wala, kein wissendes Weib,
Vielmehr bist Du dreier Thursen Mutter."

Wala:
„Heim reit nun, Odin, und rühme Dich:
Kein Mann kommt mehr mich zu besuchen
Bis los und ledig Loki der Bande wird
Und der Götter Dämmerung verderbend einbricht."

Ein „Bühl" ist ein Hügel, womit hier der Scheiterhaufen gemeint ist, auf dem die Toten bei ihrer Bestattung verbrannt wurden.

„Rindas Halle im Westen" könnte ein Hinweis auf den Sonnenuntergang und somit auf den Eingang in die Unterwelt sein.

Zu diesem Motiv gehört wahrscheinlich auch, daß Wali den Baldur rächte, als er erst eine Nacht alt gewesen ist, denn nach einer Nacht folgt auf die „Hallen im Westen" der Sonnenaufgang. Es liegt folglich der Verdacht nahe, daß die Mythe des Wali von der Sonnensymbolik der Indogermanen geprägt worden ist, in der der Tod und die Wiedergeburt des Göttervaters und der Toten allgemein dem Sonnenuntergang bzw. dem Sonnenaufgang gleichgesetzt worden ist. Diese Symbolik findet sich aufgrund ihrer Einfach in den Mythen fast aller Völker.

Diese Sonnensymbolik tritt des öfteren im Zusammenhang mit dem ehemaligen Göttervater Tyr auf. Es wäre daher gut denkbar, daß Wali ursprünglich der wiedergeborene Göttervater Tyr/Odin am Morgen gewesen ist. Dann wäre Wali der wiedergeborene Odin, der auch in der Edda Walis Vater ist.

Aus diesem Zusammenhang läßt sich ableiten, daß wohl auch die Mythen des Baldur von dieser Sonnensymbolik mitgeprägt worden sind. Dazu paßt gut, daß die Sonnengötter im Allgemeinen auch die Bewahrer des Schönen, Guten und Richtigen sind. Der bekannteste dieser Art von Gottheit bei den Indogermanen ist vermutlich der griechische Apollon.

Der Brauch, sich nicht zu waschen und sich nicht die Haare zu schneiden, bevor man nicht ein bestimmtes Ziel erreicht hat, war bei den Germanen weit verbreitet. So schwor z.B. König Harald um ungefähr 872 n.Chr., König von ganz Norwegen zu werden. Da er sich ab diesem Zeitpunkt nicht mehr das Haupthaar, den Bart und auch nicht die Fingernägel schnitt, wurde er schon bald „Harald Struwelkopf" genannt. Als er dann nach ungefähr 20 Jahren sein Ziel erreicht hatte und einen Barbier aufgesucht hatte, wurde er anschließend in „Harald Haar-schön" umbenannt.

Baldur ist der Freund des Gottes Ullr. Dessen Name bedeutet entweder „Glanz; der Ehrenhafte" oder „Stier, Widder". Er ist der Gott des Winters, der Ski, der Jagd, des Zweikampfes, der Weiden und der Äcker. Er wohnt in Asgard in der Halle Ydalir („Eibental"). Ullr fertigte aus dem Holz der Eiben für sich selber und auch für andere Götter Bögen. Vermutlich war Ullr daher auch ein guter Bogenschütze. Wahrscheinlich ist Ullr eine Variante des Winter- und Unterweltgottes Hödur, des Zwillingsbruders des Baldur, gewesen.

Die Befreiung des Loki wird in der letzten Strophe als die Ursache für die Götterdämmerung angegeben. Dies spricht dafür, daß Loki als Winter- und Unterweltgott angesehen wird: Wenn er frei ist, herrscht die Unterwelt bzw. sind die Götter in der Unterwelt und es ist Winter.

Das Lied, das Odin singt, um die Wala aus dem Tod zu erwecken, wird wohl das Tyr-Runenlied gewesen sein, dessen Strophe sich auf das Beschwören von Toten bezieht. Möglicherweise setzte sich Odin dabei wie beim „utiseta" auf ein Stierfell. Die Verse zu der Tyr-Rune lauten:

Ein Zwölftes kann ich, wenn am Zweige hängt
zitternd am Strick ein Toter;
ich ritze und färbe das Runenzeichen,
daß der Recke zu mir kommt und reden kann.

I 8. Odins Rabenzauber

Dieses Lied ähnelt sehr stark dem vorigen Lied über Wegtam (Odin). Auch hier versucht Odin zu erforschen, welches Schicksal Baldur bevorsteht und wie es abgewendet werden könnte. Im Gegensatz zu den recht direkten Beschreibungen im Wegtam-Lied besteht „Odins Rabenzauber" vor allem aus Anspielungen und Umschreibungen.

Zur besseren Verständlichkeit sind die Anmerkungen gleich hinter der Strophe eingefügt, auf die sie sich beziehen.

Allvater waltet, Alfen verstehn,
Wanen wissen, Nornen weisen,
Iwidie nährt, Menschen dulden,
Thursen erwarten, Walküren trachten.

Die Asen ahnten übles Verhängnis,
Verwirrt von widrigen Winken der Seherin.
Urda sollte Odhrörir bewachen,
Wenn sie wüßte so großen Schaden zu wehren.

„*Urd(-a)*" ist eine der drei Nornen, die unter den Wurzeln der Weltesche in der Unterwelt sitzen und das Schicksal bestimmen. Sie scheint die „ursprüngliche Norne" zu sein, die später durch Skuld und Verdandi zu einer Dreiheit ergänzt wurde. Da sie daher das Schicksal kennt, kann sie entweder selber als Seherin aufgefaßt werden oder als diejenige, an die sich die Seherinnen innerlich wenden, um die Zukunft zu erkennen.

„*Ödrörir*" ist der Göttermet, der die Götter unsterblich macht. Da Urd ihn bewacht, muß er sich in der Unterwelt befinden. „Ödrörir" bedeutet „der die Ekstase anregt".

Auf hob sich Hugin den Himmel zu suchen;
Unheil fürchteten die Asen, wenn er verweilte.
Thrains Ausspruch ist schwerer Traum,
Dunkler Traum ist Dains Ausspruch.

„Hugin" ist einer von Odins beiden Raben. Der andere heißt „Munin". Ihre Namen bedeuten „Gedanke" und „Erinnerung".

„Thrain" ist ein Zwerg. Sein Name bedeutet „der Bedrohliche". Die Zwerge sind ursprünglich die Ahnen in der Unterwelt gewesen. Seine Aussage zu Baldurs Träumen kommt folglich wie die Worte der Urd aus der Unterwelt.

„Dain" ist ein Erdzwerg. Er hat zusammen mit dem Zwerg „Nabbi" Frejas Reittier, das Wildschwein Hildiswini („Kampfschwein") hergestellt. Dain wird manchmal auch als ein Zwerg angesehen, der Runen ritzen kann, d.h. der Magie beherrscht.

Eine Zweiheit von magiekundigen Zwergen geht mit einiger Wahrscheinlichkeit auf die beiden Pferde-Jünglinge vor dem Streitwagen des ehemaligen Sonnengott-Götterväters Tyr zurück. Sie passen hier als Orakel-Verkünder besonders gut, da die Pferde-Zwillinge am Abend bzw. im Herbst zusammen mit dem Sonnengott-Götterväter sterben und mit ihm am Morgen bzw. im Frühling dann wiedergeboren werden – wie Baldur.

Den Zwergen schwindet die Stärke. Die Himmel
Neigen sich nieder zu Ginnungs Nähe.
Alswidr läßt oftmals sie sinken,
Oft die Sinkenden hebt er aber empor.

„Ginnung(-agap)" ist der Abgrund, der am Anfang der Zeit die beiden Urgegensätze Niflheim (das kalte „Nebelheim" im Norden) und Muspelheim (das heiße „Flammenheim" im Süden) voneinander trennte. Die Zwerge in dem ersten Satz sind die vier Zwerge Austri, Sudri, Westri und Nordri, die in den vier Himmelsrichtungen den Himmel tragen, den die Asen aus dem Schädel des Urriesen Ymir erschaffen haben.

„Alswidr" („Allgeschwind") und „Arwakr" („Frühwach") sind die beiden Pferde, die den Sonnenwagen ziehen. Diese Pferde scheinen den vier Zwergen dabei zu helfen, den Himmel zu tragen, wenn die schwächer werdenden Zwerge ihn zur Erde (Ginnung) niedersinken lassen. Vermutlich ist dies ein Bild für die drohende Zerstörung der Welt – dieses mythologische Motiv ist in neuerer Zeit durch einige Gallier, die nur „fürchten, daß ihnen der Himmel auf den Kopf fällt", wieder etwas bekannter geworden …

Die beiden Worte „oft" und „oftmals" scheinen auf einen Zyklus dieses Aufsteigens und Niedersinkens hinzuweisen. Es hat den Anschein, als ob nicht nur die Sonne, sondern auch der Himmel aufsteigen und niedersinken würde – die Sonne mithilfe der beiden Pferde-Zwillinge vor dem Sonnen-Streitwagen und der Himmel durch die vier Zwerge.

Nirgends haftet Sonne noch Erde,
Es schwanken und stürzen die Ströme der Luft.
In Mimirs klarer Quelle versiegt
Die Weisheit der Männer. Wißt ihr was das bedeutet?

Das drohende Niederstürzen des Himmels wird hier weiter ausgemalt: die Sonne beginnt zu wanken, die Erde schwankt und Sturm kommt auf. Dies ist wohl die große Gefahr, von der Odin weiß, daß sie nach Baldurs Tod drohen wird – eine wahrscheinlich ursprünglichere Version des Ragnarök in Bildern von Naturkatastrophen.

„Mimir" („Erinnerung") ist ein Tyr-Riese, der an der Quelle Hvergelmir („Brodelnder Kessel") unter dem Weltenbaum Yggdrasil am Nordpol wohnt. Odin unterhält sich an dieser Quelle des öfteren mit dem Schädel des toten Mimir. Auch dies ist wieder ein Bild dafür, daß die Asen versuchen, aus der Unterwelt eine zuverlässige Deutung von Baldurs Träumen zu erlangen.

Da in der Edda das Wasser von Mimirs Quelle manchmal dieselben Qualitäten wie der Göttermet hat, ist dieses Motiv vielleicht bereits eine Anspielung auf die Göttin Idun, die die ewige Jugend der Asen sichert: durch die Äpfel ihres Baumes, durch den Göttermet und durch das Wasser der Mimir-Quelle. Idun ist die Göttin der Wiedergeburt im Jenseits. In der Baldur-Mythe nimmt Nanna im Bestattungsritual die Rolle der Idun ein.

Im Tale weilt die vorwissende Göttin
Hinab von Yggdrasils Esche gesunken,
Alfengeschlechtern Idun genannt,
Die Jüngste von Iwalts älteren Kindern.

„Idun" ist die Göttin, die den Göttern die Äpfel bringt, die ihnen ewige Jugend geben. Ihr Apfelbaum ist wahrscheinlich mit der Weltesche identisch. Ihre Schwäche steht vermutlich mit dem bevorstehenden Tod des Baldur zusammen. Ihre Äpfel und Baldurs „Schönheit" scheinen ähnliche Qualitäten zu sein.

„Iwalt" oder „Iwaldi" bedeutet „Allkönig" oder Allmächtiger" und ist der Name eines Zwergenkönigs. Ein solcher Name kann nur die höchste Gottheit bezeichnen, d.h. den Göttervater Tyr, der in der Unterwelt ein Totengeist, also ein Zwerg ist. Als König der Götter ist Tyr im Jenseits auch der König der Toten, d.h. der Zwergenkönig. Idun wird hier als eine seiner älteren Töchter aufgefaßt. Dies sieht nach einer Umdeutung aus, da das ursprüngliche Motiv die Wiedergeburt des Sonnengott-Göttervaters durch die Jenseitsgöttin gewesen ist.

Diese spezielle Umdeutung des Verwandtschaftsverhältnisses zwischen Göttervater und Jenseitsgöttin, d.h. die Auffassung der Göttin als Tochter statt als Mutter des obersten Gottes findet sich in sehr vielen Mythen beim Übergang zum Königtum. Durch diese Uminterpretation sollte die Herrschaft des Göttervaters abgesichert werden.

Die Himmelskuppel ruht auf dem Weltenbaum und berührt ihn dort, wo der Polarstern steht. Da sich die Himmelskuppel auf dem Weltenbaum wie auf einer Schwertspitze dreht (wie es im Fiölswinlied heißt), hat die Schwäche der vier Zwerge und die Schwäche der Idun und des mit ihr verbundenen Weltenbaumes dieselbe Wirkung: Die Himmelskuppel beginnt niederzusinken und droht auf die Erde zu stürzen.

Idun ist im folgenden die Göttin, von der die Asen Rat zu erhalten hoffen, da sie die Zukunft kennt. Sie wird offenbar der Urd gleichgesetzt.

Schwer trägt sie dies Niedersinken
Unter des Laubbaums Stamm gebannt.
Nicht behagt es ihr bei Nörwis Tochter
An heitere Wohnung gewöhnt so lange.

„Nörwi" („der Finstere") ist ein Riese. Er ist der Vater der Riesin Nott („Nacht"). Der bedrohliche Zustand, den Baldurs Träume ankündigen, wird hier auch der Nacht verglichen. Von den Germanen wurden demnach Tag, Diesseits, Schönheit und Baldur miteinander assoziiert und als Gegensatz dazu auch Nacht, Jenseits, Chaos, Loki und Hödur miteinander verbunden.

Die Sieggötter sehen die Sorge Nannas
In der Wohnung des Wolfes: sie geben ihr ein Wolfsfell.
Damit bekleidet verkehrt sie den Sinn,
Freut sich der Auskunft, erneut die Farbe.

Die „*Wohnung des Wolfes*" ist die Unterwelt. Die „*Sorge Nannas*" ist der tote Baldur in der Unterwelt. Das „*Wolfsfell*" soll wohl Nannas Reise in die Unterwelt bzw. ihren Aufenthalt in der Unterhalt, in die sie zusammen mit Baldur gelangt ist, ausdrücken. Hier werden anscheinend Nanna und Idun gleichgesetzt.

Das Wolfsfell gibt Nanna offenbar wieder Hoffnung, sodaß sie wieder Farbe bekommt und „*ihren Sinn verkehrt*", d.h. ihre Stimmung ändert. Diese Aussage gibt eigentlich nur dann einen Sinn, wenn man hier von der Funktion des Wolfes als Helfer auf dem Weg ins Jenseits ausgeht und das Motiv als Anspielung auf die spätere Rückkehr aus dem Jenseits auffaßt. Mit einem Wolfsfell bekleidet sind eigentlich die Ulfhedinn-Ekstasekrieger – eine Anspielung auf sie ergibt hier aber nicht viel Sinn.

Wählte Widar den Wächter der Brücke,
Den Gjallar-Bläser, Gjölls Sonne zu fragen
Was sie wisse von den Weltgeschicken.
Ihn geleiten Loptr und Bragi.

„*Widar*" ist ein Beiname Odins, dessen Bedeutung unklar ist. Der „*GJallar-Bläser*" ist Heimdall; „*Gjallar*" („das Laute") ist Heimdalls Horn. „*Loptr*" („Luft") ist ein Beiname des Loki. „*Bragi*" ist der Gott der Dichtkunst und der Mann der Göttin Idun. „*Gjöll*" („das Laute") ist auch der tosende Jenseitsfluß, über den eine Brücke führt, auf der die Göttin Idun/Nanna/Urd wie eine Sonne steht.

Odin sendet also Heimdall in Begleitung von Loki und Bragi, die Göttin nach einer Deutung der Träume zu fragen. Diese Göttin ist Idun und zugleich auch Nanna, Urd und Hel.

Weihlieder sangen, auf Wölfen ritten
Die Herrscher und Hüter des Hauses der Welt.
Odin spähte von Hlidskialfs Sitz
Und blickte den Fernhinziehenden nach.

Das „*Haus der Welt*" ist der Himmel. Seine Hüter sind die Asen in Asgard.

Das Motiv der auf Wölfen reitenden Asen ist wohl ein Bild für deren gemeinsame Reise in das Jenseits zu Hel – auch Hyrrokkin ritt auf einem Wolf zu Baldurs Bestattung. Hier sind aber nicht alle Asen, sondern nur die von Odin ausgesandten drei Asen Heimdall, Loki und Bragi gemeint, die in der vorigen Strophe erwähnt wurden.

Die heiligen Lieder, die gesungen wurden, könnten Lieder sein, die vor der Deutung eines Traumes und vor dem „utiseta", also vor der Jenseitsreise gesungen wurden. Für diese Auffassung spricht auch, daß das verwendete Wort „galdur" wörtlich „Zauberlieder" im Sinne von „magisch wirksame Lieder" bedeutet.

„*Hlidskialf*" („Insel-Tor" = „Jenseits-Tor") ist Odins Thron, von dem aus er in die ganze Welt blicken und alles sehen kann, was geschieht. Dieser Thron hat die Eigenschaft, daß auch andere Götter diesen Thron zum „Fern-Sehen" nutzen können. Er bildet vermutlich zusammen mit dem Stierfell beim „utiseta" ein gemeinsames Motiv, da dieses Fell und der hölzerne Sitz, auf dem es liegt, auch in den Mythen einiger anderer indogermanischer Völker zusammengehören. Der Sitz ist in symbolischer Hinsicht mit dem Weltenbaum identisch, mit dem Odin auch sonst eng verbunden ist.

Die „*Fernhinziehenden*" sind die drei Asen Heimdall, Loki und Bragi.

Der Weise frug die Wächterin des Tranks,
Ob von den Asen und ihren Geschicken
Unten im Hause der Hel sie wüßte:
Anfang und Dauer und endlichen Tod.

Die „*Wächterin des Tranks*", die Heimdall hier befragt, ist die Norne Urd, die an dieser Stelle mit Idun identisch ist.

Sie mochte nicht reden, nicht melden konnte es Gefion:
Wie begierig sie fragten, sie gab keinen Laut.
Tränen schossen aus den Schildern des Schädels,
Mühsam verborgen, und netzten die Hände.

„*Gefion*" („Geberin") ist eine Erdgöttin, die nun auch der Urd, der Idun, der Nanna und der Hel gleichgesetzt wird. „Gefion" ist wahrscheinlich ein Beiname der Freya als „freigiebige Göttin".

Die Gleichsetzungen der vielen Göttinnen miteinander ist aus vielen Mythologien gut bekannt. Diese Verbindungen liegen darin begründet, daß diese Göttinnen alle Aspekte der ursprünglichen Muttergöttin sind. Die umfassendste Synthese der verschiedensten Göttinnen war die Göttin Isis in der Zeit von ca. 300 v.Chr. bis ca. 400 n.Chr im Mittelmeerraum. In „Odins Rabenzauber" wird offenbar auch eine solche Synthese entworfen, die vermutlich aber kein theoretisches Konstrukt war, sondern weitgehend den allgemeinen Empfindungen der Germanen gegenüber ihren Göttinnen entsprach.

Es gab viele Kenningar (Umschreibungen) für die Augen, von denen „*Schilder des Schädels*", „*Sterne der Stirn*" und „*Mond des Kopfes*" die geläufigsten waren. Mit „*Schild*" ist hier ein Kampfschild gemeint.

Wie schlafbetäubt erschien den Göttern
Die harmvolle Jorun, die des Worts sich enthielt.
Je mehr sie sich weigerte, je mehr sie drängten;
Doch mit allem Forschen erfragten sie nichts.

„*Jorun*" ist wahrscheinlich der Beiname oder eine Kenning der Erdgöttin oder der Norne Urd, da er sich aus „Jörd" für „Erde" und aus „Run" für „Zeichen, Geheimnis" zusammensetzt und daher „Erd-Geheimnis" oder „Erd-Rune" bedeutet.

Der Skalde hat in diesem Lied mittlerweile sechs verschiedene Göttinnennamen benutzt und sie miteinander gleichgesetzt: Urd, Idun, Nanna, Hel, Gefion und Jorun.

Da fuhr hinweg der Führer der Gruppe,
Der Hüter von Herians gellendem Horn.
Den Sohn der Nal nahm er zum Begleiter;
Als Wächter der Erde blieb Grimnirs Skalde.

„*Herian*" („Heerführer") ist ein Beiname des Odin. Ihm scheint hier Heimdalls

Horn zu gehören. Der *„Hüter von Herians gellendem Horn"* ist folglich Heimdall, da dieser das *„gellende Horn"* besitzt.

„Nal" („Nadel"), die auch „Laufey" („Laubinsel") genannt wird, ist die Mutter des Loki – der Sohn der Nal ist folglich Loki. Ihr Name „Nal" („Nadel") könnte sie als Norne bezeichnen, da diese Spinnereinnen des Schicksalsfaden auch als Weberinnen aufgefaßt wurden – eine Auffassung der Nornen auch als als Näherin läge folglich sehr nahe.

„Grimnir" ist ein Beiname des Odin. *„Grimnirs Skalde"* (Dichter) ist folglich Bragi. Er blieb bei der Erde, womit an dieser Stelle wohl seine Frau Idun gemeint ist, die hier als Erdgöttin oder Jenseitsgöttin (die Unterwelt liegt unter der Erde) aufgefaßt wird.

Bragi scheint hier als mit Baldur identisch angesehen zu werden, da Bragi in der Unterwelt bleibt. Das bedeutet, daß Bragi und Idun vermutlich dieselbe Mythe hatten wie Baldur und Nanna. Diese Deutung ist aber nicht sicher.

Idun erscheint in diesem Lied aber deutlich archaischer als Nanna und hat auch einige Ähnlichkeit mit Freya, die auch eine Totengöttin ist.

Heimdall, Loki und Bragi waren auch schon 5 Strophen vorher die drei Asen, die ins Jenseits reisten. Der *„Führer der Gruppe"* ist in beiden Strophen Heimdall. Vermutlich hat er diese Funktion, weil er als Wächter der Regenbogenbrücke ein Gott der Verbindung von Diesseits und Jenseits ist. Bragi begleitet ihn, weil er der Mann der Idun ist und weil die Skalden ursprünglich auch Priester-Schamanen gewesen sind. Loki tritt hier wohl als Gott der Unterwelt auf.

Gen Wingolf kehrten Widars Gesandte,
Beide von Forniots Söhnen getragen.
Eintraten sie jetzt und grüßten die Asen,
Yggrs Gefährten beim fröhlichen Mahl.

„Widar" und *„Yggr"* sind Beinamen des Odin. *„Wingolf"* („Haus der Freundschaft") ist ein Gebäude neben Odins Halle Walhalla.

„Forniot" ist der Vater des Ägir (Meeresgott), des Loki („Feuer") und des Kari (Gott des Windes). „Forniot" bedeutet entweder „uralter Riese", womit dann vermutlich der Urriese Ymir gemeint wäre, oder „erster Besitzer", d.h. „erster Besitzer Norwegens", also Urahn der norwegischen Könige. Da Forniot ein Riese ist, sind vermutlich auch seine Freunde Riesen.

Forniot ist auch einer der vielen Namen des Tyr als Riese im nächtlichen bzw. winterlichen Jenseits. Für ihn sind die drei Söhne, die in der Regel die drei Stände repräsentieren, typisch. Tyr als der rangmäßig erste Riese und Ymir als der altersmäßig erste Riese wurden oft einander gleichgesetzt. Beide Riesen wurden zudem von den Asen getötet – Ymir bei der Welterschaffung und Tyr (als Jenseits-Riese) bei seiner Absetzung als Göttervater um 500 n.Chr.

„*Forniots Söhne*" tragen offenbar zwei von Odins Gesandten nach Asgard zurück – Bragi ist bei Idun (im Jenseits) geblieben. Das Auftreten Forniots, der ein Riese und Lokis Vater ist, könnte ein Hinweis darauf sein, daß die drei Asen in das Jenseits gereist sind. Da einer der drei Söhne des Forniot der Windgott Kari ist, könnte das Getragenwerden der beiden Asen von Forniots Söhnen eine Umschreibung für „durch die Luft fliegen" sein – zumal Loki Schuhe besitzt, mit denen er fliegen kann, und Heimdall meistens auf der Regenbogenbrücke Wache hält, wobei er ja auch „in der Luft steht".

'Heil Dir, Hangatyr, seligster Ase,
Mögest Du auf dem Hochsitz des Mets walten!'
'Setzt euch, Götter zum Trink-Fest,
Mögt ihr bei Yggjungur ewigen Segen haben.

„*Hangatyr*" bedeutet „Hängender Tyr", d.h. „Hängender Gott". Dies ist ein Beiname des Odin, der sich darauf bezieht, daß Odin einst am Weltenbaum gehangen hat, als er nach Weisheit gesucht hat. Dieses Motiv stammt aus der Schamaneneinweihung, bei der der Einzuweihende vermutlich an einem Baum hing und in einen wassergefüllten Schacht hinuntergelassen wurde, der die Unterwelt symbolisierte – zumindestens war dies das Verfahren bei den Druiden-Einweihungen der Kelten, die die Nachbarn und nahen Verwandten der Germanen gewesen sind.

Auch „*Yggjungur*" ist ein Beiname des Odin.

Nach Bölwerks Gebot auf die Bänke verteilt,
Von Sährimnir speisend saßen die Göttersippen.
Skögul schenkte an den Tafeln ein in Hnikars Schalen
Den Met und maß ihn aus Mimirs Horn.

„*Bölwerk*" und „*Hnikar*" sind Beinamen des Odin. „*Sährimnir*" („rußiges Tier") ist ein Eber, den die Asen immer wieder schlachten und der sie ernährt und der immer wieder neu entsteht – wie auch Thors beide Ziegenböcke.

„*Skögul*" ist eine der Walküren, die u.a. in Walhalla die Asen bedient. „*Mimir*" ist der Tyr-Riese am Fuße der Weltesche. Da Odin von ihm einen großen Teil seines Wissens erlangt hat, wird sein Horn vermutlich ein rituelles Trinkgefäß für den Met sein.

In der Strophe wird beschrieben, wie Odin die heimkehrenden Asen Heimdall und Loki zu einem (rituellen) Essen einlädt, bei dem sie Fleisch von dem immer aufs neue wiedergeborenen Eber essen und Met aus Mimirs Horn trinken. Dies könnte eine nach Asgard übertragene Szene aus dem germanischen Bestattungsritual sein.

Mancherlei frugen beim Mahle
Den Heimdal die Götter, die Göttinen Loki,
ob Spruch oder Weisheit gespendet die Jungfrau -
Bis Dunkel am Abend den Himmel deckte.

Die Jungfrau ist Idun/Nanna/Urd/Hel, also die Jenseitsgöttin, die die Toten wiedergebiert.

Übel, sagten sie, sei es ergangen,
Erfolglos die Werbung, und wenig erforscht.
Nur mit List gewinnen ließe der Rat sich
Daß ihnen die Göttliche Auskunft gäbe.

Antwort gab Omi, sie alle hörten es:
'Die Nacht ist zu nützen zu neuem Entschluß.
Bis Morgen bedenke, wer es vermag,
Glücklichen Rat den Göttern zu finden.'

„Omi" („(Kampf-)Lärm") ist einer der zwölf Namen des Odin als Allvater.

Über den Rand der Ebene der Rindr
Sank nieder die müde Nahrung Fenrirs;
Vom Gastmal schieden die Götter,
Hroptr und Frigg grüßend, als Hrimfaxi auffuhr.

„Rindr" ist eine Riesin und die Erde. Die „Ebene der Rindr" ist die Erdoberfläche. Der „Rand der Ebene der Rindr" ist somit der Horizont. „Fenrirs müde Nahrung" ist der Gott Tyr, dem der Riesenwolf den rechten Arm abbiß. Da Tyr ursprünglich der Sonnengott-Göttervater gewesen ist, ist diese Szene eine düstere Umschreibung für „die Sonne (Tyr) ging unter und es wurde Abend".

„Hroptr" ist ein Beiname des Odin. „Hrimfaxi" („Rußmähne") ist das Pferd der Riesin Nott („Nacht"). Sein Aufsteigen über den Horizont bedeutet, daß der Himmel dunkel wird. Der Rappe der Nacht bildet den Gegenpol zu den beiden Schimmeln („Alcis" = Dioskuren) vor dem Streitwagen des Sonnengott-Göttervaters Tyr.

Da hebt sich von Osten aus den Eliwagar
die dornige Rute aus dem Feld des reifkalten Riesen,
mit dem Dain jede Nacht in Schlaf die Völker schlägt,
die das ruhmreiche Midgard bewohnen.

„*Eliwagar*" sind die kalten Gletscher im Norden und im Osten. Der „*Riese*" ist Nörwi, der Vater der Nott („Nacht"). Das „*Feld des reifkalten Riesen*" ist eine Kenning für Eliwagar, also das Jenseits.

Mit einem „*Schlafdorn*" versetzte auch Odin die Walküre Brünhilde in einen tiefen Schlaf. Dieser Dorn ist eine Kenning für „Schwert" und bezieht sich recht sicher auf das Schwert des Ehemaligen Sonnengott-Göttervaters Tyr, das am Abend bzw. im Herbst zerbrach und dann in der Nacht bzw. im Winter von Tyr-Wieland neu geschmiedet wurde. Aufgrund dieser Symbolik des Todes und der Wiedergeburt konnte dieses Schwert auch für den Schlaf, also für den „kleinen Tod" benutzt werden. Dieses Motiv hat auch die Symbolik der Rune „Thorn" („Dorn") geprägt, die die allgemeine Schadens-Rune gewesen ist.

„*Dain*" ist der magiekundige Zwerg, von dem am Anfang des Liedes schon berichtet wurde, daß er düstere Orakelsprüche zu Baldurs Traum verkündet hat.

„*Midgard*" („der Ort in der Mitte", „Mittelerde") ist der Name für das Diesseits, in dem die Menschen leben.

Die Kräfte ermatten, die Arme ermüden,
Schwindelnd wankt der weiße Schwertgott.
Benommenheit vertreibt den Wind der Riesin,
die Tätigkeit des Geistes aller Menschen.

Wie auch in den beiden vorigen Strophen wird auch hier noch immer der Einbruch der Nacht beschrieben. Der „*weiße* (=leuchtende) *Schwertgott*" ist Tyr.

Das Bewußtsein und das Denken der Menschen wird hier als der „*Wind einer Riesin*" umschrieben. Der „Wind des Geistes" ist in vielen Kulturen ein beliebtes Bild, da der Atem („Wind") dem Leben, der Seele und dem Geist gleichgesetzt worden ist. Daraus konnte dann der „Wind der Riesin" werden, da die Riesin die Jenseitsgöttin gewesen ist, die nach dem Tod die Toten als Seelenvögel wiedergebiert. Die „Riesin des Windes" ist somit die „Mutter der Seelen". Der „Wind des Geistes" findet sich an so weit auseinanderliegenden Kulturen wie den Navaho-Indianern und den Israeliten, die den Geist in der Genesis im Alten Testament „ruach", d.h. „Atem, Wind, Geist, Seele" nannten („ ... und der Geist ('ruach') Gottes schwebte über den Wassern.")

Da trieb aus dem Tore wieder Dellings Sohn
Sein schön mit Gestein geschmücktes Roß;
weit über Mannheim glänzte die Mähne:
Des Zwergs Überlisterin zog ihn im Wagen.

„*Delling*" bedeutet „Strahlender" oder „Tagesbruch". Der Sohn des Tagesanbruchs ist die Sonne und somit auch der ehemalige Sonnengott-Göttervater Gott Tyr, der am

Abend vorher eingeschlafen, d.h. gestorben ist. „*Mannheim*" ist die Welt der Menschen.

„*Des Zwerges Überlisterin*" ist die Sonne, da im Alwismal Thor den Zwerg Alwis dadurch überlistete, daß er ihn solange in Rätselfragen verstrickte, bis die Sonne aufging und der Zwerg durch die ersten Sonnenstrahlen zu Stein wurde. Diese Szene zeigt deutlich, daß die Zwerge Wesen der Unterwelt, ursprünglich also Ahnen gewesen sind.

Am nördlichen Rand der nährenden Erde
Unter des edlen Baumes äußersten Wurzeln
Gingen zur Ruhe Riesinnen und Riesen.
Totengeister, Zwerge und Schwarzalfen.

Der „*edle Baum*" ist die Weltesche Yggdrasil, die am Nordpol stand. Wenn die Sonne aufgeht, gehen die Wesen der Unterwelt schlafen: Riesinnen, Riesen, Totengeister, Zwerge und Schwarzalfen (Tote).

Auf standen die Herrscher, die Alfenbestrahlerin lief.
Die Nacht sank nördlich gen Nifelheim.
Ulfrunas Sohn hob Argiöl hinauf,
Der mächtige Hornbläser, zu den Himmelsbergen.

Die „*Alfenbestrahlerin*" ist die Sonne. Hier sind mit Alfen die Lichtalfen gemeint.

Zusammen mit der Riesin „*Ulfruna*" („Wolfs-Rune") hat Odin den Heimdall gezeugt. Ulfrunas Sohn ist also der Gott Heimdall. Er hebt am Morgen die Regenbogenbrücke Bifröst („*Argiöl*") an den Himmel hinauf. Heimdall ist auch der „*Hornbläser*".

- - -

In diesem Lied ist deutlich zu erkennen, daß Baldurs Tod auch ein Symbol für die Nacht gewesen ist.

Innerhalb von mythologischen Weltbildern, die allgemein vor allem von einer bildhaften Logik und von Analogien geprägt werden, stellen solche Götter wie Baldur und Hödur zwei Aspekte eines Ganzen dar, das bei den Germanen u.a. durch den Göttervater Odin dargestellt wird: der sehende Baldur entspricht dem heilen Auge des Odin und der blinde Hödur dem blinden Auge des Odin.

Bis 500 n.Chr. hat der Tages-Tyr (Tages-Sonne) und der Nacht-Tyr (Riese, Nacht) diese Symbolik innegehabt.

Symbolik des Baldur und des Hödur	
Diesseits	*Jenseits*
Tag	Nacht
die Lebenden wachen, die Toten schlafen	die Toten wachen, die Lebenden schlafen
Leben	Tod
Sehen	Blindheit
der sehende Baldur	der blinde Hödur
Odins sehendes Auge	Odins totes Auge
Baldur	Loki
Schönheit, Freude	Chaos, Leid
Baldur im Diesseits bei Nanna	Baldur im Jenseits bei Hel/Nanna
Bragi im Diesseits bei Idun	Bragi im Jenseits bei Hel/Idun
zweiarmiger Tyr	einarmiger Tyr
Tyr als goldene Sonne am Tag	Tyr als Schwarzsonne in der Nacht
Tyr im Winter (Wieland, Riese)	Tyr im Sommer (Göttervater)

I 9. Die Vision der Seherin

Auch in diesem Lied, das eine Zusammenfassung der wichtigsten Ereignisse in der germanischen Mythologie ist, wird Baldurs Tod beschrieben:

Ich sah dem Baldur, dem blühenden Opfer,
Odins Sohne, Unheil drohen.
Gewachsen war über die Wiesen hoch
Der zarte, zierliche Zweig der Mistel.

Von der Mistel kam, so dauchte mich
Häßlicher Harm, da Hödur schoß.
(Baldurs Bruder war kaum geboren,
Als einsichtig Odins Erbe zum Kampf ging.

Die Hände nicht wusch er, das Haar nicht kämmt er,
Eh er zum Bühle trug Baldurs Töter.)
Doch Frigg beklagte in Fensal dort
Walhalls Verlust: wißt ihr, was das bedeutet?

„Baldurs Bruder" ist Wali, der Sohn Odins. Er rächte Baldurs Tod, indem er Hödur tötete. Zu diesem Zeitpunkt war Wali erst einen Tag alt. Man könnte daher vermuten, daß Baldur der vergangene, „alte" Tag ist und Hödur die Nacht, die hier dann als „Mörder des Tages" aufgefaßt wird. Am nächsten Morgen wird die Nacht dann von dem „einen Tag alten" Wali, der der neue, „junge" Tag ist, „getötet". Der Wechsel von Tag und Nacht wird hier mit dem Rache-Prinzip der Germanen beschrieben bzw. erklärt: Tag und Nacht nehmen abwechselnd Rache aneinander.

Später in demselben Lied berichtet die Seherin von Baldurs Rückkehr auf die Erde:

Da seh ich auftauchen zum anderenmale
Aus dem Wasser die Erde, die wieder grünt.
Die Fluten fallen, darüber fliegt der Aar,
Der auf dem Felsen nach Fischen weidet.

Die Asen einen sich auf dem Idafelde,
Über den Weltumspanner zu sprechen, den großen.
Uralter Sprüche sind sie da eingedenk,
Von Fimbultyr gefundner Runen.

„Fimbultyr" („Mächtiger Tyr") ist ein Beiname des Odin, der ursprünglich einmal den Gott Tyr als Göttervater bezeichnete. Mit der Zeit wurde „Tyr" zu einem Synonym für „Gott". Der „Weltumspanner" ist die Midgardschlange Jörmungandr.

Da werden sich wieder die wundersamen
Goldenen Tafeln im Grase finden,
Die in Urzeiten die Asen hatten,
Der Fürst der Götter und Fiölnirs Geschlecht.

Da werden unbesät die Äcker tragen,
Alles Böse bessert sich, Baldur kehrt wieder.
In Heervaters Himmel wohnen Hödur und Baldur,
Die walweisen Götter. Wißt ihr, was das bedeutet?

Die „goldenen Tafeln" sind das Tafl-Spiel, das in den Tempeln als Orakel verwendet worden ist.

I 10. Lokasenna

In der Lokasenna („Lokis Schmähreden") finden sich einige Anspielungen auf den Tod des Gottes Baldur:

Loki:
"Schweig Du, Frigg! Fiörgyns Tochter bist Du
Und den Männern allzumild,
Die Wili und We als Widrirs Gemahlin
Beide bargst in deinem Schoß."

Frigg:
"Wisse, hätt ich hier in den Hallen Ögirs
Einen Sohn wie Baldur schnell,
Nicht kämst Du hinaus von den Asensöhnen,
Du hättest schon zu fechten gefunden."

Loki:
"Und willst Du, Frigg, daß ich ferner gedenke
Meiner Meintaten,
So bin ich Schuld, daß Du nicht mehr schauen wirst
Baldur reiten zum Rat der Götter."

Freyja:
"Irr bist Du, Loki, daß Du selber anführst
Die schnöden Schandtaten.
Wohl weiß Frigg alles was sich begibt,
Auch wenn sie es nicht sagt."

I 11. Husdrapa

In diesem Lied, das der Skalde Ulfr Uggason um ca. 985 n.Chr. verfaßt hat, wird die Bestattung des Baldur beschrieben.

Der kampfweise Freyr reitet
zuerst auf Gullinborsti
zu dem Scheiterhaufen des Baldur
und führt das Volk an.

„*Gullinborsti*" bedeutet „Goldborste" und ist der Name von Freyrs goldenem Eber, auf dem er reitet und der des Nachts golden leuchtet.

Vermutlich „*führt*" Freyr das „*Volk*", weil er als der Urahn der schwedischen Könige angesehen wurde.

Schnell reitet der weitberühmte Weisheits-Tyr,
er eilt zu dem Feuer, zu dem hohen
Scheiterhaufen seines Sohnes Baldur;
aus meinen Wangen strömen Lob-Lieder.

Der „*Weisheits-Tyr*" („Hroptatyr") ist Odin.

Dort sehe ich Walküren-Fylgjas
und Raben den weisen Siegrunen-Baum
zu dem Blut des Heiligen
Leichnams begleiten.

Ein „*Baum*" ist ein Mann. Der „*Siegrunen-Baum*" ist Odin.
Die „*Raben*" sind Odins Raben Hugin und Munin.
Die „*Fylgjas*" sind in etwa die Seelen der Toten in Vogelgestalt (Seelenvögel). Dieses Motiv liegt auch den Walküren zugrunde, die sich mithilfe ihrer Schwanenhemden in Schwäne verwandeln können. Schwäne und Gänse waren die am weitesten verbreitete „Art" von Seelenvögeln der Indogermanen, da sie weiß leuchteten (hellsichtige Wahrnehmung der Totengeister), groß waren (Stärke) und im Wasser lebten (Wasserunterwelt).
Der „*Heilige Leichnam*" ist der tote Baldur. Die Übersetzung „*Blut des Baldur*" ist nicht ganz sicher. Vielleicht ist dies eine Umschreibung für das rote Feuer des Scheiterhaufens – aber auch das das ist ungewiß.

Der herrliche Heimdall spornte sein Roß an
um zu dem Scheiterhaufen zu gelangen, den die Götter
für den gefallenen Sohn des Odin,
dem all-weisen Raben-Herrn, errichtet hatten.

gefallener Sohn des Odin = Baldur

Die allermächtigste Berg-Hild
schob den Meeres-Sleipnir vorwärts,
während die Beschaffer der Macht des Feuers
des Helmes des Hroptr ihr Roß niederwarfen.

Hild = Walküre; Berg-Walküre = Riesin (hier Hel-Hyrrokkin)
Sleipnir = Odins Roß, Meeres-Roß = Schiff (hier Baldurs Schiff Hringhorni)
Feuer des Helmes = Schwert; Macht des Schwertes = Kampfkraft = Kampfekstase; Beschaffer der Kampfekstase = Berserker; Hroptr = Odin
Roß einer Riesin = Wolf

Hier wird die Szene beschrieben, in der Hel-Hyrrokkin das Bestattungsschiff des Baldur ins Meer schob, während Odins Berserker ihren Wolf (Fenrir) niederwarfen.

I 12. Grimnir-Lied

Im Grimnir-Lied wird die Halle beschrieben, in der der Gott Baldur wohnt. Ihr Name bedeutet „die weithin Glänzende". Dieser Name klingt wie eine Umschreibung für „Sonne".

Die siebente ist Breidablick: da hat Baldur sich
Die Halle erhöht
Zu jener Gegend, wo der Greuel ich
Die wenigsten lauschen weiß.

I 13. Heimskringla (2)

Dieser Name der Halle des Baldur wird auch in der Heimskringla angeführt:

„Njörd wohnt in Noatun, Heimdal in Himinbjerga, Thor in Thrudvang, Baldur in Breidablick."

I 14. Hymir-Lied

Im Hymir-Lied wird die Bestrafung des Loki, die sich ursprünglich auf die Ermordung des Baldur bezog, auf die Verletzung von einem von Thors Ziegenböcken übertragen. Dies läßt angesichts der Absicht dieser Mythe, Tyr durch Thor zu ersetzen, vermuten, daß Baldur einst einmal ein Bild für den wiedergeborenen Sonnengott-Göttervater Tyr gewesen sein muß.

I 15. Haustlöng

In diesem um 985 n.Chr. verfaßten Skalden-Lied über den Kampf zwischen dem Donnergott Thor und dem Riesen Hrungnir findet sich in einer Strophe die Kenning „Baldurs Bruder" für Thor. Thor und Baldur sind demnach auch schon 235 Jahre vor der Niederschrift der Edda als Söhne des Odin betrachtet worden.

Baldurs Bruder (Thor) *verschonte nicht den gierigen Feind der Menschen* (der Tyr-Riese Hrungnir).

I 16. Skaldskarparmal (1)

„Skaldskarpamal" bedeutet „Die Kunst der Dichter". Die germanischen Dichter, die „Skalden" genannt wurden, waren wie die keltischen Barden, die griechischen Rhapsoden, die indischen Brahmanen u.a. vor allem die Bewahrer der Geschichte des Stammes. Das „Erste Kapitel" dieser Geschichte waren die Berichte über die Götter, die folgenden Kapitel stellten historische Begebenheiten dar.

Im Skaldskaparmal wird Baldur an einer Stelle als der schönste der Götter bezeichnet:

„Aber Skadi, des Riesen Thiazi Tochter, nahm Helm und Brünne und alles Hausgerät und fuhr gen Asgard, ihren Vater zu rächen. Da boten ihr die Asen Ersatz und Buße. Zum ersten sollte sie sich einen der Asen zum Gemahl wählen, aber ohne mehr als die Füße von denen zu sehen, unter welchen sie wähle. Da sah sie eines Mannes Füße vollkommen schön und rief: 'Diesen wähle ich – Baldur ist ohne Fehl.' Aber es war Niördr von Noatun."

I 17. Eiriksmal

In diesem Ruhmlied, das nach dem Tod von König Erik Blutaxt für diesen gedichtet worden ist, erscheint Bragi als Gesprächspartner des Odin. Vielleicht hatten die Skalden manchmal auch eine Art Beraterfunktion der Fürsten.

*„Was ist das
für ein Traum?",
sprach Odin
kurz vor Sonnenaufgang.*

*„Ich dachte, daß Walhalla
für ein getötetes Heer bereitet wird.
Ich weckte die Einherier
und gebot ihnen aufzustehen*

*und die Bänke zu bedecken
und die Becher zu reinigen.
Ich gebot den Walküren Wein
zu bringen als wenn ein Fürst käme.*

*Ich habe Hoffnung,
daß edle Helden
aus der Welt nahen –
so glücklich ist mein Herz."*

*„Was ist das für ein Aufruhr?"
sprach Bragi, „als wenn
Tausende in Bewegung wären,
naht ein besonders großes Heer?*

*All die Bohlen
der Bänke knirschen
als wenn Baldur zu Odins Heim
zurückkehren würde."*

*„Du redest gewiß Narrheiten,
weiser Bragi", antwortete Odin,
„obwohl Du alle Dinge
so gut kennst.*

*Der Lärm kündet
den Helden Erik an,
der nun zu Odins
Heim kommt."*

"Siegmund und Sinfjötli!
Erhebt euch geschwind
und geht
dem Fürsten entgegen.

Wenn es Erik ist,
heißt ihn willkommen!
Ich glaube nun gewiß,
daß er es ist."

I 18. Heimskringla (3)

In der Heimskringla findet sich dieselbe Szene in nur geringfügig veränderten Worten. Auch sie zeigt deutlich, daß Baldurs Tod ein wesentliches Ereignis gewesen ist:

„Odin erwacht am Morgen und ruft, als er seine Augen öffnete und seinen Traum noch lebhaft vor sich stehen hat: 'Was für Träume sind das? Ich sah, daß ich vor Tagesanbruch aufgestanden bin, um Walhalla für ein Heer von Gefallenen vorzubereiten. Ich weckte das Heer der Auserwählten auf. Ich gebot ihnen, zu kommen und die Bänke zu bestreuen und die Bierkrüge bereitzustellen. Ich gebot den Walküren Wein herbeizuschaffen als wenn ein König kommen würde. Ich hielt Ausschau nach einigen edlen Fürsten von der Erde und mein Herz freute sich.'
Da erwachte Odins Ratgeber Bragi, als draußen ein großer Lärm zu hören war und er rief aus: 'Was ist das für ein Donnern? Als ob tausend Mann oder ein großes Heer nahen würden – die Wände und die Bänke knirschen davon – als ob Baldur zu der Halle des Odin zurückkehren würde ...'"

I 19. Skaldskarpamal (2)

In der „Dichtkunst der Skalden" werden auch die Kenningar, also die Umschreibungen für den Gott Baldur aufgeführt:

Wie soll man Baldur umschreiben?
Indem man ihn Sohn des Odin und der Frigg nennt,
Mann der Nanna,

Vater des Forseti,
Besitzer des Hringhorni und des Draupnir,
Gegner des Hödur,
Genosse der Hel,
Gott der Tränen.

I 20. Merseburger Zaubersprüche

In den „Merseburger Zaubersprüchen", die nicht zur Edda gehören, sondern aus Süddeutschland stammen und um ca. 900 n.Chr. aufgeschrieben wurden, wird einmal der Gott Baldur erwähnt:

Phol und Wodan
ritten ins Holz.
Da wurde dem Fohlen Baldurs
der Fuß verrenkt.
Da besprach ihn Sinthgunt
und Sunna, ihre Schwester;
da besprach ihn Frija
und Volla, ihre Schwester;
da besprach ihn Wodan,
wie nur er es verstand:

Sei es Knochenrenke,
sei es Blutrenke,
Sei es Gliedrenke:
Knochen zu Knochen,
Blut zu Blut,
Glied zu Gliedern,
als ob geleimt sie seien.

I 21. Edda-Zitat

In den lateinischen Texten des frühen Mittelalters findet sich eine Beschreibung des Gottes Tyr, in der er als Sohn des Odin beschrieben wird, indem er „Baldurs Bruder" genannt wird. In diesem Text ist der Gott Tyr bereits ganz dem Odin untergeordnet worden, indem er zu dem Sohn des neuen Göttervaters geworden ist.

Tyr Mavors: Bellderi Germanús, manúm uúnum, a lúpo mutilatus. Hæc omnia súnt desúmpta es Edda.

Übersetzung:

Tyr-Mars: Baldurs Bruder, einhändig, verstümmelt vom Wolf. Alle diese (Beschreibungen) *sind aus der Edda entnommen.*

I 22. Gylfis Vision (3)

Über Baldurs Sohn Forseti ist nicht viel bekannt. Forseti scheint die Verkörperung eines Einzelaspekt des Baldur zu sein: seine Gerechtigkeit. In ähnlicher Weise könnte auch der Gott Bragi den Skalden-Aspekt des Odin verkörpern.

Die folgende Strophe in „Gylfis Vision" hat Snorri Sturluson aus dem „Grimnir-Lied" zitiert.

Forseti heißt der Sohn Baldurs und der Nanna, der Tochter Neps. Er hat im Himmel den Saal, der Glitnir heißt, und alle, die sich in Rechtsstreitigkeiten an ihn wenden, gehen verglichen nach Hause. Das ist der beste Richterstuhl für Götter und Menschen.
Es heißt von ihm:

Glitnir ist die zehnte: auf goldnen Säulen ruht
Des Saales Silberdach.
Da thront Forseti den langen Tag
Und schlichtet allen Streit.

„Glitnir" bedeutet „Strahlender" und erinnert daher sehr an „Breidablick" („die weithin Glänzende"), die Halle von Forsetis Vater Baldur.

I 23. Gylfis Vision (4)

In diesem Text findet sich eine kurze Darstellung des Gottes Hödur („Kämpfer"), der Baldur, ohne es zu wollen, erschoß:

Hödur heißt einer der Asen. Er ist blind, aber sehr stark, und die Götter möchten wohl wünschen, daß sie seinen Namen nicht nennen durften, denn nur allzu lange wird seiner Hände Werk Göttern und Menschen im Gedächtnis bleiben.

I 24. Skirnir-Lied

In diesem Lied wird Baldur mit „Odins junger Erbe" umschrieben.

Skirnir:
„Den Ring geb ich, der in der Glut lag
Mit Odins jungem Erben.
Acht entträufeln ihm ebenschwere
In jeder neunten Nacht."

Gerd:
„Den Ring verlang ich nicht, der in der Lohe lag
Mit Odins jungem Erben.
In Gymirsgard bedarf ich Goldes nicht:
Mir schont der Vater die Schätze."

I 25. Skaldskaparmal (3)

In dem alten Lied „Bjarkamal" werden viele Bezeichnungen für Gold aufgezählt. In ihm wird auch Baldur erwähnt:

Der König bereicherte seine Wächter
auf die großzügigste Weise
mit Fenjas Arbeit,
mit Fafnirs Midgard,
mit Glasirs hell-strahlenden Nadeln
mit Granis edler Last,
mit Draupnirs kostbaren Tropfen,
mit der Ebene des Grafvitnir.

Fenja (Frigg) und Menja (Freya) mahlten mit ihrer magischen Mühle in der Höhle „Grotto" (Hügelgrab) Mehl, Salz und Gold.

Das Land („Midgard"), d.h. der Wohnort des Drachen Fafnir ist sein goldener Hort.

Der (Welten-)Baum Glasir in Asgard hatte goldene Blätter.

Grani ist Sigurds Roß, daß auf seinem Rücken den Drachenhort forttrug.

Draupnir ist Odins goldener Jenseitsreise-Ring.

Grafvitnir ist eine Ahnen-Schlange, die auf einem goldenen Grabschatz („Ebene") liegt.

Der Herr gab mit offen Händen
und seine Helden ergriffen
Sifs fest-gewachsene Locken,
das Eis der Bogen-Kraft,
das unfreiwilliges Otter-Geld,
das Weinen der Mardöll,
die Feuer-Flamme des Ruders,
und Idis feine Reden.

Die Göttin Sif trägt Haare aus Gold.

Die Kraft, die den Bogen spannt, ist der Arm, an dem sich goldene und silberne („Eis") Armreifen befinden.

Odin, Hönir und Loki mußten für das Töten eines in einen Otter verwandelten Zwerges Gold als Lösegeld zahlen.

Die Tränen der Mardöll (Freya) sind aus Gold.

Die „Feuer-Flammen des Ruders" sind eigentlich das „Feuer des Meeres", also Gold (die abends im Meer versunkene goldene Sonne).

Die „Reden des Idi" in dieser Strophe und die „Ratschläge des Thiazi" in der folgenden Strophe sind das, was aus dem Mund dieser beiden Riesen kommt – so wie das ererbte Gold, das sie zusammen mit ihrem Bruder Gangr mit ihren Mündern abmessen mußten.

Die Krieger freuten sich,
wir gingen in feinen Gewändern,
in Thiazis Ratschlägen;
die Leute Gastgeber-unzählbar
in des Rheines rotem Metall,
in den Ringen der Nibelungen:
der Führer, Krieg-wagend
wehrte Baldur nicht ab.

Das „rote Metall" und die „Ringe der Nibelungen" ist das Gold – hier der am Loreley-Felsen im Rhein versenkte Nibelungenhort.

Der „Krieg-Wahrende Führer" ist der Fürst.

„Er wehrte Baldur nicht ab" bedeutet, daß der Fürst den Tod nicht abgewehrt hat, d.h. daß er seine goldenen Ringe „getötet", d.h. zerbrochen hat, um sie an sein Gefolge zu verteilen.

I 26. Gedicht über Gizurr Goldbrauen-Skalde

In diesem Lied des Skalden Hofgarda-Refr Gestsson wird „Baldur" als Umschreibung für „Mann" benutzt.

Dir bringen wir den Golddraht-Umwundenen,
Toten-Gote, auf dem Wogenfalken der Wege
der Halle der Strömung, Fals,
tapferer, vertrauter Herrscher, als Tribut.

Glücklich ist der Lenker des hohen Tieres der Wogen
der mit seinem Los zufrieden ist.
Ich bin geübt in dem Wein-Keltern
der Wolfs-Gefahr.

Oft brachte mir der Freundliche
den geweihten Trank des Rabengottes -
der Baldur der Lichtblitze des Landes der Buge
hat den Skalden verlassen.

   Golddraht-Umwunderner = Schwert (Griff)
   Toten-Gote = Krieger = Fürst, hier Odin
   Halle der Strömung = Meer; deren Wege = Meeresoberfläche; deren Wogenfalke =Schiff (auf ihm wird der Tribut gebracht)
   Fals = der Fürst; „Fals" ist auch ein Beiname des Odin
   Wogen-Tier = Schiff, dessen Lenker = Fürst
   Fals = Odin
   hohes Tier der Wogen = Schiff
   Wolfs-Gefahr = Odin; Wein-Keltern der Wolfs-Gefahr = dichten
   Freundlicher = Odin
   Raben-Gott = Odin

Land der Buge = Meer; deren Lichtblitze = Gold; dessen Baldur („Besitzer") = (reicher) Fürst

verlassen = gestorben

Die kenningfreie Übersetzung dieser drei Strophen lautet:

Dir bringen wir das Schwert,
Odin, auf dem Schiff,
Odin,
tapferer, vertrauter Herrscher, als Tribut.

Glücklich ist der Fürst
der mit seinem Los zufrieden ist.
Ich bin geübt
im Dichten.

Oft brachte mir Odin
den Skalden-Met –
der Fürst
ist gestorben.

Hier wird berichtet, daß der Fürst, der den Skalden für seine Lieder oft reich belohnt hat, gestorben ist und wie Baldur auf einem Schiff zu Odin ins Jenseits reist.

I 27. Asen-Thulur

Diese anonym verfaßte Liste der Asen enthält auch Baldur.

Ich werde euch
die Asen-Heitis sagen:
Dies sind Yggr und Thor
und Yngvi-Freyr,
Vidar und Baldur,
Vali und Heimdall,
das sind Tyr und Njörd,
weiterhin Bragi,
Hödur, Forseti,
und schließlich ist da noch Loki.

I 28.   Kenningar

In den Kenningarn erscheint Baldur hauptsächlich recht unspezifisch als Umschreibung für „Ase" oder für „Mann". In einigen Kenningarn wird auch Bezug auf seine Verwandtschaft und auf seinen Tod genommen.

1. Bezug zu Baldurs Verwandtschaft u.a.

Baldur	*Odins Sohn*		anonym	Vision der Seherin
Baldur	*gefallener Sohn des allweisen Raben-Herrn*	all-weiser Raben-Herr = Odin	Ulfr Uggason	Husdrapa
Baldur	*Odins Erbe*		anonym	Wegtam-Lied (2x)
Baldur	*Yggs Junge*	Ygg = Odin	anonym	Odins Rabenzauber
Odin	*Baldurs Vater*		anonym	Ketil Forelle
Odin	*Baldurs übler, finsterer Vater*		anonym	Styrbjarnar-Thattr
Tyr	*Baldurs Bruder*		anonym	Trideilur-Runa
Nanna	*Baldurs Göttin*	Baldurs Frau	Kormak	Kormak-Saga
Baldur	*Ullrs Freund*		anonym	Wegtam-Lied
Hödur	*Baldurs Mörder*		Snorri Sturluson	Skaldskaparmal
Baldur	*Walhallas Verlust*	Walhalla = Odins Halle	anonym	Vision der Seherin
Baldur	*heiliger Leichnam*		Ulfr Uggason	Husdrapa

2. Baldur = Ase

Ase	*Baldr*		Snorri Sturluson	Thulur
				Hattatal
Ase	*Baldr*		Kalfr Hall-Sohn	Katrinardrapa
Ase	*Baldr*		Eindridi Einar-Sohn	Lausavisur
Ase	*Baldr*		Björn Hart-Hand	Magnusdrapa

Ase	Baldr		Hallar-Steinn	Rekstefja
Ase	Baldr		anonym	Kristni-Saga
				Hrafn-Saga
				Placitusdrapa
				Noregs konungatal
				Olaf Tryggva-Sohn
				Brudkaupsvisur
Ase	Baldr		Arnorr Jarl-Skalde Thordar-Sohn	Thorfinnsdrapa
Ase	Baldr		Hofgarda-Refr Gest-Sohn	Gedicht über Gizurr Goldbrauen-Skalde
Ase	Baldr		Oddi der Kleine Glum-Sohn	Lausavisur
Ase	Baldr		Guthorm der Dunkle	Hakonardrapa
Ase	Baldr		Sturla Thordar-Sohn	Hrynhenda
Ase	Baldr		Thjodolfr Arnor-Sohn	Lausavisur
				Harald-Stanzas
Ase	Baldr		Tindr Hallkel-Sohn	Hakonardrapa

3. Baldur = Mann

Krieger	Baldur		anonym	Heidarviga-Saga
Krieger	Schwert-Baldur		Arnorr Jarl-Sklade Thordarson	Thorfinns-drapa
Krieger	Schwert-Baldur		Snorri Sturluson	Hattatal
Krieger	Kampf-Baldur		anonym	Noregs konungatal
Krieger	Heer-Baldur		Björn Krummhand	Magnusdrapa
			Thjodolfr Arnorsson	Stanzas über Harald Sigurdarson
Krieger	Baldur des Brünnen-Things		Thjodolfr Arnorsson	Fragmente
Krieger	Baldur der Feuer der Skögul		Hallar-Steinn	Rekstafja
Krieger	Baldr der Wolke der Skuld		anonym	Brudkaups-visur

Krieger	junger Baldur des Stahls	Stahl = Schwert	anonym	Olafs drapa Tryggvasonar
Seemann	Alf des Gurtes der bittenden Rindr des Baldur	Rindr und Frigg sind Frauen des Odin; Odin und Frigg sind die Eltern des Baldur; Rindr = Erde = Midgard; der „Gurt" ringsum ist das Meer; Alf = Mann; Meer-Alf = Wikinger	Oddi der Kleine Glumsson	Lausavisur
Seefahrer	Baldur der Planken des Rumpfes		anonym	Brudkaups-visur
Seemann	Baldur des weiten Landes des Thvinnill	Thvinnill = Seekönig	anonym	Placitusdrapa
Herrscher	Heer-Baldur		Thjodolfr Arnorsson	Stanzas über Haraldr Sigurdarsons leidanger
Mann (reich)	Mut-gefüllter Baldur der Horte		anonym	Placitusdrapa
Mann (reich)	Baldur der Ringe		anonym	Gedicht über Olaf Tryggvasonar
			Sturla Thordarson	Hrynhenda
			Tindr Hallkelsson	Hakonardrapa
Fürst, großzügig	Baldur des Bug-Landes der Meeres-Blitze	Meeres-Blitze = Gold; Bug-Land = Meer; Baldur = Mann; Mann des Goldes = Fürst (unpräzise Kenning)	Refr	(Skaldska-parmal)

I 29. Personennamen

Bei den Personennamen ist es nie ganz sicher, ob mit „Baldur" der Gott oder einfach ein Mann oder ein Krieger gemeint ist. Insbesondere bei den drei letzten Namen ist mit „Baldur" vermutlich lediglich „Krieger" gemeint.

Am interessantesten sind die Namen Baldwin, Baldey, Thjodbald und Liutbald, da in ihnen Baldur als Freund, Ratgeber, Glücksbringer und Volks-Gott geschildert wird – dies könnten einst wesentliche Charakterzüge des Baldur gewesen sein. Allerdings treten die Namenselemente, die hier mit „Baldur" kombiniert worden sind, in anderen Namen auch in Kombinationen mit anderen Worten auf.

mit „Baldur" gebildete Personennamen		
Name		Bedeutung
Männer	Frauen	
Baldur, Baldor, Balder, Baldr, Baldi		Baldur
Baldvin, Baldwin, Baldewin (Balduin)	Baldwina	Baldur-Freund(in)
	Baldey	Baldur-Glück
	Baldrun	Baldur-Geheimnis (neuer Name)
Thjodbald, Theodebald, Theobald, Teobald, Teobaldus, Dietbald		Volks-Baldur
Liutbald, Luitbald		
Raganbald		Rat-Baldur, Herrscher-Baldur
Sebaldus, Siegbald		Sieg-Baldur
Vigbaldur		Kampf-Baldur (neuer Name?)
Vilbaldr, Villebaldus, Willebald, Willibald		Wille-Baldur

I 30. Zusammenfassung

Baldur verkörpert die Qualität der Richtigkeit, der Schönheit, des Lichtes und somit auch der Freude. Er ist daher auch der Gott des Tages und des Sommers. Er starb ursprünglich vermutlich an jedem Abend und in jedem Herbst. Später wurde daraus sein einmaliger Tod vor dem Ragnarök, nach dem er aber wieder ins Reich der Lebenden zurückkehrte.

Hödur und Loki sind sein Gegenpol: das Chaos, die Nacht, der Winter und somit auch das Leid.

Baldur wird in der Unterwelt von der Jenseitsgöttin wiedergeboren, die Nanna, Hel, Urd und auch Freya ist.

Bragi und Idun sind wahrscheinlich eine Parallelbildung zu Baldur und Nanna. Forseti ist ein einzelner Aspekt des Baldur: seine Gerechtigkeit.

Baldur wird in einem brennenden Schiff bestattet, das die Feuerbestattung und die Symbolik der Wasserunterwelt zusammenfaßt.

Der Ring Draupnir ist ein Symbol der bestandenen Reise in das Jenseits und wieder zurück. Er ist also vermutlich nicht nur das Symbol der Sonne, sondern auch das Symbol einer Einweihung zum Schamanen/Priester o.ä.

Baldur ist eng mit der Sonnensymbolik verbunden. Er ist vermutlich ein Aspekt und Beiname des ehemaligen Sonnengott-Göttervaters Tyr, der nach dessen Absetzung durch Thor und Odin um 500 n.Chr. als einzelnes, dem Odin als Sohn untergeordnetes Bild weiterbestanden hat: der Tod der Sonne am Abend und im Herbst sowie ihre Wiedergeburt am Morgen und im Frühjahr.

II Baldur in den Sagas

Die Sagas wurden in etwa zur selben Zeit niedergeschrieben wie die Edda und auch wie die „Geschichte der Dänen" („Gesta Danorum") des dänischen Mönches Saxo grammaticus („Saxo der Schriftkundige"). Die in den Sagas berichteten Ereignisse reichen jedoch von ihrer Niederschrift um 1.200 n.Chr. bis ca. 950 n.Chr. zurück. Das Beowulf-Epos ist die früheste Saga – sie wurde bereits um ca. 750 n.Chr. in England von den Angelsachsen aufgeschrieben.

II 1. Baldur

II 1. a) Fridthjofssaga

Dies ist die einzige Saga, in der ein Baldur-Tempel beschrieben wird.

Der Anfang dieser Saga ist, daß König Bele über die Gegend von Sogn herrschte. Er hatte drei Kinder: einen Sohn, der Helge hieß, einen zweiten mit dem Namen Halfdan und eine Tochter, die Ingeborg genannt wurde, eine schöne junge Frau mit großer Weisheit und die erste der Kinder des Königs.

Die Namen dieser vier Personen zeigen, daß diese Saga zumindestens teilweise auf die Mythen des ehemaligen Sonnengott-Göttervaters Tyr zurückgehen:
„Bele" ist ein sehr alter Name des Sonnengottes, der in den germanischen Mythen auch als „Beli" erscheint. Bele/Beli ist einst sehr wahrscheinlich mit Baldur identisch gewesen.
„Helge" ist ebenfalls ein Beiname des Tyr. Er bedeutet „Heiler, Heiliger".
„Halfdan" tritt in sehr vielen Sagas auf, die einen Bezug zu den alten Tyr-Mythen haben.
„Ingeborg" ist der mit Abstand häufigste Name, den die Jenseitsgöttin bei ihrer Übertragung von der Mythe in die Saga erhalten hat.

An der Küste, die im Westen an den Fjord grenzte, war ein großer umhegter Bereich, der Baldurs-Hag genannt wurde. Innerhalb der Umzäunung lag ein Friedens-Platz und ein großer Tempel, der von einer hohen Palisade umgeben war.
Dort waren viele Götter, doch keiner war so beliebt wie Baldur. Und den Heiden waren dieser Ort so heilig, daß darin keine Verletzung geschehen durfte – weder an einem Tier noch an einem Menschen. Und dort durften Männern und Frauen auch

nicht miteinander verkehren.

... ...

Da bereitete Fridthjof sich auf die Reise vor und wählte seine Männer nach ihrem Mut und ihren Fähigkeiten aus. Die Mannschaft bestand aus achtzehn Männern.

Fridthjofs Männer frugen ihn, ob er nicht vor seinem Aufbruch zu Helgi gehen und mit ihm Frieden schließen und Baldur darum bitten wolle, daß er seinen Zorn von ihm nehme.

Fridthjof sagte: „Ich habe einen feierlichen Eid geschworen, daß ich König Helge niemals um Frieden bitten werde."

... ...

Aber ich werde Dir dennoch mit einer Strophe antworten:

„Das habe ich für mich zu sagen:
Mit den acht jungen Frauen
der Ingeborg habe ich, nicht Du,
erfolgreich verhandelt.
In Baldurs-Hag legten wir
glänzende Ringe zusammen;
Nicht fern war da
der Wächter von Halfdans Land."

Der „Wächter von Halfdans Land" ist Baldur, der in dem Tempel im Land des Halfdan Bele-Sohn verehrt worden ist. Fridthjof und Ingeborg haben also mit dem Segen des Baldur geheiratet.

... ...

Danach ruderten mit dem Boot hinüber und kamen nach Syrstrand. Da erfuhren sie, daß die Könige (im Tempel) *in Baldurs-Hag waren und dort den Disen* (Göttinen) *opferten.*

... ...

Da ging Fridthjof hinein und sah, daß nur wenige Leute in der Halle der Disen waren: Die Könige waren zu dieser Zeit dort am opfern und saßen und tranken. Feuer brannten auf dem Fußboden und die Frauen des Königs saßen an den Feuern und wärmten die Götter, während andere Frauen die Götter ölten und sie mit Tüchern abwischten.

... ...

Es waren nur wenige Männer in dem Raum, denn es wurde in einem anderen Ort noch weiter getrunken. Als Fridthjof über den Boden zu der Tür gingen, sah er einen wertvollen Ring am Handgelenk der Frau des Helgi, während sie den Baldur am Feuer wärmte. Fridthjof griff nach dem Ring, aber er steckte an ihrem Handgelenk fest, sodaß er sie über den Boden schleifte und Baldur ins Feuer fiel.

Als ihr Halfdans Frau hinterherlief, fiel der Gott, den sie wärmte, ebenfalls ins Feuer. Das Feuer loderte nun um die beiden Götter herum in die Höhe, da sie zuvor geölt worden waren, und schlug bis zum Dach empor, sodaß das ganze Haus in Flammen stand. Fridthjof hatte den Ring erlangt, als er hinaus lief.

Bjorn frug, was geschehen war, als er in dem Haus war.

Da hielt Fridthjof den Ring empor und sang diese Strophe:

„Helge erhielt einen Schlag,
ich warf den Geldbeutel gegen die Nase des Schurken,
Halfdans Bruder stürzte nieder
auf seinem Hochsitz.
Baldur mußte verbrennen,
aber zuvor errrang ich den Ring.
Dann lief ich von dem Feuerplatz
furchtlos fort."

... ...

König Halfdan ließ sich in Framness nieder und erbaute den Tempel neu, der niedergebrannt worden war. Und in gleicher Weise errichteten sie den ganzen Baldurs-Hag neu, aber es dauerte lange, bis sie die Feuer gelöscht hatten..

Das, was Helges Herz am meisten bedrückte, war, daß die Götter verbrannt waren. Und es hatte viel gekostet, Baldurs-Hag wieder so wie zuvor neu zu errichten.

II 1. b)   Die Saga über König Olaf den Ruhmreichen Tryggvason

Die Schönheit des Baldur scheint geradezu sprichwörtlich gewesen zu sein:

Nun wurde Königin Sigrid des Wartens auf einen König, der in jeder Hinsicht ihrer würdig fand, müde. Ihre Augen wurden glanzlos und ihre Haar hatte graue Strähnen, aber noch immer war der richtige Mann nicht erschienen. Aber schließlich hörte sie über König Olaf den Ruhmreichen und über seinen Reichtum und seinen Mut und darüber, daß seine Gestalt so hoch und stattlich war, daß die Männer ihn nur noch mit Baldur dem Schönen vergleichen konnten.

II 1. c) Styrbjörn-Saga

In dieser Saga wird Odin mit „Baldurs Vater" umschrieben.

Die Hild des Kampfes (die Walküre)
steht jeden Morgen unter dem roten Schild (Symbol des Krieges).
Jetzt haben die Siegmädchen (die Walküren)
den Dänen hartes Schwertspiel (Kampf) *bestimmt.*
Wie alle müßt ihr
mit dem Schwert
gegen Balders bösen, dunklen Vater (Odin) *kämpfen.*
Der harte Odin will die Gefallenen auswählen.

II 1. d) Sögubrot af nokkrum fornkonungum

In diesem „Saga-Bruchstück über einige Könige aus alter Zeit" aus Dänemark und Schweden werden in einer Traumdeutung mehrere Götter erwähnt, zu denen auch Hönir gehört.

Als die Neuigkeit von der Heirat von Aud der Tiefsinnigen bis zu ihrem Vater König Ivar dem Weitumfassenden gelangte, fand er es unverschämt, daß König Radbard sie ohne seine Erlaubnis geheiratet hatte.

Der Beiname „Weitumfassender" des Königs schwedischen Königs Ivar, der von ca. 620-700 n.Chr. lebte, bezog sich darauf, daß ihm Königreiche von Großbritannien bis Rußland Tribut zahlen mußten.

Da versammelte er ein großes Heer aus seinem gesamten Reich, aus Schweden und Dänemark. Er versammelte ein so großes Heer, daß er mehr Schiffe hatte als man zählen konnte. Er brach mit seinem Heer auf und zog nach König Radbards Land östlich des Baltikums und erklärte, daß er dessen gesamtes Königreich verwüsten und versengen werde.
König Ivar war damals bereits sehr alt. Und als er seine Heeresmacht nach Osten in den Golf von Finnland gebracht hatte, beabsichtige er, seine Schiffe mit seinem Heer dort zu verlassen, wo das Reich des Königs Radbard begann.
Da geschah es eines Nachts, als der König auf dem Achterdeck seines Schiffes schlief, daß er träumte, daß ein großer Drache von dem Meer her geflogen kam und Funken von ihm aufflogen wie Funken von einer Schmiede und alle Länder rings um

ihn her erleuchteten. Hinter ihm flogen alle Vögel her – es schienen ihm alle Vögel der Nordlande zu sein. Dann sah er eine große Wolke von Norden her nahen und er sah, daß sie so große Regen und so große Stürme brachte, daß er dachte, daß alle Wälder und alle Länder von dem Wasser, das herniederströmte, fortgespült werden würden. Mit ihr kamen Donner und Blitze. Und als der große Drache vom Meer aus über das Land flog, da kam über ihn der Regen und der Sturm und eine solch große Finsternis, daß er ab dem Augenblick weder den Drachen noch die Vögel mehr sehen konnte, auch wenn er den großen Lärm der Donner und des Sturmes hören konnte. Das Unwetter zog nach Süden und nach Westen und umgab sein ganzes Reich. Und ihm schien, daß er da nach seinen Schiffen blickte und sie waren zu nichts anderem als zu Walen geworden, alle von ihnen, und sie schwammen ins Meer hinaus.

Und er erwachte und rief seinen Ziehvater Hord zu sich und erzählte ihm seinen Traum und bat ihn, ihn ihm zu deuten.

Hord sprach, daß er zu alt sei, um zu wissen, wie man Träume verstehen müsse. Er stand auf einem Felsen unterhalb des Endes des Piers, während der König auf dem Achterdeck lag und eine Ecke seines Zeltes angehoben hatte, während sie miteinander sprachen.

Der König war in einer schlechten Stimmung und sprach: „Komm an Bord, Hord, und deute meinen Traum!"

Hord sprach, er könne nicht an Bord kommen, „aber Dein Traum braucht keine Deutung. Du kannst selber sehen, was er bedeutet und daß es sehr wahrscheinlich ist, daß es bald eine Veränderung des Herrschers in Schweden und Dänemark gibt. Und nun ist die Gier des Grabes in Dir, der Hunger, der das Ende eines Menschen ankündet – dieser Gedanke von Dir, Dir alle Reiche zu unterwerfen, aber was Du nicht weißt, ist, daß das Ergebnis Dein Tod sein wird und daß Deine Feinde Dein Königreich besitzen werden."

Der König sprach: „Komm her und sprich Deine Schicksals-Prophezeiungen!"

Hord sprach: „Hier will ich stehen und von hier aus sprechen."

Der König sprach: „Wer war Halfdan der Tapfere unter den Asen?"

Hord antwortete: „Er war Baldur unter den Asen und all die Götter weinten – im Unterschied zu Dir."

„Du sprichst gut," sagte der König, „komm her und sage mir Deine Botschaften!"

Hord sprach: „Hier will ich stehen und von hier aus sprechen."

Der König sprach: „Wer war Hroerek unter den Asen?"

Hord antwortete: „Er war Hönir, der der Ängstlichste unter den Asen war, auch wenn er schlecht zu Dir gewesen ist."

„Wer war Helgi der Kühne unter den Asen," sprach der König.

Hord antwortete: „Er war Hermod, der den größten Mut hatte und Dir nicht gut gesonnen war."

Der König frug: „Wer war Gudrod unter den Asen?"

Hord antwortete: „Er war Heimdall, der der närrischste unter den Asen war, auch wenn er schlecht zu Dir gewesen ist."

Der König sprach: „Wer bin ich unter den Asen?"

Hord antwortete: „Du must die Schlange sein, die das Schlimmste in der Welt ist, die, die sie Midgardschlange nennen."

Der König antwortete sehr wütend: „Wenn Du mein Verhängnis verkündest, dann laß mich Dir sagen, daß Du nicht mehr länger leben wirst, denn ich kenne Dich, dort wo Du stehst, Du großer Thurse! So fahre selber zur Midgardschlange und laß uns sehen, wer von uns der bessere ist, wenn es zum Kampf kommt!"

Da sprang der König vom Achterdeck herab und er war so wütend, daß er durch die untere Ecke des Zeltes sprang. Hord stürzte hart von dem Felsen und stürzte in das Meer und das war das letzte, was die Wächter auf dem Schiff des Königs jemals von ihnen beiden sahen.

Der Drache und die vielen Vögel sind der König und sein Heer. Der Sturm ist sein nahender Tod und die Dunkelheit sein Ende. Die Wale sind die daraufhin führerlosen Schiffe, die heimkehren.

Die Fragen des Königs und die Schicksalsprophezeiungen des Hord machen den Eindruck, als ob sie in einer bestimmten Tradition ständen, die beiden gut bekannt ist – eine Art Frage-und-Antwort-Dialog, der evtl. eine feststehende Form war, in der man vielleicht ein Orakel oder eine Seherin befragte.

Hord ist Odin in der Verkleidung seines Ziehvaters – Odin ist oft der Todesbote der ein Leben lang von dem Göttervater beschützten und daher immer siegreichen Könige in den Sagas. Am ausführlichsten ist dies in der Völsungen-Saga in der letzten Schlacht des Königs Sigmund, dem Vater des Sigurd/Siegfried beschrieben worden.

Halfdan, Hroerek, Helgi der Kühne und Gudrod sind Könige gewesen, die möglicherweise von König Ivar als seine Vorfahren angesehen worden sind. König Halfdan ist ein König der Dänen gewesen und herrschte von ca. 580-620 n.Chr. Er war ein Nachkomme von König Scyld, der ein Sohn des Odin war. Hroerek und Helgi der Kühne waren Söhne des Königs Halfdan. Ein dänischer König Gudrod ist nur aus der Zeit um 800 n.Chr. also 100 Jahre nach dem von 620-700 lebenden König Ivar bekannt.

Vermutlich waren diese vier Könige die direkten Vorfahren des Königs Ivar. Die Zeitangaben sind nur sehr grobe Schätzungen und die Reihenfolge von Hroerek und Helgi dem Kühnen ist ungewiß – sie kann auch andersherum gewesen sein als unten angeführt. Aus der Njals-Saga sind die direkten Vorfahren von Ivar bekannt, sodaß sich der Stammbaum der Skyldinge von Halfdan bis hin zu Ivar recht sicher rekonstruieren läßt:

- Odin
- Scyld, erster König von Dänemark
- … … …
- **Halfdan der Tapfere**, König von Dänemark von ca. 580-620 n.Chr.,
- **Helgi der Kühne** Halfdan-Sohn, König von Dänemark,
- **Gudrod**, vermutlich ein Sohn des Helgi, König von Dänemark
- **Hroerek** Halfdan-Sohn, König von Dänemark,
- Valdar Hroerek-Sohn, König von Dänemark,
- Harald der Alte Valdar-Sohn, König von Dänemark,
- Halfdan der Tapfere Harald-Sohn, König von Dänemark,
- **Ivar der Weitumfassende** Halfdan-Sohn, König von Dänemark von ca. 650-700 n.Chr.

Der Dialog zwischen Odin/Hord und König Ivar ist anscheinend eine Art Anrufung der Ahnen des Königs.

Dazu paßt auch, daß König Ivar sich erkundigt, zu welchem Göttern seine Königs-Vorfahren geworden sind. Dies zeigt u.a., daß sich die Könige zumindestens nach ihrem Tod mit einem der Asen identifizierten. Dies läßt vermuten, daß sich diese Könige auch schon bei ihrer Krönung mit der entsprechenden Gottheit vereinten und dann während ihrer Herrschaftszeit unter deren Schutz standen. Diese Auffassung des Königtums ist weltweit verbreitet.

Die fünf Könige sind Odin zufolge zu folgenden Göttern geworden:

die Dänenkönige und ihre Schutzgottheiten			
König	*Gott*	*Beschreibung des Gottes*	*Kommentar zu Ivar*
Halfdan der Tapfere	Baldur	*all die Götter weinten*	*Du hast nicht geweint*
Hroerek	Hönir	*der ängstlichste unter den Asen*	*er war schlecht zu Dir*
Helgi der Kühne	Hermod	*hat den größten Mut*	*war Dir nicht gut gesonnen*
Gudrod	Heimdall	*der närrischste unter den Asen*	*er war schlecht zu Dir*
Ivar der Weitumfassende	Jörmungandr	*Du must die Schlange sein, die das Schlimmste in der Welt ist, die, die sie Midgardschlange nennen.*	

Die Aussage zu Baldur ist leicht verständlich, da Baldur aus dem Jenseits zurückgekehrt wäre, wenn alle Wesen um ihn geweint hätten. Da nur Loki in der Gestalt der Riesin Thöck sich zu weinen weigerte, setzt Odin hier König Ivar dem Loki gleich.

Der Ase Hermod ist vermutlich deshalb der Mutigste, weil er auf Friggs Bitte hin die Fahrt in Jenseits unternommen hat, um zu versuchen, ihren Sohn Baldur von Hel zurückzuholen. Wenn dieser Schamanengott schlecht zu Ivar gewesen ist, könnte dies bedeuten, daß er die Verbindung zwischen Ivar und den Göttern aufgelöst hat – was das Ende des Königtums des Ivar bedeuten würde.

Heimdall wird der närrischste unter den Asen genannt – der Grund für diese Aussage ist recht unklar. Heimdall ist wahrscheinlich eine Gestalt des früheren Göttervaters Tyr und verkörpert einen seiner Aspekte. Wenn er dem Ivar nicht gut gesonnen war, dann bedeutet dies das Ende der Verbindung zwischen dem König und dem Göttervater. All dies sind letztlich auch Bilder dafür, daß Odin (Hord) dem Ivar die ihm bei seiner Krönung verliehende Gunst und seinen Schutz und seine Macht entzieht.

Der Vergleich des Ivar mit der Midgardschlange stellt Ivar zunächst als das Wesen dar, das von Thor getötet wird – ein deutlicher Hinweis auf sein nahendes Ende. Zudem nehmen die Toten den Vorstellungen der Germanen zufolge in ihrem Hügelgrab die Gestalt einer Schlange oder eines Drachen an, sodaß der Vergleich des Ivar mit Jörmungandr auch eine Umschreibung dafür ist, daß Ivar nun zu einem Drachen werden, d.h. sterben wird.

Schließlich bleibt noch die Gleichsetzung des Königs Hroerek mit dem Gott Hönir. Zunächst einmal wird Hönir wie die anderen Götter und Wesen wohl auch etwas mit dem Königtum zu tun gehabt haben. Daß er schlecht zu Ivar gewesen ist, wird wie bei Heimdall und Hermod wohl bedeuten, daß die Verbindung zwischen König Ivar und den Göttern von Hönir durchtrennt worden ist. Wenn der König von dem Priester, dessen Urbild Hönir ist, gekrönt worden ist, d.h. wenn dieser Priester-Gott die Verbindung des Königs zu dem Göttervater hergestellt hat, ist es plausibel, daß er sie auch wieder auflösen kann. die Bezeichnung des Hönir als des ängstlichsten aller Asen ist vielleicht dadurch zu erklären, daß er als Priester-Schamane kein Krieger ist. Vielleicht liegt dem aber auch eine unbekannte Mythe zugrunde.

II 2. Der Ring

II 2. a) Huldar-Saga

In der Huldar-Saga wird von einem Ring berichtet, den vier Zwerge geschmiedet haben.

Kollr Sterki sagte seiner Großmutter, daß er auf Abenteuer auszuziehen wolle. Daraufhin erzählte sie ihm folgende Begebenheit:

'Dem Fürsten Alfr von Naumudalir wurde seine schöne Tochter Gjaflaug von einem Schweden mit dem Namen Vikarr, einem früheren Gefolgsmann des Seekönigs Schnee-Alf Snjalli, geraubt. Fürst Alfr brachte Huld Trollkönigin ein Opfer dar, damit Vikarr besiegt und seine Tochter zurückgewonnen werde.'

Huld Trollkönigin habe dies ihr, der Hleidr (Kollrs Großmutter), alles im Schlaf erzählt und dem hinzugefügt, daß Kollr dazu ausersehen sei, mit Hulds Hilfe diese Tat auszuführen.

Hleidr schickte ihren Enkel Kollr nun zunächst einmal zu ihrem Bruder Skjalgr nach Thorsdal und wies ihn an, diesem einen Ring und 100 Rosse zu überbringen und gab ihm zudem noch ihren Hund Skotti mit. Als Kollr seinem Großonkel Skjalgr erreichte, war dieser hocherfreut über den Ring.

Skjalgr berichtet über den Ring, daß ihn Nimrod von vier Zwergen habe schmieden lassen, dass ihn ferner Huld Trollkönigin dem Odin geschenkt habe, als er bei ihr lag, und dass ihn dann Freyja aus Ärger hierüber durch Loki habe stehlen lassen; von ihr habe ihn dann ihre Pflegeschwester Skráma, Kollrs Mutter, erhalten.

Nach Odins Anweisung sollten danach hundert Jahre lang Weiber den Ring aufbewahren: Nach Ablauf dieser Zeit solle derjenige König aller Unholde in Jötunheim werden, der ihn am Troll-Thing vorzeigen könne. Vor drei Tagen, fügte er bei, habe überdies Huld ihre Tochter Thorgerd zu ihm geschickt, um ihm unter der Bedingung volle Versöhnung anzubieten, dass er die Unholde im Myrkvidarskoge töten würde, die sich gegen sie empört und ihr 10 Jahre lang ihren Tempelzoll nicht bezahlt hätten.

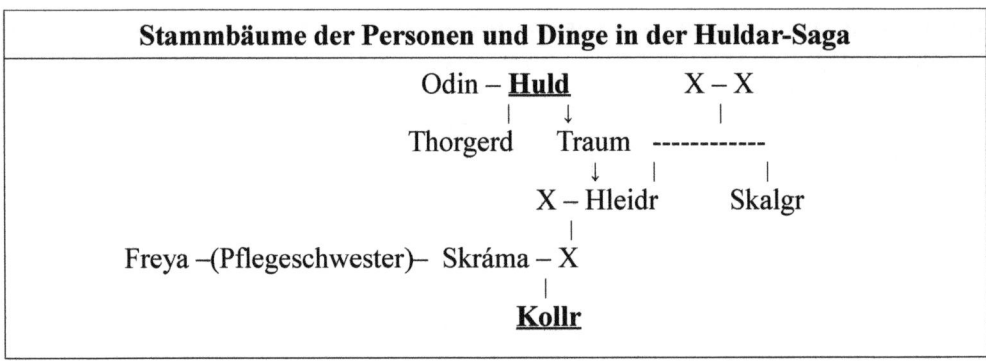

Stammbäume der Personen und Dinge in der Huldar-Saga

Stammbäume der Personen und Dinge in der Huldar-Saga

Seekönig Schneealf Snjalli   X – Fürst Alfr von Naumudalir
        ↓ | ↓
    Vikarr der Schwede | opfert für **Hulda** und bittet
        ↓ | sie um Hilfe für Gjaflaug
        ↓ | ↓
        ↓ | **Hulda** sendet Hleidr den Traum für **Kollr**
        ↓ | ↓
   raubt: -------------> Gjaflaug <-------- **Kollr** befreit die Fürstentochter

---

Nimrod
↓
Er beauftragt vier Zwerge, einen Ring zu schmieden.
↓
Huld Trollkönigin kommt in den Besitz des Ringes.
↓
Huld schenkt Odin den Ring, als beide eine Nacht zusammen verbringen.
↓
Odin bestimmt, daß der Ring 100 Jahre nur Frauen gehören soll.
↓
Freya ist eifersüchtig auf Huld und läßt Loki den Ring stehlen.
↓
Freya schenkt den Ring ihrer Pflegeschwester Skráma, Kollrs Mutter.
↓
Kollrs Mutter gibt den Ring ihrer Schwiegermutter Hleidr, Kollrs Großmutter.
↓
Hleidr gibt den Ring **Kollr** für ihren Bruder Skalgr, Kollrs Großonkel.
↓
Der Besitzer des Ringes wird beim Troll-Thing zum Troll-König.

Der Name „*Huld*" oder „*Hulda*" bedeutet „Herrin, Gnädige, Treue" und ist wahrscheinlich ein Beiname der Frigg oder der Freya.

„*Trollkona*" bedeutet „Königin der Trolle". Da von den Germanen mit „Troll" sowohl Ahnen und Riesen als auch Drachen bezeichnet wurden, kann man „Troll" in etwa mit „Wesen der Unterwelt" oder vereinfacht mit „Ahnen" oder „Totengeister" übersetzen.

„*Huld Trollkona*" ist somit „die Königin der Toten in der Unterwelt". Diese Auffassung der Huld wird auch dadurch bestätigt, daß an einer anderen Stelle der Saga berichtet wird, daß sie ein Gewand besaß, mit dessen Hilfe sie sich in einen Drachen verwandeln konnte – Schlangen/Drachen sind die Gestalt der Toten auf dem Weg ins Jenseits bzw. in ihren Hügelgräbern.

Die männliche Entsprechung zu diesem Titel ist „Zwergenkönig", denn „Zwerg" (germanisch: „dwergaz") bedeutet „Totengeist". Mit dem Titel „Zwergenkönig" wird der Göttervater, also Tyr bezeichnet. Der Titel hat sich jedoch so sehr verselbständigt, daß die Zwergenkönige (Alberich, Iwaldi u.a.) oft kaum noch als Tyr zu erkennen sind. Auch in seiner Schmied-Gestalt (Wieland) wird Tyr „Zwergenkönig" genannt.

Mann kann also davon ausgehen, daß der „Zwergenkönig" und die „Trollkönigin" der Totengott und die Totengöttin sind. Dies können Odin und Frigg, Odin und Freya sowie vor der Völkerwanderungszeit Tyr und Freya sowie noch einige andere Paare sein. Alle diese Paare sind der Göttervater sowie die Muttergöttin als Geliebte bei der Wiederzeugung im Jenseits. Später wurde dieses Paar zu dem Göttervater und seiner Frau (Odin und Frigg) umgedeutet.

Die Nacht, die Odin mit der Trollkönigin Huld verbrachte und nach der er von ihr den Ring erhält, erinnert sehr an die Nacht, die er mit der Riesentochter Gunnlöd verbracht hat und nach der er von ihr den Göttermet erhielt. Der Ring und der Göttermet scheinen daher beide Symbole der Wiedergeburt zu sein.

Aus „Huld" wurde später die „Frau Holle" aus Grimms Märchen. Auch sie wohnt in der Unterwelt, denn man gelangt durch einen Brunnen zu ihr. Dann kommt man am Apfelbaum der Idun vorüber, der der Weltenbaum ist, und an einem Backofen, in dem ein Feuer brennt, das das Jenseitstor-Feuer ist. Nach dieser Reise gelangt man schließlich in den Himmel zu dem Haus von Frau Holle, von dem aus der Schnee auf die Erde fällt. Hier sind vier Jenseitsbilder versammelt: der Brunnen, der Baum und das Feuer als Jenseitsweg sowie die Heimat im Himmel als Aufenthaltsort der Seelen.

„Nimrod" ist eine Sagengestalt, die auch in der Bibel eine Rolle spielt. Nimrod soll der Urenkel Noahs gewesen sein, der erste König Babylons (was historisch nicht zutrifft) sowie den Turmbau zu Babel begonnen haben. Daß Nimrod den Ring in Auftrag gegeben hat, bedeutet vor dem Hintergrund der damaligen christlich-germanischen Weltbildes in Island vor allem, daß der Ring vor sehr langer Zeit erschaffen worden ist.

Die Herstellung des Ringes durch vier Zwerge erinnert an Freyas Halskette „Brisingamen", die auch von vier Zwergen geschmiedet wurde. Auch Odins Ring Draupnir und der Ring Andwarinaut aus der Siegfriedsage wurden von Zwergen geschmiedet.

Meistens sind es zwei Zwergenbrüder, die die magischen Gegenstände der Götter und manchmal auch die der Menschen herstellen. Da in den Mythen die „9" oft als Jenseitssymbol auftritt, kann man zumindestens vermuten, daß auch die 4 Zwerge eine Verdopplung der ursprünglichen 2 Zwerge (Alcis = Dioskuren) gewesen sind.

Es hat den Anschein, als ob „Huld" ursprünglich ein Beiname der Freya gewesen ist, da sich einige Überstimmungen zwischen beiden Göttinnen finden: Beide sind Totenköniginnen, für beide haben vier Zwerge einen magischen Gegenstand hergestellt, beide erscheinen als Geliebte und zudem ist Freya auf Huld eifersüchtig – was vermuten läßt, daß auch sie eine Geliebte des Odin gewesen ist.

Da der Ring seinen Besitzer auf dem Troll-Thing, also auf der Versammlung der Toten im Jenseits, zum Troll-König, d.h. zum Toten-König macht, ist der Ring sowohl ein Symbol des Jenseits als auch des Königtums. Man kann davon ausgehen, daß auch Huld aufgrund des Besitzes dieses Ringes eine Totenkönigin gewesen ist – oder das umgekehrt sie als Totenkönigin einen solchen Ring besitzen konnte.

Der Ring, den Nimrod von vier Zwergen erschaffen ließ, der zwischendurch in den Händen von Odin, Huld, Freya und Loki war und schließlich zu Kollr, dem Helden der Huldar-Saga, kam, ist offensichtlich identisch mit dem Ring Draupnir des Odin. Man kann also zu der Liste der Götter, die den in der Huldar-Saga beschriebenen Ring einst in ihrer Hand gehalten haben, noch Baldur (auf der Fahrt ins Jenseits) und Hermodr (auf der Fahrt zurück aus dem Jenseits) hinzufügen. Dieser Ring scheint geradezu die Qualität des Göttlichen auszudrücken – so wie dies in ganz ähnlicher Weise auch für den Göttermet zutrifft.

Die *„100 Jahre"*, die der Ring Odins Spruch zufolge nur in Frauenhänden sein darf, erinnern an den 100-jährigen Schlaf des Dornröschens. Es hat den Anschein, als ob Goldmaries Aufenthalt in der Unterwelt bei Frau Holle und Dornröschens 100-jähriger Schlaf denselben Ursprung bei den Riesinnen und Trollköniginnen in der Unterwelt hätten. Auch Rapunzels Aufenthalt im Turm der weisen Frau und Schneewittchens Exil bei den Zwergen werden zu dieser Symbolik gehören.

Man kann daher sagen, daß Dornröschen, Goldmarie, Rapunzel und Schneewittchen ursprünglich einmal den Ring der Hulda besessen haben. Diese Märchengestalten werden werden ihren Ursprung in den Göttinnen und Riesinnen Nanna, Hulda, Gunnlöd, Rindr und Freya haben.

Der Ansatz zu der Umdeutung der Jenseitsgöttin zu der Jenseitsgeliebten liegt in der Wiederzeugungssymbolik. Den Anfang dieser Entwicklung kann man in der Huldar-Saga in der Einführung der Fürstentochter Gjaflaug sehen, die von Kollr befreit werden soll. Die ursprüngliche Wiederzeugung im Jenseits ist die Vereinigung von Odin und Huld. Die Heldensaga ist zu einem großen Teil aus der Übertragung der Göttermythen in den halbhistorischen Bereich entstanden: aus Odin wurde Kollr, aus Huld/Freya wurde Gjaflaug und aus der Jenseitsreise des Odin wurde eine gefährliche Reise in die Fremde.

Aus Kollr wurde später in den Märchen der Prinz, der die Prinzessin rettet. Ursprünglich ist es allerdings die Jenseitsgöttin gewesen, die den Toten und dem Göttervater die Wiedergeburt gibt. Diese Umdeutung ist vor allem aus dem Motiv der schwierigen und gefährlichen Jenseitsreise entstanden, auf der u.a. die Totengeister in Drachengestalt zu gefährlichen Gegner wurden. Dieses Motiv hat seine Wurzel in den bei den Wikingern beliebten Grabplünderungen, bei denen man vor allem den Geist des Toten ins einem Hügelgrab fürchtete. Durch die Angst der Grabräuber vor dem Totengeist, der die Schätze in seinem Hügelgrab bewachte, wurde aus dessen Schlangengestalt schließlich der schreckliche Drachen als Hauptgefahr auf dem Weg ins Jenseits bzw. in der Heldensage auf dem Weg zu der gefangenen Prinzessin.

Der „*Seekönig Schnee-Alf Snjalli*" als ein König, der in der Fremde herrscht und der zudem zu dem Reich des Wassers gehört, ist vermutlich ein Motiv, das an die Stelle des Odin als Herr der Unterwelt getreten ist. Das Jenseits ist ursprünglich eine Wasserunterwelt gewesen wie u.a. der Brauch der Schiffsbestattungen zeigt.

Hleidr, die Großmutter des Helden Kollr, scheint eine Seherin zu sein, da die Göttin Huld in ihren Träumen (Traumreisen/Visionen?) zu ihr spricht und ihr Anweisungen gibt, was sie tun soll.

II 2. b) Die Saga von Thorsteinn Haus-Macht

In dieser Saga erscheint wieder ein Ring als einer der größten Schätze, die im Jenseits zu finden sind. Diesmal ist der Ring zwar nicht von vier Zwergen geschmiedet worden, aber er besteht aus vier Teilen.

„Einst zog Thorsteinn nach Osten und als er nach Balagardssidu kam, gab es keinen Wind, um segeln zu können.

Am Morgen ging er an Land und als die Sonne im Südosten stand, kam Thorsteinn zu einer Lichtung, auf der ein schöner Grabhügel stand. Er sah auf dem Hügelgrab einen Jungen mit kahlgeschorenem Kopf, der sprach: 'Meine Mutter, gib mir meinen Krummstab heraus und meine Handschuhe, denn ich will auf einen Hexenritt gehen. In der Unterwelt ist gerade ein großes Fest.' Da wurde ein Krummstab aus dem Hügelgrab herausgeworfen, der wie ein Schüreisen aussah. Der Junge stieg auf seinen Stab, zog seine Handschuhe an und lief los so wie es Kinder tun.

Thorsteinn ging zu dem Hügelgrab und sprach dieselben Worte wie der Junge und wieder wurde ein Stab und Handschuhe herausgeworfen und eine Stimme sprach: 'Wer hat diese erhalten?' – 'Dein Sohn Bjalfi,' antwortete Thorsteinn.

Dann stieg er auf den Stab und ritt dem Jungen hinterher das Hügelgrab hinab. Sie kamen zu einem großen Fluß und stürzten sich hinein und es war, als ob sie durch Rauch waten würden. Bald wurde es vor ihren Augen heller und sie kamen zu einem Ort, an dem der Fluß über eine Klippe stürzte. Dort sah Thorstein einen Platz und eine große Stadt, die dort erbaut worden war. Sie gingen zu der Stadt hinab, in der Menschen an einer Tafel saßen.

Sie gingen in die Halle und die Halle war voller Menschen und alle tranken aus silbernen Kelchen. Dort sahen sie eine Tafel auf dem Boden stehen. Alles dort war golden und niemand trank etwas anderes als Wein. Da bemerkte Thorsteinn, daß niemand ihn und den Jungen sah. Sein Begleiter ging zwischen den Tafeln umher und sammelte alles ein, was herabgefallen war. Der König und die Königin saßen auf ihren Thronen. Die Menschen waren glücklich in der Halle.

Als nächstes sah Thorsteinn einen Mann in die Halle kommen, der mit dem König sprach und sagte, daß er von Indien zu ihm gesandt worden war, von dem Berg, der Lukanus genannt wird, von dem Fürsten, der dort herrscht. Er sagte zu dem König, daß er einer von dem „verborgenen Volk" sei.

Er gab dem König einen goldenen Ring. Niemand konnte sich vorstellen, daß der König jemals einen besseren Ring gesehen haben könnte. Der Ring wurde durch die Halle gereicht, damit ihn alle betrachten konnten, und jeder pries ihn. Der Ring konnte in vier Teile auseinandergenommen werden.

Thorsteinn sah noch einen weiteren Schatz, der ihm von großem Wert zu sein schien. Dies war die Tischdecke, die auf der Tafel des Königs lag. Sie hatte einen goldenen Rand, an dem zwölf Edelsteine befestigt waren, die sehr kostbaren waren. Thorsteinn wollte diese Tischdecke unbedingt haben. Er kam auf den Gedanken, das Glück, das er von König Olaf erhalten hatte, zu versuchen und herauszufinden, wie er auch an den Ring gelangen könnte. Da sah Thorsteinn, daß der König vorhatte, sich den Ring an seinen Finger zu stecken. Thorsteinn entriß ihm den Ring und griff mit seiner anderen Hand die Tischdecke und all die Speisen fielen in den Staub. Dann rannte Thorsteinn zu der Tür, aber er ließ seinen Krummstab in der Halle hinter sich zurück.

Da gab es einen großen Tumult und die Männer rannten hinaus und sahen, wo Thorsteinn lief und sie liefen ihm in derselben Richtung hinterher. Da sah Thorsteinn, daß sie ihn wohl einholen würden. Da rief er aus: 'Wenn Du so gut bist, König Olaf, dann hilf mir! Ich habe sehr auf Dich vertraut!'

Aber Thorsteinn war so schnell, daß sie ihn nicht einholen konnten, bevor er den Fluß erreichtete und dort strauchelte. Sie umstellten ihn, aber Thorsteinn faßte sich schnell wieder und tötete viele von ihnen bevor sein Begleiter kam und ihm seinen Stab brachte und sie beide in den Fluß verschwanden.

Als die Sonne im Westen stand, kamen sie zurück zu demselben Hügelgrab, an dem sie zuvor gewesen waren. Der Junge warf seinen Stab in das Hügelgrab und auch seinen Sack, den er mit den Tischabfällen gefüllt hatte, und Thorsteinn tat dasselbe mit seinem Stab. Der Junge mit dem kahlgeschorenen Kopf ging in das Hügelgrab hinein und Thorsteinn nahm außen vor dem Fenster Platz. Er sah zwei Frauen; die eine webte ein kostbares Tuch und die andere schaukelte ein Baby. Sie frug: 'Was hat Deinen Bruder Bjalfi aufgehalten?' – 'Er ist mir heute nicht gefolgt,' antwortete er. – 'Wer ist denn dann mit dem Krummstab davongerannt?' frug sie.

'Das war Thorsteinn Haus-Macht,' sprach der Junge mit dem kahlgeschorenen Kopf, 'ein Mann aus dem Gefolge von König Olaf. Er hat uns in eine Menge Schwierigkeiten gebracht, da er aus der Unterwelt Dinge geraubt hat, die wir in Norwegen nicht haben. Er wurde fast getötet, als er seinen Stab in ihre Hände gab. Sie hätten ihn fast überwältigt. Ich habe ihm den Stab gebracht – er ist wirklich ein mutiger Mann. Ich weiß nicht, wie viele er getötet hat.'

Nach diesen Worten verschloß sich das Hügelgrab wieder."

Diese Jenseitsreise scheint ursprünglich eine Vision gewesen zu sein – zumindest sind solche Formulierungen wie die, daß es allmählich heller vor ihren Augen wurde oder daß das Wasser des Flusses wie Rauch war, typische Wahrnehmungen bei Visionen, Traumreisen u.ä. Auch Thorsteinns Beobachtung, daß ihn niemand bemerkte, ist typisch für den Anfang von Traumreisen und natürlich noch mehr für Astralreisen, bei denen man seinen materiellen Körper verlassen hat und von anderen daher nur hellsichtig wahrgenommen werden kann.

Der Fluß wird der Jenseitsfluß sein und das *„verborgene Volk"* in Indien die Verstorbenen im Jenseits. Das ferne Land ist allgemein in Mythen ein beliebtes Symbol für das Jenseits, da beide das Fremde und Unbekannte sind. Der Hexenstab ist vermutlich der Stab der Seherin und des Zauberers, der als Symbol des Weltenbaumes die Verbindung zwischen Diesseits und Jenseits darstellt.

Da der kostbare Ring als vierteilig beschrieben wird, wird er wohl ein Sonnensymbol sein, da die Zahl „4" schon seit der frühen Jungsteinzeit allgemein aufgrund der vier Himmelsrichtungen, die man früher nur anhand des Sonnenstandes erkennen konnte, die Zahl der Sonne gewesen ist.

Diese „viergeteilten Ringe" finden sich sehr häufig auf den Runensteinen als „Draupnir-Kreuze" und sie sind auch schon um 1.000 v.Chr. in den Hügelgräbern der Germanen und in den frühgermanischen Steinritzungen aus der Zeit ab 1.800 v.Chr. zu finden.

Auch der „viergeteilte Ring" ist als Sonnensymbol eng mit dem Tod (Sonnenuntergang) und der Wiedergeburt (Sonnenaufgang) verbunden. Der Ring Draupnir, den Odin dem Baldur mit auf seine Reise ins Jenseits gegeben hat, wird daher auch mit dem viergeteilten Ring, den der König der Unterwelt von dem indischen Fürsten gesandt erhielt, identisch sein.

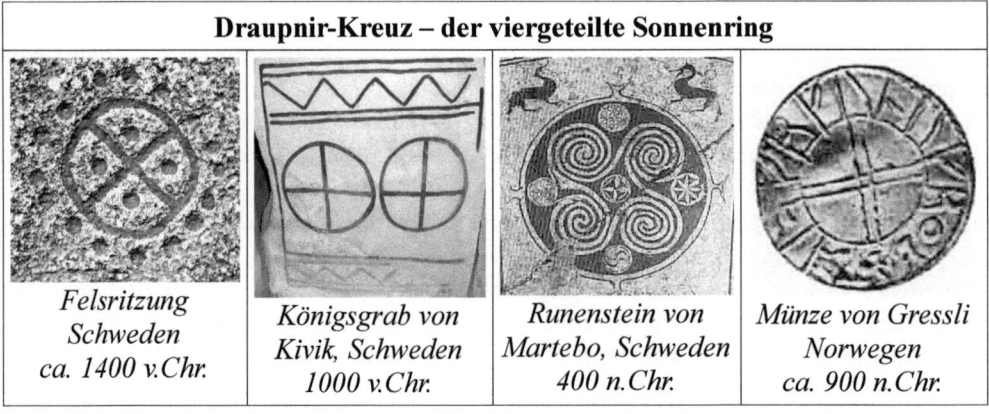

Draupnir-Kreuz – der viergeteilte Sonnenring

| *Felsritzung Schweden ca. 1400 v.Chr.* | *Königsgrab von Kivik, Schweden 1000 v.Chr.* | *Runenstein von Martebo, Schweden 400 n.Chr.* | *Münze von Gressli Norwegen ca. 900 n.Chr.* |

II 2. c) Halsringe auf den Goldbrakteaten

Die Goldbrakteaten sind kleine Goldplättchen, auf denen Symbole oder einfache Szenen dargestellt worden sind. Sie wurden zwischen 400 n.Chr. und 600 n.Chr. in Nachahmung der römischen Kaisermedallions hergestellt. Auf ihnen fanden sich vereinzelt auch Halsringe dargestellt, die wohl dem Draupnir entsprochen haben werden.

Die Inschriften auf den Brakteaten zeigen, daß man sie als Glücksbringer verwendete. Die meisten Runen auf ihnen sind jedoch nicht übersetzbar – vermutlich handelt es sich um Zauberformeln, um die Anfangsbuchstaben der Worte von Sätzen, die einen Wunsch ausdrücken o.ä.

Brakteat von Funen: langhaariger Männerkopf mit Halsreif, darunter Pferd, links oben Adler = Sonnengott-Göttervater Odin oder Tyr

Brakteat von Skonager: Mann hält einen Halsreif in seiner rechten Hand; Brakteat ist Sonnenscheibe => Sonnengott

Brakteat von Maglemose: Mann mit Stab und einem Halsreif an einer Kette; rechts unten ein Reiter

II 2. d) Der Ring Draupnir auf den Runensteinen

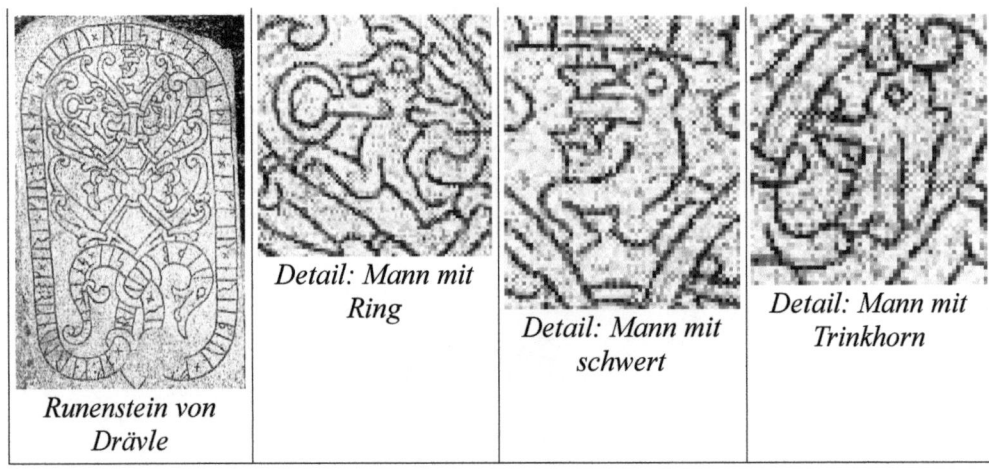

Runenstein von Drävle

Detail: Mann mit Ring

Detail: Mann mit schwert

Detail: Mann mit Trinkhorn

Der Ring erscheint auf den Runensteinen vor allem in Kombination mit einem Kreuz, das ein Symbol der Sonne ist, da die vier Himmelsrichtungen vor der Erfindung des Kompasses, der erst ab 1050 n.Chr. in Europa bekannt war, nur anhand des Sonnenstandes erkannt werden konnten. Die Swastika ist eine Weiterentwicklung dieses Kreuzes.

In den Sagas erscheint der Ring der Sonne zusammen mit dem Schwert des Tyr und mit dem Horn des Göttermets. Alle drei sind Symbole der Reise durch das Jenseits.

Auf den Runensteinen von Drävle in Schweden werden sie einmal alle drei abgebildet. Ganz oben in der Mitte ist ein Mann mit Schwert zu sehen, der den Drachen ersticht, auf dem die Runenschrift verläuft. Links läuft ein Mann, der einen Halsreif in seinem rechten Arm hält. Rechts oben befindet sich der Mann mit dem Trinkhorn.

In der Mitte befindet sich ein Ornament, das aus einem Ring besteht, von dem vier Ranken ausgehen. Da die Zahl vier allgemein die Zahl der Sonne war, scheint der Kreis in der Mitte ein Sonnenkreis zu sein: der Ring Draupnir.

Solche „Ringkreuze" sind auf den Runensteinen sehr häufig zu finden. Sie gingen nach der Christianisierung fließend in das christliche Kreuz über. Bei den Kelten bildete sich analog dazu aus dem Torque (offener Halsring) und dem christlichen Kreuz das sogenannte keltische Kreuz.

Auf den Runensteinen ist das Draupnir-Kreuz fast immer mit dem Schlangen-Schriftband kombiniert worden. Da es sich bei den Runensteinen in den allermeisten Fällen um Gedenksteine für Tote handelt, war es naheliegend, diese Inschriften „auf Schlangen" zu schreiben, da die Schlange den Weg ins Jenseits symbolisierte. Durch das Schreiben auf einer Schlange gelangte die Inschrift magisch gesehen dann zu dem

Toten im Jenseits, der so davon erfuhr, daß seine Freunde und Verwandten noch an ihn dachten und ihn in guter Erinnerung behalten haben.

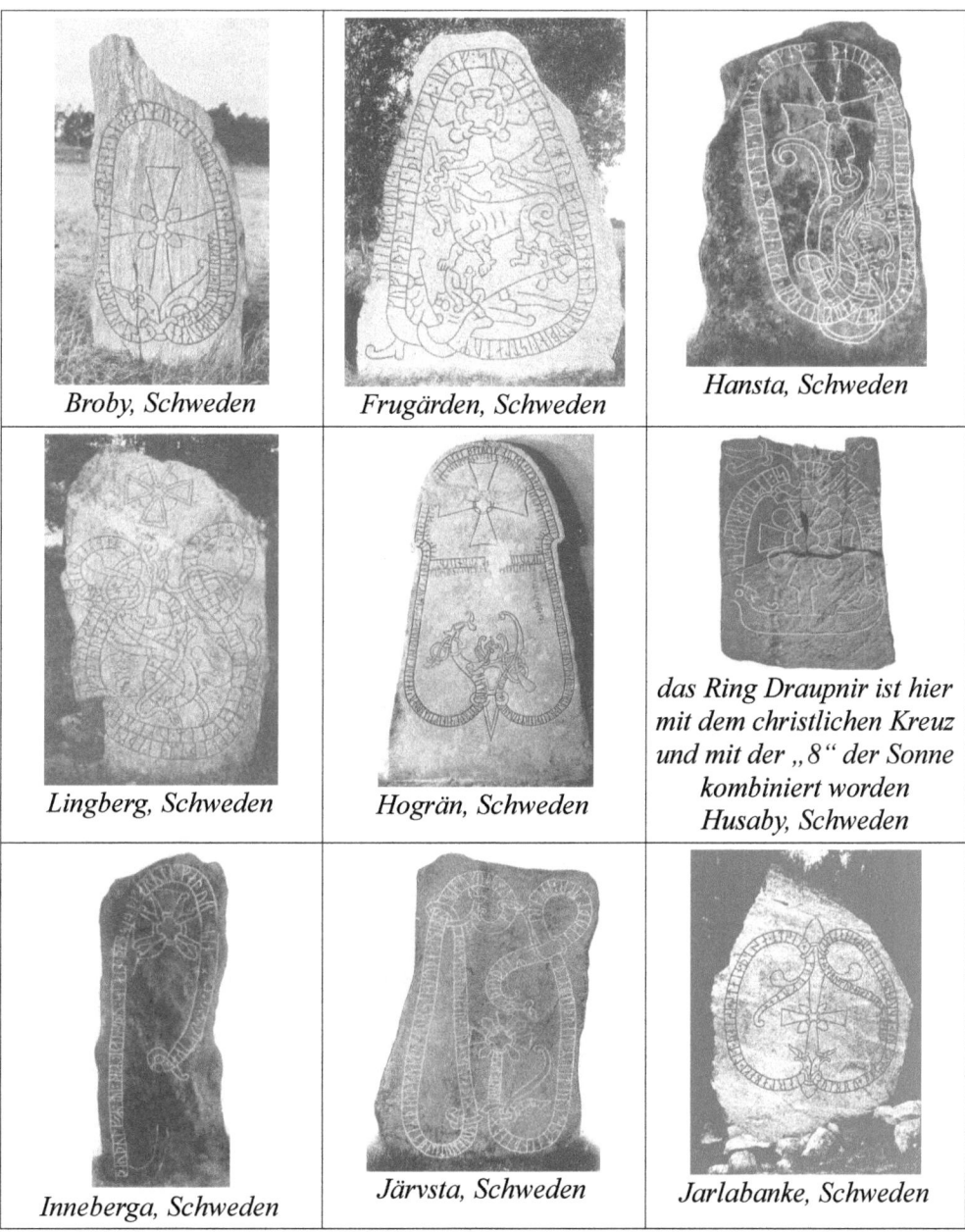

Broby, Schweden	Frugärden, Schweden	Hansta, Schweden
Lingberg, Schweden	Hogrän, Schweden	*das Ring Draupnir ist hier mit dem christlichen Kreuz und mit der „8" der Sonne kombiniert worden* Husaby, Schweden
Inneberga, Schweden	Järvsta, Schweden	Jarlabanke, Schweden

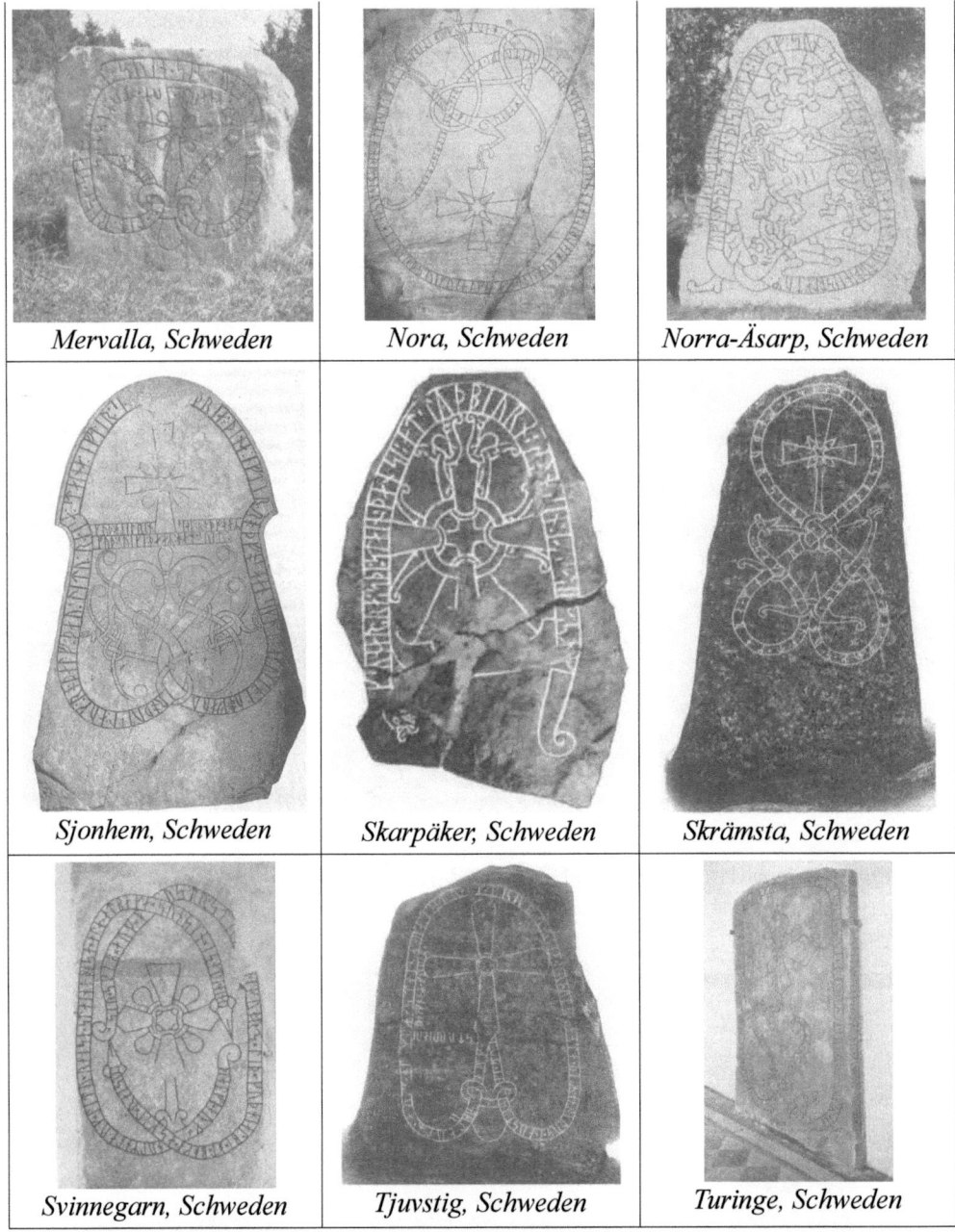

Ulunda

Vaesby, Schweden

Vansta, Schweden

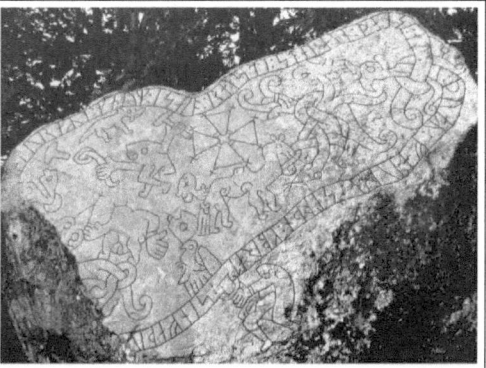
links neben dem Draupnir-Kreuz ist Thor zu sehen
Gök, Schweden

Kombination von Ring und Kreuz und „8" (Ranken/Arme des Kreuzes)
Landeryd, Schweden

Lifsinge, Schweden

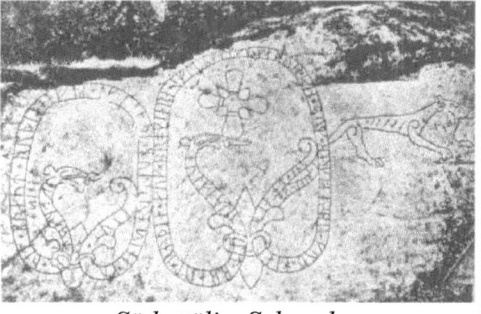
Södertälje, Schweden

II 2. e)   Ringe auf dem Goldhorn von Gallehus

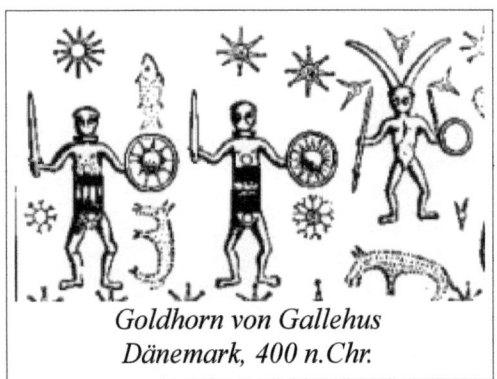

*Goldhorn von Gallehus
Dänemark, 400 n.Chr.*

Auf dem kleineren der beiden Goldhörner von Gallehus, die um 400 n.Chr. im Auftrag eines germanischen Fürsten von dem Schmied Hlewagastiz Holtijaz in Dänemark hergestellt worden sind, finden sich drei Gestalten, die einen Ring um ihren Hals tragen bzw. in ihrer Hand halten.

Der linke von ihnen ist der Sonnengott-Göttervater Tyr – ihn kann man an seinem Schwert und an der Sonne auf seiner Brust und auf seinen Genitalien erkennen. Die mittlere Gestalt wird der Mondgott („Mani") sein, da er anstelle des Sonnenzeichens einen „leeren Kreis" als Kennzeichen trägt – vermutlich den Vollmond. Er könnte aber auch „Tyr im Jenseits" sein – dann wäre der „leere Kreis" die nächtliche bzw. winterliche „Schwarzsonne".

Die rechte Gestalt trägt Hörner als Symbol für ihre Identifizierung mit dem fruchtbaren und zeugungskräftigen Herdentier. Aus der übrigen Symbolik auf den Goldhörnern ergibt sich, daß er entweder der Fürst selber ist, der im Jenseits bei den Göttern (Tyr) angelangt ist, oder der Schamane, der den Fürsten auf dieser Reise begleitet.

Der Ring ist auf diesen Darstellungen offensichtlich das Symbol der Götter bzw. des Kontaktes mit den Göttern.

der germanische Schamane ...   *... und sein keltischer Kollege*

*Goldhorn von Gallehus
400 n.Chr.*   *Kessel von Gundestrup
400 v.Chr.*

Genau dieselbe Symbolik findet sich auch auf dem Kessel von Gundestrup, der ebenfalls in Dänemark gefunden worden ist – er ist allerdings von thrakischen Schmieden für die Kelten hergestellt worden. Auch auf diesem Kessel tragen die Götter und Göttinnen einen Halsring („Torque") und es findet sich auch der Gehörnte, der zu dem Göttervater gelangt sowie ein Schamane (Cernunnos), der einen Halsring trägt.

Letzteres spricht dafür, die rechte Gestalt auf dem Goldhorn von Gallehus als den Schamanen zu deuten – zumal der keltische Cernunnos-Schamane ein Hirschgeweih auf seinem Kopf trägt.

II 2. f) Archäologische Ring-Funde

Auf einem Schild aus Norwegen ist in der Mitte ein Ring aus fünf konzentrischen Kreisen zu sehen, in dem sich ein Kreuz aus zweimal drei Linien befindet. Auf beiden Seiten des Kreuz-Kreises befindet sich ein stark stilisiertes „Doppelpferd". Diese Pferde werden wohl die Pferde vor dem Wagen der Sonne sein, sodaß dieses Kreis-Kreuz recht sicher ein Sonnensymbol ist und vermutlich auch den Ring Draupnir darstellt. Die beiden Pferdepaare könnten die Pferdezwillinge (Alcis, Dioskuren, Sleipnir) im Diesseits und im Jenseits darstellen.

Die übrigen vier Abbildungen zeigen Funde von germanischen Halsringen.

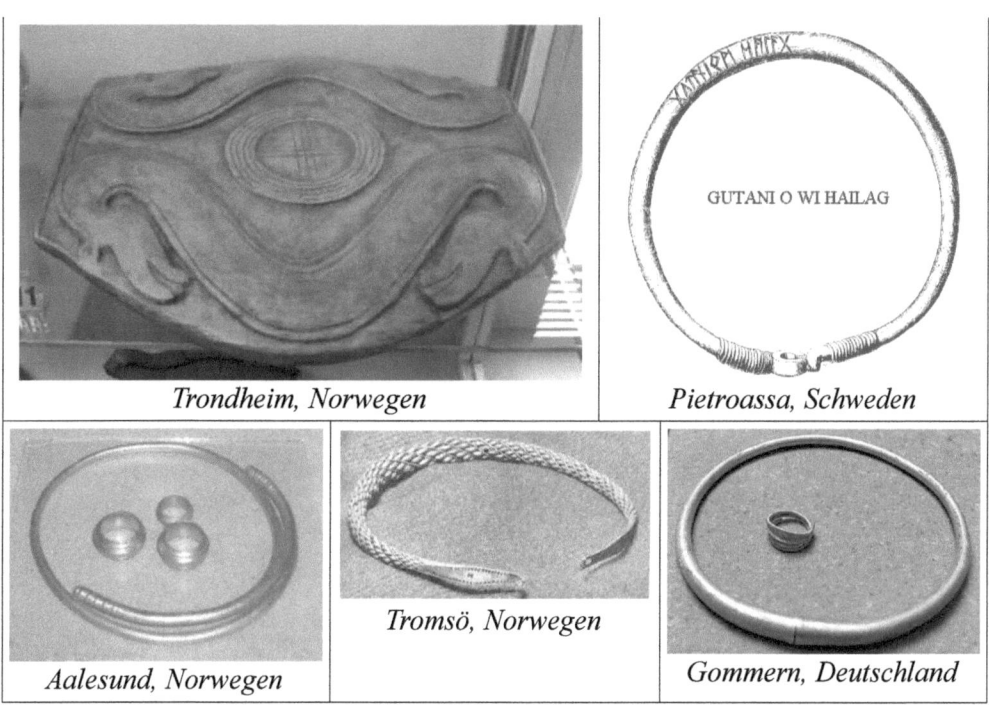

Trondheim, Norwegen — *Pietroassa, Schweden*

Aalesund, Norwegen — *Tromsö, Norwegen* — *Gommern, Deutschland*

II 3. Die Schiffsbestattungen der Germanen

II 3. a) Gisli-Saga

In dieser Saga findet sich die Beschreibung eines Begräbnisses, das mit dem des Baldur in der Edda einige Ähnlichkeiten hat. Dies betrifft insbesondere die Bestattung in einem Schiff und den Schlag gegen das Heck des Schiffes, den bei Baldur die Riesin Hyrrokkin, also die Unterweltsgöttin Hel selber ausführte. Dieser Stoß, der das Schiff in See stechen ließ, d.h. auf seine Jenseitsreise schickte, war offenbar etwas Besonderes. In der Gisli-Saga scheint der Stein, mit dem dieser Stoß ausgeführt wird, das Schiff in seiner Lage sichern zu sollen.

Also begann man den Totenhügel für Thorgrim zu richten. Nach alter Sitte setzte man den Leichnam in einem Schiffe ruhend bei und warf darüber den Hügel auf.
Bevor man ihn schloß, ergriff Gisli einen riesigen Stein, der fast einem Felsen glich, trat damit zum Heck des Schiffes und stieß den Stein auf denselben so gewaltig nieder, daß darob das Schiff zu brechen schien und in jedem Balken krachte. Dann sprach er: „Ich verstehe nicht ein Schiff zu festigen, wenn dies nicht fest hält!"
Da sagten viele Leute, daß Gisli jetzt gar ähnlich rede als Thorgrimm einst, als er von den Helschuhen gesprochen habe (die Thorgrimm einst einer Toten für ihre Jenseitsreise angezogen hatte).

II 3. b) Beowulf-Epos

Im Beowulf-Epos wird die Bestattung des Königs Scyld beschrieben, der in einem Schiff („Wogenroß") beigesetzt wurde, das anschließend mit der Flut ins Meer hinaustrieb.

Für Scyld auch kam / die Schicksalsstunde,
Es ging der Held / in Gottes Hut.
Da trugen die Treuen / den toten Fürsten
Zum Seegestade, / wie selbst er bestimmt,
Als der Recke noch mächtig / der Rede war,
Der liebe Scylding, / der Landesgebieter.
Vereist im Hafen / lag erzbeschlagen

Das Flutroß des Fürsten, / zur Fahrt bereit;
Und es legten die Mannen / den lieben König,
Den Brecher der Ringe, / an Bord des Schiffes
Beim Maste nieder. / Gar manches Kleinod
Und funkelnder Schmuck / ward fernher gebracht:
Nie hört' ich schöner / ein Schiff ausrüsten
Mit Kriegswaffen / und Kampfgewändern,
Mit Hieber und Harnisch; / dem Helden im Schoß
Lag edles Gestein, / das hinaus mit ihm
In der Flut Bereich / fahren sollte.
Mit Spenden waren sie / sparsamer nicht,
Die dänischen Recken, / als die es waren,
Die einst übers Meer / ihn ausgesendet
Im Nachen allein, / den Neugebornen.
Sie hißten ihm noch / zu Häupten ein Banner,
Ein goldgefärbtes, / dann gab man ihn preis
Den tosenden Wogen / mit traurigem Herzen,
Mit sorgendem Sinn. / Zu sagen vermag
Der Helden keiner, / der Hallenbewohner
Unterm leuchtenden Himmel, / wo die Landung stattfand.

II 3. c)   Steinsetzungen in Schiffsform

  In Skandinavien gibt es einige Steinsetzungen in Schiffsform, die Wikinger-Bestattungen waren. Die frühere Schiffsbestattung hatte offenbar eine so wichtige Symbolik, daß man sie auch für die Landbestattungen übernahm. Sie wurden zwischen 1.000 v.Chr. und 500 v.Chr. errichtet. Zwischen 400 n.Chr. und 800 n.Chr. gab es eine Renaissance dieses Brauches. Zu dieser zweiten Phase gehören die Bestattungen des Baldur (Edda) und die des Königs Scyge (Beowulf-Epos).
  Das größte der knapp 1.000 bekannten Schiffs-Steinsetzungen ist 170 m lang; die meisten sind jedoch deutlich kleiner.
  Der Bug und das Heck bestehen aus höheren Steinen als die Bordwand in der Mitte. In der jüngeren Epoche der Steinsetzugen in Schiffsform findet sich in der Mitte an der Stelle, wo der Mast stehen müßte, manchmal ein Runenstein. In einigen Fällen stand der Runenstein auch am Bug.

Grab in Schiffsform Tjölling (Südost-Norwegen)

zwei Steinsetzungen in Schiffsform (auf dem vorderen „Mast" steht ein Mensch) Badekunda (Schweden)

zwei steinsetzungen in Schiffsform Anundshog (Schweden)

Diese Schiffe werden das Schiff sein, in dem die Sonne (Tyr) über den Himmel fährt – wie dies auch schon auf den skandinavischen Steinritzungen dargestellt worden ist. Aus diesem Sonnen-Schiff wurden später das Totenschiff Naglfar, das Jenseitsreiseschiff Skidbladnir und die Drachenschiffe.

II 4. Das Feuer-Jenseitstor

II 4. a) Tacitus

Der römische Geschichtsschreiber Tacitus (58-120 n.Chr.) bestätigt die Feuerbestattungen bei den Germanen.

Bei den (germanischen) Leichenbegängnissen gibt es kein Gepränge; nur darauf achten sie, dass die Leiber ausgezeichneter Männer mit bestimmten Holzsorten verbrannt werden. Den Scheiterhaufen bedecken sie weder mit Gewändern noch mit Wohlgerüchen; jedem wird seine Rüstung, manchen auch ihr Pferd ins Feuer mitgegeben. Das Grab baut sich aus Rasen auf. Denkmäler zu Ehren der Verstorbenen hoch und mühsam aufzutürmen verwerfen sie als für diese drückend. Wehklagen und Tränen legen sie rasch wieder ab, Schmerz und Betrübnis nur langsam. Für Frauen gilt das Trauern als angebracht, für Männer das Gedenken.

II 4. b) Sigurd-Lied

Auch im Sigurd-Lied findet sich eine kurze Beschreibung einer germanischen Feuerbestattung:

Nach Brünhildens Tod wurden zwei Scheiterhaufen gemacht, einer für Sigurd, der brannte zuerst; danach wurde Brünhilde verbrannt, und sie lag auf einem Wagen, der mit Prachtgeweben umzeltet war. Es wird erzählt, daß Brünhild auf dem Wagen den Helweg fuhr und durch eine Höhle kam, in der ein Riesenweib (Hel) wohnte.

II 4. c) Gudruns Streit-Lied

Eine weitere kurze Beschreibung einer Feuerbestattung steht in einem Lied über die Königin Gudrun.

„*Gedenke, Sigurd, was wir sprachen,
Da wir beide im Bette saßen:
Daß Du kommen wollest, Kühner, zu mir
Aus der Halle der Hel, mich heimzuholen.*

Schichtet nun, Jarle, die Eichenscheite,
Daß sie hoch sich heben unter dem Himmel,
Die leidvolle Brust mir das Feuer verbrenne,
Vor Hitze der Harm im Herzen schmelze.

Allen Männern werde sanfter zu Mut,
Allen Schönen lindre es die Schmerzen,
Wenn sie mein Harmlied zu Ende hören."

II 4. d)   Beowulf-Epos

Im Beowulf-Epos wird sowohl eine Schiffsbestattung als auch eine Feuerbestattung beschrieben. In der Edda ist bei Baldurs Bestattung beides kombiniert worden, da das Schiff, bevor die Asen es in das Meer hinausstießen, angezündet wurde.

Dort schichteten nun / den Scheiterhaufen
Die treuen Gauten / dem toten Recken;
Dran hängten sie Helme / und Heerschilde,
Wie geboten der Held, / und blinkende Panzer.
Dann legten sie trauernd / den teuren Herrn
In des Holzes Mitte, / den herrlichen König.
Dann ward von den Männern / ein mächtiges Feuer
Auf dem Berge entfacht, / und brauner Qualm,
Vom Klagegeschrei / der Krieger begleitet,
Stieg gekräuselt empor / aus der knisternden Lohe
In den stillen Äther, - / die sterbliche Hülle
War hurtig verzehrt / von den heißen Gluten.
Nun erhoben aufs neu' / ob des Herrschers Verlust
Ihren Wehruf die Männer; / auch ein Weib der Gauten,
Der geschlungene Flechten / die Schläfe umkränzten,
Beklagte den Gatten, / die kummervolle:
Ihr schwan' es, sprach sie, / von schweren Zeiten,
Von Gemetzel und Mord, / von mächtiger Feinde
Schrecklichem Wüten, / von Schmach und Gefängnis.
Nun verflog der Rauch / in die Fernen des Himmels.
Es wölbten nun / der Wettermark Leute
Den Hügel am Abhang, / gar hoch und breit
Und weithin sichtbar / den Wogenfahrern.

In der Frist von zehn Tagen / war fertig das Werk,
Des Ruhmreichen Mal. / Die Reste des Brandes
Umschloß der Wall, / so schien es würdig
Den weisen Männern. / Das weite Grab
Nahm auch Ringe und Schmuck / und Rüstungen auf,
Den ganzen Schatz, / den gierige Krieger
Dereinst erbeutet: / die Erde empfing
Das rote Gold - / dort ruht es noch jetzt,
So unnütz den Menschen, / wie's immer gewesen.
Der Edlinge zwölf, / die nach altem Brauch
In Liedern sangen / die Leichenklage
Und den König priesen: / Die kühnen Taten
Rühmten sie laut / und sein ritterlich Wesen.
In Wort und Spruch / sein Wirken ehrend
In geziemender Weise. / Das ziert den Mann,
Den geliebten Herrn / durch Lob zu erhöh'n
Wenn des Todes Hand aus des Leibes Hülle / erlöst die Seele.
So klagten jammernd / die Krieger der Gauten
Um des Brotherrn Heimgang, / die Bankgenossen,
Der am höchsten stand / von den Herrschern der Erde
Als gütigster Geber, / als gnädigster Fürst,
Der rastlos bestrebt war / den Ruhm zu mehren.

II 4. e) Hervor-Saga

In der Isländersaga über die Wikingerin Hervor findet sich eine sehr dramatische Darstellungen des Jenseitsfeuers. Die Hauptperson der Saga ist Hervor, die Pflegetochter eines Jarls. Sie war stark und wild und lebte schon in frühen Jahren zeitweise wie ein Räuber.

Als sie als Jugendliche erfuhr, daß sie die Tochter des Königs Angantyr ist, brach sie sofort zu seinem Hügelgrab auf, um sich das magische Schwert Tyrfing („Tyrfinger") zu holen, das dort mit ihm begraben lag. Dieses Schwert wurde von den Zwergen Dvalin und Dulin unter Zwang für Hervors Urgroßvater, den König Sigrlami erschaffen und aus Rache von den Zwergen nicht nur mit Kampfmagie, sondern auch mit Flüchen versehen. Dieses Schwert vererbte Sigrlami seinem Heerführer, obersten Berserker und Schwiegersohn Arngrim, dem Vater Angantyrs und Großvater Hervors.

Die folgenden Strophen sind die Ausschnitte aus der Beschwörung des Angantyr durch seine Tochter Hervor, in der das Jenseitsfeuer beschrieben wird.

Hervor sprach:
"Laß uns nicht so schnell in Furcht geraten
durch das bißchen Zischen und Knistern,
selbst dann nicht, wenn die ganze Insel
in Feuer auflodert;
laß uns uns nicht
so schnell
vor gefallenen Helden fürchten –
komm, laß uns sprechen."

Der Hirte sprach:
"Töricht würde mir
jemand erscheinen,
der von hier aus alleine weitergeht
bei Nacht;
Flammen schlagen empor,
die Hügelgräber stehen offen,
Felder brennen und Sümpfe -
laß uns schneller fortgehen."

Mit schnellen Schritten
eilte der Hirte zum Haus davon,
floh nun weit fort
vor den Worten dieses Mädchens,
aber Hervors Herz
hart-geformt in ihrer Brust
schwoll nun vor Kühnheit,
angesichts dieser Dinge.

Und so lief er davon zu seinem Dorf und sie trennten sich dort. Daraufhin sah sie, wo die Grabfeuer auf der Insel brannten, und sie ging dort hinauf und fürchtete sich nicht, obwohl all die Grabhügel auf ihrem Weg lagen und die Toten vor ihnen im Freien standen. Sie watete durch die Flammen als ob sie Nebel wären bis sie zu dem Grabhügel der Berserker kam.

Dort rief sie:
"Erwache, Angantyr!
Hervor weckt Dich,
die einzige Tochter
von Dir und Svafa;

*reiche mir aus Deinem Grab
diese beste Klinge,
die Zwerge erschaffen haben
für König Sigrlami.*

… … …

Da öffnete sich der Grabhügel und es war, als ob der gesamte Hügel Feuer und Flamme wäre.
Und Angantyr sprach:
„Das Tor zur Hel steht weit aufgesperrt
und die Gräber öffnen sich,
alles ist Feuer
auf der Höhe der Insel;
es ist schrecklich hier draußen
ringsum anzusehen;
gehe fort, Mädchen,
wenn Du kannst, zu Deinen Schiffen."

Sie antwortete:
„Du kannst heute Nacht
keine großen Feuer anzünden
und auch keine Flammen flackern lassen,
die mich erschrecken könnten;
Das Gemüt deiner Tochter
zittert nicht
auch wenn ich dort in der Tür
tote Männer sehe."

… … …

Da sprach Angantyr:
„Hjalmars Unglück (das Schwert Tyrfing)
liegt unter meinen Schultern;
die Klinge ist rings umhüllt
von Flammen;
ein einziges Mädchen
da oben auf der Erde, glaube ich,
würde es wagen
diese Glefe in die Hand zu nehmen."

Hervor sprach:
„Ich würde sie in meine Hand nehmen
und mich um sie kümmern,
die schneidenscharfe Klinge,
wenn ich sie nur haben könnte;
ich fürchte mich nicht
vor brennendem Feuer
– die Flammen, die ich hier sehe
werden bald verlöscht sein."

Da sprach Angantyr:
„Du bist töricht, Hervor,
aber voller Wagemut,
in das Feuer zu stürmen
mit offenen Augen;
ich denke, ich gebe Dir lieber,
junges Mädchen,
den Spalter aus meiner Grabkammer,
den ich Dir nicht verweigern kann."

... ...

Sie sprach:
„Ruht nun, ihr alle,
– ich will jetzt gehen –
rüstige Männer in euren Hügelgräbern;
einen Moment lang habe ich fast geglaubt,
daß ich zwischen den Welten
gestanden habe,
als rings um mich
die Feuer brannten."

Dann ging sie zu den Schiffen. Aber als es hell wurde, sah sie, daß die Schiffe fort waren. Die Wikinger (deren Anführer Hervor war) *hatten sich vor dem Donnern und dem Feuer auf der Insel gefürchtet.*

II 4. f) Ibn Fadlans Reisebericht

Die ausführlichste Beschreibung einer germanischen Feuerbestattung findet sich in dem Reisebericht des arabischen Kaufmanns und Forschers Ibn Fadlan aus dem Jahr 922 n.Chr. Der Fürst, dessen Bestattung er beschreibt, gehörte zu den östlichen schwedischen Wikingern, die sich „Rus", d.h. „Ruderer" nannten. Dieser Name ist der Ursprung von „Rußland".

In diesem arabischen Bericht findet sich im Zusammenhang mit der bei der Bestattung getöteten Dienerin auch die Vorstellung der Wiederzeugung. Man wird daher den Tod der Nanna und die Hilfe durch die Riesin Hyrrokkin bei der Bestattung des Baldur recht sicher als Erinnerungen an das Wiederzeugungsmotiv und die damit verbundenen Bestattungsbräuche der Germanen ansehen können.

Es wurde mir mehrfach erzählt, daß wenn einer ihrer Häuptlinge stürbe, viele Dinge geschehen würden, wovon die Leichenverbrennung die wichtigste sei. Ich war deshalb sehr daran interessiert, etwas genaueres darüber zu erfahren. Eines Tages bekam ich davon zu hören, daß ein angesehener Mann unter ihnen gestorben war. Sie legten ihn in ein Grab und deckten dieses für 10 Tage zu, bis sie mit dem Zuschneiden und Nähen der Leichenkleider fertig waren.

Die Bestattung ging auf folgende Art und Weise vonstatten. Für den Armen unter ihnen machten sie ein kleines Schiff, legten ihn hinein und verbrannten es. Aber wenn es um einen Reichen unter ihnen ging, so sammelten sie sein ganzes Vermögen und teilten dieses in drei gleichgroße Teile. Ein Drittel geht zu der Familie des Verstorbenen, für das zweite Drittel machten sie die Leichenkleider für den Toten und für das letzte Drittel brauten sie Nabid, welches getrunken wird, wenn seine Sklavin sich für ihn tötet und mit ihrem Herrn verbrannt wird.

Der „Nabid" genannte Trank ist von seiner Symbolik her gesehen offensichtlich der Göttermet. Es könnte allerdings sein, daß es sich um Bier statt um Met gehandelt hat. Diesen Göttermet trinkt u.a. Odin bei der Riesin-Walküre Gunnlöd.

Der Met wurde auch auf den Goldhörnern von Gallehus dargestellt – die Goldhörner waren selber dazu bestimmt, daß aus ihnen im Ritual der Met getrunken wurde.

Solche oft sehr aufwendig geschmiedeten Hörner, die an ihrem spitzen Ende meist in den Vorderleib eines Stieres, Pferdes oder Hirsches auslaufen, sind von vielen indogermanischen Völkern bekannt.

Das „Wiederstillen", das durch das Trinken des Mets dargestellt wird, findet sich auf den Goldhörnern mehrfach abgebildet:

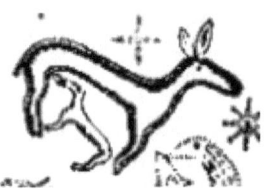		
eine Hindin säugt ein Kitz (die Göttin wurde oft als Hindin aufgefaßt, wodurch die Bezeichnung „Hindinhügel" für die Hügelgräber entstanden ist)	eine großeSchlange stillt zwei kleine Schlangen (da Schlangen keine Säugetiere sind, kann die große Schlange nur die Göttin als Schlange (Hulda als Drache) und die kleinen Schlangen die Toten sein	Priester mit Methorn (der Priester ist an seinem langem Gewand erkennbar)

Die Rus sind ganz dem Nabid verfallen, welchen sie Tag und Nacht trinken. Oft geschieht es, daß einer von ihnen mit dem Becher in der Hand stirbt.

Wenn ein Häuptling unter ihnen tot ist, so sagt seine Familie zu seinen Sklavinnen und Dienern: „Wer von euch möchte mit ihm sterben?" Eine von denen antwortete: „Ich." Da bekamen zwei andere Sklavinnen den Auftrag sie zu bewachen, wo immer sie auch stand und wohin sie auch ging und wuschen ihr mit ihren eigenen Händen die Füße.

So begannen sie und nahmen sich der hinterbliebenen Dinge des Toten an, um die Kleider für den Toten zu nähen und machten alles fertig, wie es sein sollte. Aber die Sklavinnen tranken und sangen jeden Tag in einer Freude, als ob sich etwas glückliches in naher Zukunft ankündige.

Dieses Singen scheint zu zeigen, daß die Sklavin ihrem Herrn wirklich freiwillig in den Tod gefolgt ist. Einen ähnlichen Brauch hat es lange Zeit auch bei den (indogermanischen) Indern gegeben, bei denen die Frau eines Toten sich bei der Feuerbestattung zu ihrem Mann auf den brennenden Holzstoß legte. Dieser Brauch hieß „Sati". Der Tod der Göttin Nanna bei Baldurs Bestattung wird ursprünglich auch ein solcher freiwilliger Opfertod gewesen sein.

Als der Tag kam, an dem der Fürst und seine Sklavin verbrannt werden sollten, ging ich zum Flußufer, wo sein Schiff lag. Dies war an Land hochgezogen worden und wurde durch vier Stützen aus Birkenholz oder anderen Holzarten aufrechtgehalten.

Weiterhin war etwas aufgebaut worden, das wie ein großes Lager oder Magazin aus Holz aussah. Das Schiff wurde dorthin gezogen und an das Holzgestell angebracht.

Und das Volk lief hin und her und sie sprachen eine Sprache, die ich nicht verstand, während der Tote noch in seinem Grabe lag. Sie hatten ihn noch nicht aus dem Grab herausgenommen.

Dann kamen sie mit einer Bank und setzten sie auf das Schiff und bedeckten sie mit Teppichen, mit byzantinischem Dibag (bemalter Seidenstoff) und mit Kissen aus byzantinischem Dibag.

Nun kam eine alte Frau, welche der Todesengel genannt wurde und breitete die Teppiche über der Bank aus. Sie stand vor den Kleidern für den Toten und vor dem Gestell für die Leiche. Das ist auch diejenige, die das Mädchen tötet. Ich sah, daß sie eine alte, riesengroße Frau, dick und düster vom Aussehen her war.

dreifache Göttin mit Beil und Opfer-Ziege; Gallhus

Diese Frau verkörpert offensichtlich die Göttin/Riesin Hel. Selbst ihre Beschreibung hat Ähnlichkeit mit der Riesin Hyrrokkin, in deren Gestalt Hel bei Baldurs Bestattung erscheint.

Auf den Goldhörnern erscheint diese Frau als dreiköpfige Riesin mit einem Beil ihrer rechten Hand und einer Leine, an die ein Ziegenbock gebunden ist, in ihrer linken Hand. Die Ziege ist das Opfertier. Die dreiköpfige Göttin ist die Riesin Hel als die drei Nornen.

Als sie zu seinem Grab kamen, nahmen sie die gesamte Erde weg vom Holz und danach entfernten sie das gesamte Holz. Und so zogen sie von ihm die Kleider, die der Tote trug. Ich möchte bemerken, das er ganz schwarz aufgrund der Kälte im Lande geworden war. In das Grab hatten sie zusammen mit ihm Bier, Früchte und eine Mandoline hineingelegt. Und all dies nahmen sie nun aus dem Grab. Der Tote roch merkwürdigerweiße überhaupt nicht und nichts hatte sich verändert an ihm außer seiner Hautfarbe.

Dann kleideten sie ihn mit Hosen, Überhosen, Stiefeln, Gürtel und einem Mantel aus Dibag mit Goldknöpfen. Sie setzten ihm eine Kappe aus Dibag und Zobelfell auf seinen Kopf und trugen ihn in das Zelt, das auf dem Schiff aufgestellt worden war. Dort setzten sie ihn auf den Teppich und stützten ihn mit Kissen.

Dann kamen sie mit Nabid, Früchten und wohlriechenden Pflanzen und legten diese zu seinen Seiten nieder. Weiterhin brachten sie Brot, Fleisch und Zwiebeln und legten sie vor ihm hin. Dann kamen sie mit einem Hund und schnitten ihn in zwei Teile und warfen ihn ins Schiff. Danach kamen sie mit seinen Waffen und legten sie zu seinen Seiten nieder. Dann nahmen sie zwei Pferde und trieben sie solange bis sie schweißnaß waren. Daraufhin hieben sie diese in Stücke mit ihren Schwertern und warfen das Fleisch in das Schiff. Genauso taten sie es mit zwei Kühen, auch diese hackten sie in Stücke und warfen das Fleisch ins Schiff. Schließlich kamen sie mit einem Hahn und einem Huhn, töteten diese und warfen auch diese auf das Schiff.

Die Pferde und Rinder sind die Opfertiere, die die Zeugungskraft des Toten magisch sichern sollten. In der Beschreibung des Bestattung des Baldur könnte sein Hengst, der mit ihm verbrannt wurde, diese Funktion gehabt haben.

Auf den Goldhörnern von Gallehus ist das Herdentier-Opfer durch mehrere Bilder dargestellt worden. Dieses Opfer führte auch dazu, daß die Toten im Jenseits Hörner trugen.

Das Opfertier auf den Goldhörnern von Gallehus			
Hel/Urd mit dem Opfertier	Opferung des Pferdes (in der Mitte der Geist des Toten in Gestalt einer Schlange)	Opferung des Pferdes (unten ein Eber, der das Opfertier war, wenn Freyr/Freya die wichtigsten Gottheiten waren)	der Tote bzw. der Fürst bei seiner Krönung (Kopf) wird in das Fell des Opfertieres gehüllt
Der Tote/Fürst und das für ihn geopferte Pferd sind identifiziert worden, wodurch der Tote/Fürst zum Zentaur wird		Der Tote/Fürst bzw. der Schamane hat durch die Identifizierung mit dem geopferten Ziegenbock dessen lange Hörner erhalten	

Die Sklavin, die getötet werden wollte, ging währenddessen hin und her. Sie ging in das eine oder das andere Zelt und der Herr des Zeltes hatte sexuellen Umgang mit ihr, während er sagte: „Sage dies zu deinem Herren: Das habe ich getan aus Liebe zu Dir."

Diese Wiederzeugung ist in der Baldur-Mythe auf den Tod der Nanna reduziert worden. Von Odin ist sie jedoch ausführlicher als seine Vereinigung mit den Riesentöchtern Gunnlöd und Rindr bekannt. Am deutlichsten tritt diese Szene bei der Asin Freya auf, die die Jenseitsgöttin als die die Geliebte bei der Wiederzeugung ist: Sie hat sich, wie Loki in der Lokasenna ausführlich darlegt, schon mit allen Göttern vereint und ebenso auch mit den Zwergen, also den Geistern der Toten.

Diese Szene ist auf den Goldhörnern symbolisch dargestellt worden. Die Wichtigkeit der Wiederzeugung ist auch durch die Abbildung von Schlangen mit deutlichem Penis und von sich paarenden Schlangen offenkundig. Diese Schlangen waren die Totengeister in Schlangengestalt in den Hügelgräbern, aus denen später dann die Drachen auf dem Schatz im Hügelgrab geworden sind.

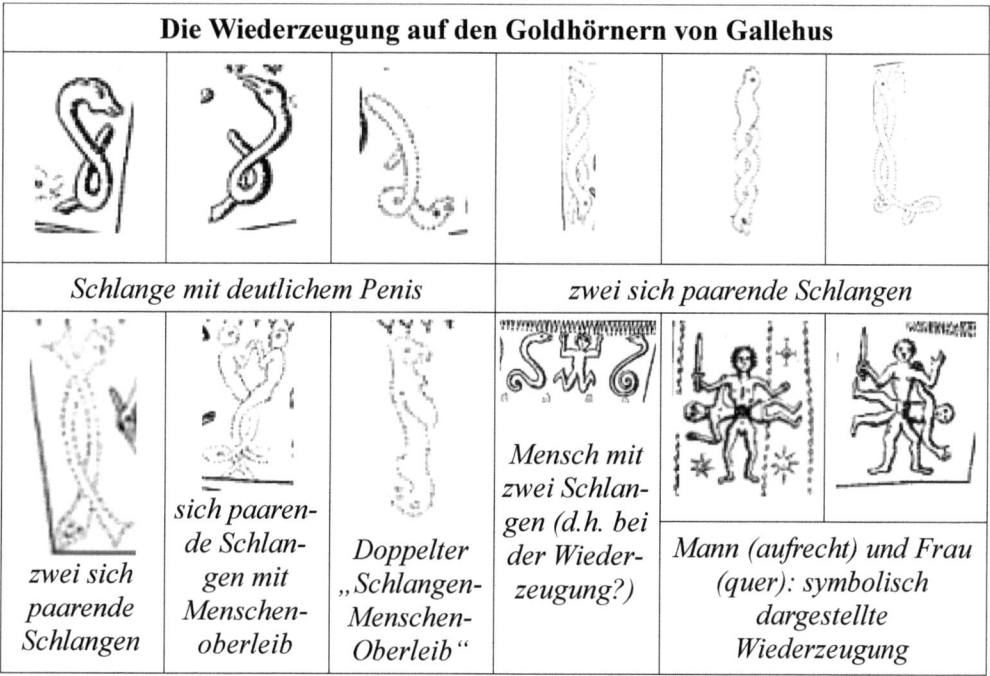

Als es Freitag Nachmittag geworden war, nahmen sie die Sklavin mit zu einer Art Türrahmen. Sie setzte ihre Beine auf die Handflächen der Männer, wodurch sie so hoch kam, daß sie über diesen Rahmen hinausragte, woraufhin sie etwas in deren Sprache sagte. Anschließend ließen sie sie herunter. Aber kurz darauf hoben die Männer sie wieder hoch und sie machte dasselbe wie beim ersten mal. Schließlich ließen die Männer sie wieder herunter um sie ein drittes mal hochzuheben und sie tat dasselbe, wie beim ersten und beim zweiten mal zuvor. Da reichten sie ihr eine Henne und sie schnitt dem Huhn den Kopf ab und warf es weg. Die Männer hoben die tote Henne auf und warfen sie in das Schiff. Da fragte ich den Übersetzer was sie gemacht hatte.

Er antwortete: „Das erste mal, als sie hoch gehoben wurde sagte sie: 'Seht dort, ich sehe meinen Vater und meine Mutter dort (im Jenseits) *sitzen!' Das zweite mal sagte sie: 'Seht dort, ich sehe alle meine toten Verwandten dort sitzen!' Und beim dritten mal sagte sie: 'Seht dort, ich sehe meinen Herrn im Paradies sitzen und das Paradies ist farbig und grün und zusammen mit meinem Herrn sind Männer und junge Diener. Er ruft nach mir. Laßt mich zu ihm gehen!'" Und so gingen sie mit ihr zum Schiff.*

Der hier beschriebene Türrahmen ist die rituelle Darstellung des Eingangs zur Hel, der meistens als Höhle hinter der Brücke über den Jenseitsfluß beschrieben wird. Über diese Brücke und durch dieses Tor ritt in der Baldur-Mythe Odins Sohn Hermodr, um Hel zu bitten, Baldur wieder ins Diesseits zurückkehren zu lassen.

Sie nahm zwei Armreifen von ihrem Arm und gab sie der alten Frau, welche der Todesengel genannt wurde und sie töten sollte. Dann nahm sie von sich zwei Achselringe und gab sie den Töchtern der Frau, welche der Todesengel genannt wurde („Draupnir-Ringe").

Diese Ringe werden identisch mit dem Ring Draupnir sein, den Odin dem Baldur mit auf seine Reise in die Unterwelt gab.

Dann führten sie sie hinauf zum Schiff, aber ließen sie nicht ins Zelt. Dann kamen Männer mit Schildern und Holzstäben.

Die Schilde könnten evtl. Sonnensymbole gewesen sein, aber das ist sehr unsicher. Die Stöcke wären dann nicht nur einfache Stäbe, sondern „Zauberstäbe", d.h. Symbole des Weltenbaumes. Solche „Zauberstäbe" sind auch auf den Goldhörnern von Gallehus und auf den Runensteinen abgebildet worden. Diese Deutung ist aber, wie gesagt, sehr unsicher.

Dann reichten sie ihr einen Becher mit Nabid. Sie sang darüber und trank den Becher aus.

Hier trinkt nun auch die Dienerin, die ihrem Herrn ins jenseits folgen will, den „Göttermet".

Der Übersetzer sagte zu mir: „Nun nimmt sie Abschied von ihren Freunden." Und so wurde ihr ein neuer Becher gereicht. Sie nahm ihn und trank diesen sehr langsam aus. Aber die alte Frau drängte sie, schnell auszutrinken, damit sie ins Zelt zu ihrem Herren gehen konnte. Da sah ich zu ihr und sie sah ganz verstört aus. Sie wollte in das Zelt hineingehen und steckte den Kopf ins Zelt, so daß sie zwischen dem Zelt und dem Schiff war. Aber da nahm die Frau ihren Kopf und zog ihn in das Zelt und die Frau ging ihr in das Zelt nach.

Die Männer begannen da mit den Holzstäben gegen die Schilde zu schlagen, so das der Lärm die Schreie der Sklavin überdeckte, damit die anderen Mädchen nicht verängstigt würden und nicht mehr den Tod zusammen mit ihren Herrn suchen würden wollen, wenn die Zeit dafür kommt.

Dies ist wahrscheinlich die Deutung von Ibn Fadlan und nicht unbedingt die rituelle Bedeutung des „Trommelns".

Die Tötung der Frau findet sich in der Baldur-Mythe nicht mehr als vollständiges Motiv. Es zerfiel in den plötzlichen (natürlichen) Tod der Nanna, während das Töten selber als ein davon abgetrenntes Motiv erscheint: Thor stößt den Zwerg Lit mit seinem Fuß in das Feuer.

Da gingen sechs Männer in das Zelt und sie nahmen sie nacheinander.

Hier wird die rituelle Wiederzeugung noch einmal wiederholt. Wahrscheinlich ist dies einfach eine der in Ritualen sehr oft vorkommenden Vervielfachungen einer Handlung, deren einmalige Durchführung ausgereicht hätte.

Da lag sie nun neben ihrem toten Herrn. Zwei hielten ihre Beine und zwei die Hände. Die Frau, die der Todesengel hieß, legte einen Strick um ihren Hals und knüpfte die Enden in die entgegengesetzte Richtung, sodaß zwei Männer daran ziehen konnten. So ging die Frau mit einem kleinen Dolch mit breitem Blatt und stach diesen zwischen die Rippen des Mädchens und zog ihn wieder heraus und die zwei Männer würgten sie mit dem Strick. So starb sie.

Dann kamen die vom Volk, die mit dem Toten am nächsten verwandt waren, zu dem Platz. Der Häuptlingssohn nahm ein Holzstück und zündete es an. Er ging rückwärts mit dem Rücken zum Schiff und das Gesicht zum Volk und hielt in der einen Hand das Holzstück während er die andere Hand hinter dem Rücken auf seinem Gesäß ruhte. Er war nackt.

Diese Nacktheit findet sich auch auf den Goldhörnern von Gallehus. Sie war sehr wahrscheinlich ein Symbol dafür, daß sich der Betreffende im Jenseits befand.

Auch bei den christlichen Taufen der frühen germanischen Könige ging der König und sein Gefolge, das mit ihm getauft wurde, nackt durch die Kirche zum Taufbekken, wo er mit dem Taufwasser begossen wurde.

Auf diese Weise wurde überall Feuer unter dem Gestell, das das Schiff stützte, gelegt, nachdem sie die getötete Sklavin an die Seite ihres Herrn gelegt hatten.

Nun kam das Volk zu dem Platz mit Holz und jeder hatte ein Holzstückchen mit Feuer an der Spitze. Sie warfen das Holz so unter das Schiff, das das Feuer nur so um sich griff. Erst brannte das Schiff und dann das Zelt mit dem Mann und der Sklavin darin sowie alles, was im dem Schiff war. Da kam ein starker und fürchterlicher Wind, sodaß die Flammen kräftiger wurden und das Feuer sehr weit in den Himmel emporloderte.

Zu meiner Seite stand ein Mann von den Rus und ich hörte ihn, wie er sich mit dem Übersetzer unterhielt. Ich fragte ihn dann, was er zu ihm gesagt hatte. Er antwortete: „Ihr Araber seit dumm." - Ich fragte: „Wieso das?" - Er sagte: „Den, den ihr am meisten unter euch Menschen liebt und ehrt, werft ihr in die Erde, wenn er tot ist, sodaß die Erde, Kriechtier und Gewürm ihn verzehren kann. Wir dagegen brennen ihn hinauf in einem Augenblick, sodaß er dann am selben Ort zur selben Stund ins Paradies geht." Und da begann er laut zu lachen.

Als ich ihn genauer darüber befragte, sagte er: „Sein Herr (Tyr/Odin) *hat in seiner Liebe den Wind gesendet, so daß er in einer Stunde hinweggetragen wird." Und dies geschah wirklich. Es dauerte nicht mehr als eine Stunde, bis das Schiff und das gesamte Holz und die Sklavin und ihr Herr und alles zu Asche und Aschestaub geworden war!*

Schließlich bauten sie da, wo das Schiff, das sie vom Ufer hochgezogen hatten, stand, einen Hügel auf. Mitten auf diesem Hügel errichteten sie eine schwere Holzstütze aus Birkenholz. Auf diese schrieben sie den Namen des Mannes und den Namen Rus-König und gingen ihres Weges.

Der Birkenstab mit dem Namen und dem Titel des Königs entspricht den meisten Runensteinen, die ebenfalls solche Gedenksteine sind.

II 4. g) <u>Die Saga von Thrond von Gate</u>

In der Thrond-Saga wird eine Totenbeschwörung beschrieben, in der ein großes Feuer eine wichtige Rolle spielt. Vermutlich geht das Feuer in diesem Ritual auf die Auffassung des Feuers als Jenseitstor, also auf die Bestattungsfeuer zurück.

Während in den Sagas auf den Hügelgräbern Jenseitsfeuer brennen, die anscheinend von den Toten selber in Gang gesetzt werden, entzünden hier die Lebenden die Feuer, damit die Toten zu ihnen kommen. In beiden Fällen ist das Feuer das Tor zwischen den beiden Welten.

Das in der Thrond-Saga beschriebene Arrangement bei der Beschwörung der Toten ist leider nicht so deutlich dargestellt worden, wie man es sich wünschen könnte.

Das „Feuerhaus" in dem folgenden Text ist der große Wohnraum an dem einem Ende der germanischen Langhäuser. Das „große Feuer" wird wohl das Feuer in der Mitte dieses Wohnraumes sein. Die „Latten" in den vier Ecken müssen zusammen mit dem Feuer in etwa wie die Punkte der „5" auf einem Würfel angeordnet gewesen sein.

Diese Latten haben wahrscheinlich die vier Himmelsrichtungen dargestellt. Vielleicht wurden sie auch mit den vier Zwergen Austri, Westri, Nordri und Sudri assoziiert, die den Schädel des Urriesen Ymir, also die Himmelskuppel in den vier Himmelsrichtungen trugen.

Da die vier Himmelsrichtungen allgemein mit der Sonne und dem Sonnengott verbunden waren, da man die Richtungen nur anhand des Sonnenstandes erkennen konnte, könnten diese vier Latten mit dem Feuer in ihrem Zentrum ein Hinweis auf die Hilfe des Sonnengottes-Göttervaters Tyr bei dieser Zeremonie sein – was allerdings eine eher vage Vermutung ist. Falls dieser Deutung jedoch zutreffen sollte, wären das Feuer und die vier Latten eine rituelle Darstellungen des Sonnenrades, das aus einem Kreis mit einem Kreuz in ihm besteht. Der Raum wäre dann der („eckige") „Kreis", die vier Latten die Punkte, an denen die beiden Kreuz-Linien den Kreis berühren, und das Feuer der Schnittpunkt der beiden Kreuz-Linien.

Die in der Saga beschriebenen neun Quadrate können eigentlich nur ein Gitter von drei Reihen und drei Zeilen gewesen sein. Die „3" war bei den Germanen und allgemein bei den Indogermanen die Zahl des zyklischen Sonnenlaufes und die „9" die Zahl des Jenseits. Der Sitzplatz des Thrond, der die Toten beschwört, wird vermutlich vor dem Hauptpfosten des Langhauses gewesen sein, der den Weltenbaum repräsentierte, in dem die Ahnen des Hausherrn und seiner Sippe wohnten.

Das in der Thrond-Saga beschriebene Arrangement für die Totenbeschwörung könnte wie in der folgenden Graphik ausgesehen haben. Links befindet sich der Wohnraum, in der Mitte die Diele und rechts die Ställe und die Lagerräume.

In der Saga beschwor Thrond die Toten, die seine Freunde gewesen und bei einem Seeunglück gestorben waren. Thrond beschwor sie, um die Wahrheit über die Todesumstände der Männer herauszufinden, da er den Verdacht hatte, daß einer von ihnen ermordet worden war, nachdem er das Land bereits erreicht hatte.

Diese Totenbeschwörung ist weitaus weniger dramatisch als die Beschwörung des Angantyr in der Hervor-Saga. Sie hat eher den Stil einer Traumreise, also einer absichtlich herbeigeführten Vision. Es muß sich aber um eine richtige Totenbeschwörung gehandelt haben, da sonst die anderen Männer in dem Raum die Toten nicht ebenfalls hätten sehen können.

Der tiefe Atemzug des Thrond am Ende der Beschwörung ist sehr typisch für den Anfang und das Ende einer Traumreise bzw. einer Vision.

Das Verbot des Thrond, ihn während der Beschwörung anzusprechen, läßt vermuten, daß Thrond seinen Körper bei dieser Beschwörung verließ (Astralreise), da das Angesprochenwerden den Astralkörper zu plötzlich in den materiellen Körper zurückholen könnte, was den Abbruch der Beschwörung zur Folge hätte und zudem u.U. spätere Astralreisen erschweren könnte.

Thrond ließ ein großes Feuer in dem Feuerhaus entfachen und ließ vier Latten aufstellen, eine in jeder Ecke; er zeichnete weiterhin von den Latten ausgehend neun Quadrate (auf den Boden). Dann setzte er sich auf einen Hocker zwischen das Feuer und die Latten und befahl den Männern, daß keiner von ihnen zu ihm sprechen sollte, und sie taten wie ihnen geheißen wurde.

So saß er einige Zeit und nach einer Weile kam ein Mann in das Feuerhaus gegangen; er war triefnaß; sie erkannten ihn als Einar den Southrey-Mann. Er trat an das Feuer und streckte eine kurze Zeitlang seine Hände zu ihm aus, dann drehte er sich um und ging wieder hinaus.

Nach einer Weile kam ein weiterer Mann in das Feuerhaus; er ging ebenfalls zu dem Feuer, streckte seine Hände zu ihm aus und ging dann wieder hinaus. Sie erkannten, daß es Thore war.

Kurz danach kam ein dritter Mann in das Feuerhaus; er war ein großer Mann, ganz voller Blut, und er trug seinen Kopf in seiner Hand; sie alle sahen, daß es Sigmund Brestesson war. Er stand eine Weile an der Feuerstelle und ging dann wieder hinaus.

Danach erhob sich Thrond von seinem Hocker, tat einen tiefen Atemzug und sprach: „Ihr könnt nun sehen, was das Schicksal dieser Männer gewesen ist. Einar verlor als erster sein Leben, zu Tode erfroren oder ertrunken, denn er war der schwächste von ihnen. Und Thore muß als nächster sein Leben verloren haben – und Sigmund muß ihn durchs Wasser gezogen haben, was ihn am stärksten von allen geschwächt haben muß. Aber er muß es völlig erschöpft bis ans Land geschafft haben und diese Männer hier müssen ihn erschlagen haben, denn er hat sich uns blutig und kopflos gezeigt."

Thronds Begleiter fanden, daß er wahr gesprochen hatte und daß sich die Dinge so ereignet haben mußten wie er sagte.

II 4. h) Brakteaten

Die Brakteaten sind kleine, dünne Goldbleche, in die Ornament und figürliche Motive geprägt worden sind. Sie waren keine Münzen, auch wenn sie durch die römischen Kaisermedaillons Inspiriert worden waren, sondern Talismane. Sie wurden von den Germanen während der Völkerwanderungszeit hergestellt, d.h. ungefähr von 300 n.Chr. bis 700 n.Chr.

Auf einigen dieser Brakteaten ist eine Gestalt, die Hel sein könnten, zusammen mit einem „Ring-Träger" zu sehen, der Baldur sein könnte. Allerdings wird diese Ring-Symbolik so allgemein gewesen sein, daß diese „Ring-Träger" auch ganz allgemein Tote gewesen sein könnten – die jedoch wiederum mit Baldur identifiziert worden oder zumindest magisch mit ihm verbunden gewesen sein könnten, damit sie wie er wiedergeboren werden.

Brakteaten mit Abbildungen der Hel und des Baldur

Brakteat IK 82 aus Inderöy (Vika)

Brakteat IK 124 aus Mauland

Auf dem Brakteat IK 124 ist ein Reiter mit einem Ring vor einer Frau mit einem Stab zu sehen. Die Stabträgerin könnte eine Seherin („Völva/Wala" = „Stab-Frau"), eine Walküre oder Hel selber sein. Der Reiter wäre dann ein Toter der im Jenseits ankommt und dort empfangen wird. Der Ring in der Hand des Reiters wird Draupnir sein.

Das Urbild dieses Reiters in den germanischen Mythen ist Baldur und in einer untergeordneten Funktion auch Hermod Odin-Sohn, der eine Verselbständigung des Schamanen-Aspektes seines Vaters ist.

Diese Szene findet sich auch auf einigen Runensteinen. Die Frau könnte auch eine Walküre sein – ähnlich wie Modgud, die den Hermod auf der Gjallar-Brücke empfängt.

Die „Frau im Jenseits, die die Toten empfängt" ist ein Teil der Mythen von Frigg, Freya, den Nornen, der Hel, der Walküren und ansatzweise auch noch der Seherinnen – weshalb sich nicht genau entscheiden läßt, um wen es sich auf diesen Darstellungen handelt. Diese Kenntnis ist aber nicht notwendig, weil dieses Bild auf jeden Fall einen Teil der Vorstellungen über Hel bildet – egal, mit welchem Namen die damaligen Germanen die Gestalt auf diesen Brakteaten bezeichnet haben mögen.

Auf dem Brakteat IK 82 ist dieselbe „Jenseits-Frau" zusammen mit einem Toten (Baldur?) und dem Weltenbaum zu sehen.

II 5. Zusammenfassung

Baldurs Ring Draupnir ist eng mit dem Jenseits verbunden: er wurde von Zwergen geschmiedet und gehört der Jenseitsgöttin Freya/Frigg/Hulda. Er ist einer der größten Schätze, die man im Jenseits erlangen kann, da er die Wiedergeburt symbolisiert. Der Draupnir-Ring wurde mit dem Kreuz als Sonnensmybol zum Draupnir-Kreuz kombiniert – der Ring ist ein Symbol der Sonne und ihrer Wiedergeburt.

Der Ring erschien auch zusammen mit dem Schwert des Sonnengott-Göttervaters Tyr und mit dem Trinkhorn, das den Göttermet enthält, als eine Dreiheit, die die Wiedergeburt symbolisierte. Die „3" war allgemein die Zahl des Sonnen-Zyklus, der wiedergeborenen Seele (Hrungnir-Herz) und der Sonne (Triskelis).

Bei den Germanen gab es im Laufe der Zeit für die wichtigeren Toten Beisetzungen in Hügelgräbern, Feuerbestattungen in Hügelgräbern, Schiffsbestattungen und Feuerbestattungen in Schiffen. Teilweise wurde die realen Schiffe durch Steinsetzungen in Schiffsform ersetzt.

Auch beim Herbeirufen der Geister von Toten entzündete man ein oder mehrere Feuer.

III   Baldur in den Chroniken

III 1. Baldur in der „Gesta danorum" des Saxo grammaticus

Um 1.185 n.Chr. wurde der Mönch Saxo von seinem Bischof damit beauftragt, eine Geschichte Dänemarks zu schreiben. Sein Beiname „grammaticus" bedeutet, daß er des Schreibens mächtig war. Der Titel der daraufhin von dem Mönch verfaßten mehrbändigen Schrift lautet „Gesta Danorum" („Geschichte der Dänen").

III 1. a)   Gesta danorum (1)

Im dritten Band der „Geschichte der Dänen" erscheint Odin als Gott, Baldur (Balder) als Halbgott, während Hödur (Hother) und Nanna als Menschen aufgefaßt werden. Aus der Baldur-Göttermythe ist in der Gesta Danorum eine Heldensage geworden. Die Auffassung der heidnischen Götter als Könige und Helden früherer Zeiten war um 1200 n.Chr. in Nordeuropa weit verbreitet.

Nachdem Hiarthuar gestorben war, wurde Hother, den ich bereits oben erwähnt habe, der der Bruder des Athisl und außerdem der Ziehbruder des Königs Gwear war, König beider Reiche. Es wird einfacher sein, seine Zeit zu beschreiben, wenn ich am Anfang seines Lebens beginne. Denn wenn die frühen Jahre seines Schicksals nicht dem Schweigen verdammt werden, können die späteren ausführlicher und besser berichtet werden.

Als Helgi Hodbrodd getötet hatte, verbrachte sein Sohn Hother seine ganze Kindheit unter der Obhut König Gwears. Als er noch ein unerfahrener Jüngling war, übertraf er an Körperkraft all seine Ziehbrüder und die Gleichaltrigen, die mit ihnen waren. Er war sehr geschickt im Schwimmen und Bogenschießen und ebenso mit den Handschuhen (Boxen); *und er war beweglich wie ein solcher Jüngling nur sein konnte und seine Übung in diesen Dingen war genauso groß wie seine Kraft. Obwohl er noch nicht zu seinen vollen Jahren gekommen war, übertraf sein reichbegabter Geist alle anderen.*

Niemand war geschickter auf der Leier oder der Harfe; und er konnte sehr gut mit dem Tamburin, der Flöte und jedem Saiteninstrument umgehen. Mit dem Wechsel der Tonarten konnte er die Gefühle der Menschen in die Leidenschaften führen, in die er sie bringen wollte; er wußte, wie man die Herzen der Menschen mit Freude oder Trauer erfüllte, mit Mitleid oder mit Haß und er hüllte die Seelen seiner Zuhörer oft in den Schrecken und das Entzücken des Ohres.

Alle diese Vollkommenheiten des Jünglings gefielen Nanna, der Tochter des Königs Gwear, sehr und sie begann seine Umarmungen zu suchen. Denn der Heldenmut eines Jünglings entflammt oft eine Jungfrau und der Mut von denen, die kein so gutes Aussehen haben, macht sie dennoch akzeptabel. Denn die Liebe hat viele Wege; der Pfad der Lust wird für manche durch Anmut geöffnet, für andere durch eine mutige Seele und für wieder andere durch vollendete Fertigkeiten. Höflichkeit bringt einigen den Segen der Liebe, aber den meisten öffnet sich die Liebe durch das Strahlen der Schönheit. Und die Tapferen verursachen auch keine geringeren Wunden bei den Jungfrauen als die Gutaussehenden.

Nun geschah es, daß Balder, der Sohn des Odin, beim Anblick der badenden Nanna in Unruhe geriet und von unbändiger Liebe zu ihr ergriffen wurde. Er wurde entzündet von ihrem schönen und scheinenden Körper und sein Herz entbrannte beim Anblick ihrer ihm geoffenbarten Schönheit. Daher beschloß er, Hother mit dem Schwert zu erschlagen, der, wie Baldur fürchtete, sicherlich seine Wünsche behindern würde, damit seine Liebe, die keinen Aufschub duldete, nicht durch irgendein Hindernis an der Erfüllung seiner Begierde gehindert würde.

Um diese Zeit herum geschah es, daß Hother, als er auf Jagd war, von einem Nebel in die Irre geführt wurde und zu einer Hütte gelangte, in der Waldjungfrauen lebten; und als sie ihn mit seinem Namen begrüßten, frug er, wer sie seien. Sie erklärten ihm, daß es vor allem ihre Führung und Herrschaft war, die das Kriegsglück entschied. Denn sie nahmen oft unsichtbar an den Schlachten teil und gewannen für ihre Freunde die begehrten Siege. Sie offenbarten ihm, daß sie wirklich Siege schenken und Niederlagen verhängen konnten wie sie wollten; und weiterhin erzählten sie ihm, wie Balder seine Ziehschwester Nanna gesehen hatte, als sie badete und in Leidenschaft für sie entzündet worden war; aber sie rieten Hother, ihn nicht im Krieg anzugreifen, auch wenn er seinen tödlichsten Haß verdiente, denn sie verkündeten ihm, daß Baldur ein Halbgott war, der im Geheimen aus göttlichem Samen entsprungen war.

Als Hother dies gehört hatte, löste sich der Ort auf und ließ ihn ohne Hütte um ihn herum zurück. Er fand sich im Freien stehend wieder, mitten in den Feldern ohne irgendeinen Überrest eines Schattens. Am meisten wunderte er sich über das schnelle Verschwinden der Jungfrauen, die Veränderung des Ortes und die trügerische Erscheinung des Gebäudes. Denn er wußte nicht, daß alles, was um ihn her geschehen war, nur ein Spott und ein Werk magischer Künste gewesen war.

Als er heimkehrte, berichtete er König Gewar das Täuschungswerk, das er nach seiner Verirrung gesehen hatte, und bat ihn geradeheraus um die Hand seiner Tochter. Gwear antwortete ihm, daß er ihn von Herzen gern bevorzugen würde, aber daß er fürchte, daß er, wenn er Balder zurückweisen würde, seinen Zorn entflammen würde; denn Balder habe, sagte Gewar, ihn ebenfalls um seine Tochter gebeten. Und Gwear sagte, daß die geheime Stärke von Baldurs Körper ihn sogar vor Stahl schützte. Aber er ergänzte, daß er ein Schwert kenne, daß ihm den Tod bringen könne, das aber so gut wie nur möglich bewacht würde. Dieses Schwert befand sich im Besitz des Miming, eines Satyrs aus den Wäldern, der auch einen Armreif besaß, der die geheime, magische Gabe besaß, den Wohlstand seines Besitzers zu mehren.

Die Unverwundbarkeit und das besondere Schwert, das das einzige ist, das einen Gott töten kann, sind zwei Motive, die aus den Tyr-Mythen stammen. Da sich diese beiden Motive hier auf Baldur beziehen, ist deutlich, daß Baldur der Nachfolger zumindestens eines Teiles des Tyr-Mythen ist.

Außerdem waren die Pfade zu dieser Gegend unwegsam und voller Hindernisse und daher für sterbliche Menschen nur schwer zu begehen. Der größte Teil des Weges war ständig von außergewöhnlicher Kälte umgeben. Daher riet er ihm, ein Rentier-Gespann zu benutzen, durch dessen große Geschwindigkeit er die hartgefrorenen Berge schnell überwinden könne. Und wenn er dann schließlich an den Ort komme, solle er sein Zelt solcherart fern von der Sonne aufschlagen, daß der Schatten der Höhle, in der Miming lebte, auf das Zelt fallen würde. Aber er solle auf keinen Fall den Schatten seines Zeltes auf Miming fallen lassen, damit keine ungewohnte Dunkelheit auf den Eingang falle und den Satyr am Herauskommen hindere.

Miming ist der Tyr-Riese Mimir, der auch an anderen Stellen als Schmied des Tyr-Schwertes erscheint.

So würde er sowohl den Armreif als auch das Schwert in seine Hände bekommen. Das eine würde ihm Gedeihen des Wohlstandes bringen und das andere Glück im Krieg – beide würden somit ihrem Besitzer einen großen Schatz verschaffen.
So sprach Gewar und Hother zögerte nicht, diese Anweisungen auszuführen. Nachdem er sein Zelt in der eben beschriebene Weise errichtet hatte, verbrachte er die Nächte mit gespanntem Warten und die Tage mit Jagen. Aber zu beiden Zeiten blieb er sehr wach und ohne Schlaf – er verbrachte die Zeiten des Tages und Nacht solcherart, daß er in der einen gespannt auf das lauerte, was geschah, und in der anderen Nahrung für seinen Körper beschaffe.
Einmal, als er die ganze Nacht über wachte und seine Sinne durch die viele Anspannung schläfrig und dämmerig geworden waren, warf der Satyr einen Schatten auf sein Zelt. Er zielte mit dem Speer auf ihn und warf ihn mit dem Wurf zu Boden. Dann ergriff und fesselte er ihn, sodaß er nicht fliehen konnte. Dann drohte er ihm mit fürchterlichen Worten das Schlimmste an und verlange von ihm das Schwert und den Armreif. Der Satyr zögerte nicht, ihm das Lösegeld für sein Leben zu zahlen, das von ihm verlangt wurde, denn allen ist ihr Leben mehr wert als ihr Reichtum – nichts wird von den Sterblichen höher geschätzt als der Atem ihres eigenen Lebens. Hother

frohlockte über den Schatz, den er errungen hatte und zog wieder heim mit seinen Kostbarkeiten, die zwar nur wenige waren, aber dafür edle.

Als Gelder, der König der Sachsen hörte, daß Hother diese Dinge erlangt hatte, drängte er seine Krieger dazu, auszuziehen und diese herrliche Beute zu rauben – und die Krieger machten gemäß dem Befehl ihres Königs eilends eine Flotte bereit zum Auslaufen. Gwear, der sehr bewandert in Wahrsagung und sehr erfahren im Deuten von Omen war, sah dies voraus. Daher rief er Hother zu sich und riet ihm, daß er, wenn Gelder den Kampf mit ihm eröffnete, dessen Speere mit Geduld abwarten und sich seine eigenen Geschosse aufsparen solle bis die des Gegners erschöpft waren. Außerdem solle er die gebogenen Sichel-Schwerter mitnehmen, mit denen die Schiffe eingeschlagen werden konnten und mit denen auch die Helme und Schilde von den Kriegern gerissen werden konnten.

Hother folgte diesen Ratschlägen und sah, daß sie gute Früchte trugen. Denn als Gelder mit seinem Angriff begann, befahl er seinen Männern, stehen zu bleiben und ihren Körper mit ihren Schilden zu schützen. Er versicherte ihnen, daß der Sieg mit Geduld errungen werden mußte. Die Feinde sparten sich jedoch nirgends ihre Speere auf und verschossen sie alle in ihrer großen Kampfeswut. Um so geduldiger sie Hother ihre Speere und Wurfspieße empfangen sahen, um so wütender begannen sie sie gegen ihn zu werfen. Einige von ihnen stecken in den Schilden und andere in den Schiffen, aber sie verursachten nur wenige Wunden. Man konnte sehen, daß viele von ihnen ohne Mühe abgewehrt wurden und keinen Schaden anrichteten. Denn die Krieger folgten dem Befehl ihres Königs und wehrten den Angriff mit den Speeren durch ein Schutzdach von sich überlappenden Schilden ab und nicht wenige der Speere schlugen nur leicht gegen die Schildbuckel und fielen in die Wogen.

Als Gelder seinen ganzen Vorrat an Speeren erschöpft hatte und sah, daß seine Feinde die, die er zu ihnen hinübergeworfen hatte, aufsammelten und sie nun geschwind zu ihm zurückwarf, bedeckte er die Spitze seines Mastes mit einem blutroten Schild als Zeichen des Frieden und der Unterwerfung, um sein Leben zu retten. Hother empfing ihn mit dem freundlichsten Gesicht und gütigen Worten, durch die er seinen Gegner genauso sicher unterwarf wie vorher durch sein Kampfgeschick.

Zu dieser Zeit sandte Helgi, der König von Halogaland (Nordnorwegen), immer wieder Boten zu Kuse, dem König von Finnland und Permland (Königreich südöstlich von Moskau), um um die Hand seiner Tochter Thora anzuhalten.

Wie auch hier kann Schwäche immer daran erkannt werden, daß nach Hilfe von anderen gesucht wird. Denn während in dieser Zeit alle anderen jungen Männer mit ihren eigenen Lippen nach einer Heirat suchten, war dieser Mann mit einem solchen Sprachfehler geschlagen, daß er sich schämte, von Fremden gehört zu werden und nur mit den Menschen in seinem eigenen Haus sprach. Eine Behinderung scheut Zeugen, denn körperliche Behinderungen irritieren um so mehr, je größer sie sind.

Kuse wies seine Anfragen zurück und antwortete, daß ein Mann keine Frau ver-

dient, der nicht in seine Mannheit vertraut und statt dessen die Hilfe anderer sucht, die sein Anliegen verfolgen.

Als Helgi dies hörte, bat er Hother, von dem er wußte, daß er ein vollendeter Redner war, sich für sein Verlangen einzusetzen und versprach ihm für die Erfüllung seines Wunsches alles, was er von ihm verlangte. Die flehentlichen Bitten des Jünglings bewegten Hother schließlich und er zog mit einer bewaffneten Flotte nach Norwegen, um das, was er mit Worten nicht erreichen konnte, mit Waffen zu erlangen.

Als er mit den süßesten Reden für Helgi geworben hatte, bestand Kuse darauf, daß der Wunsch seiner Tochter berücksichtigt werden müsse, damit nicht sein väterlicher Wille etwas gegen ihre Absichten bestimmen würde. Er rief sie zu sich und frug sie, ob sie eine Zuneigung für ihren Freier empfinden würde. Als sie zustimmte, versprach er Helgi ihre Hand. Auf diese Weise öffnete Hother durch seine gut abgestimmten Reden die Ohren des Königs Kuse, die vorher für die Bitten, die ihm vorgetragen worden waren, taub gewesen war.

Während sich dies in Halogaland ereignete, zog Balder bewaffnet nach in Gwears Königreich, um Nanna zu erlangen. Gwear bat ihn, Nannas eigene Wünsche kennenzulernen. Da näherte er sich der Jungfrau mit sehr auserwählten und schmeichelhaften Worten und als er keine Gehör für seine Bitten finden konnte, frug er nach dem Grund für ihre Ablehnung.

Sie antwortete, daß ein Gott sich nicht mit einer Sterblichen verbinden könne, denn der große Unterschied in ihrem Wesen würde eine Vereinigung verhindern. Weiterhin würden die Götter manchmal ihre Versprechen nicht halten; zudem würden die Verträge zwischen Ungleichen oft plötzlich zerbrechen. Es könne keine feste Bindung zwischen solchen von verschiedenem Stand geben; denn neben den Großen steht das Schicksal der Kleinen immer im Schatten. Auch würden Mangel und Fülle in verschiedenen Zelten wohnen und es gäbe auch keine feste Verbindung zwischen traumhaftem Reichtum und offenkundiger Armut. Die Dinge der Erde und die Dinge des Himmels können sich aufgrund des von Anbeginn bestehenden großen Abgrundes zwischen beiden nicht miteinander vereinen – denn unendlich weit seien die sterblichen Menschen von dem Glanz der himmlischen Majestät entfernt.

Mit dieser ausweichenden Antwort wies sie Baldurs Antrag ab und webte geschickte Ausreden, um seine Hand nicht ergreifen zu müssen.

Als Hother dies von König Gewar hörte, beklagte er sich lange bei Helgi über Balders Unverschämtheit. Beide wußten nicht, was sie tun sollten, und zerbrachen sich ihr Hirne über verschiedene Pläne, denn das Gespräch mit einem Freund an einem Tag der Sorgen läßt das Herz weniger krank sein, auch wenn dadurch die Gefahren nicht beseitigt werden können.

Unter all den Sehnsüchten ihrer Seelen setzte sich schließlich die Leidenschaft des Kampfes durch und es wurde eine Seeschlacht mit Balder ausgefochten. Man sollte es für einen Kampf der Menschen mit den Göttern halten, da Odin und Thor und das *ganze Heilige Heer der Götter für Balder kämpfte. Dort konnte man einen Kampf beobachten, in dem sich menschliche und göttliche Macht miteinander vermischten.*

Aber Hother war in seine stahlabweisende Rüstung gekleidet und griff die dichtesten Gruppen der Götter an. Er bedrängte sie so hart, wie ein Sohn der Erde nur die Mächte des Himmels bedrängen konnte. Thor schwang jedoch seine Keule mit unvorstellbarer Macht und zerschlug alle Schilde, die sich ihm entgegenstellten, und rief genausolaut seinen Feinden entgegen, daß sie ihn angreifen sollten, wie seinen Freunden, daß sie ihm Rückendeckung geben sollten. Keine einzige Art der Rüstung widerstand seinem Angriff und niemand, der von ihm einen Schlag erhielt, überlebte. Was auch immer seinen Schlag abwehrte, zerbrach; weder Schild noch Helm konnte die Wucht seines Schlages aushalten; weder Körpergröße noch Kraft half.

Deshalb hätten die Götter den Sieg erlangt, wenn Hother, dessen Reihen bereits zurückgefallen waren, nicht vorgesprungen wäre und Thors Keule am Griff abgeschlagen und dadurch nutzlos gemacht hätte. Als die Götter diese Waffe verloren hatten, flohen sie kopflos davon. Es widerspricht dem allgemeinen Glauben, daß sich die Menschen gegen die Götter durchsetzen können – auch all die alten Geschichten beschwören, daß die Götter die Mächtigeren sind.

(Wir nennen sie in einer abergläubischen, aber nicht in einer realen Weise Götter, denn wir haben sie nur deshalb Götter genannt, weil dies der Brauch der Völker ist und nicht, weil dies ihre wahre Natur ist.)

Balder floh und konnte sich retten. Die Verfolger zerhackten seine Schiffe oder versenkten sie im Meer. Sie waren nicht damit zufrieden, die Götter besiegt zu haben, sondern verfolgten die Reste der Flotte mit solch einer Wut, als ob sie sie zerstören wollten, um ihre tödliche Leidenschaft für den Krieg zu befriedigen. Oft verschärft der Erfolg die Schneide des Erlaubten.

Der Hafen, der durch seinen Namen an Balders Flucht erinnert, ist Zeuge dieses Krieges. Gelder, der König der Sachsen, der in demselben Krieg sein Ende fand, wurde von Hother auf die Leichen seiner Ruderer gelegt, und dann auf einen Scheiterhaufen, der aus Schiffen aufgeschichtet worden war, gebettet. Er wurde von Hother bei seiner Bestattung königlich geehrt, der seine Asche nicht nur in einen edlen Grabhügel legte und sie wie die Überreste eines Königs behandelte, sondern ihm auch mit der ehrfürchtigsten Totenfeier die Ehre erwies. Dann kehrte er zu König Gwear zurück um jede weiteren Störungen zu vermeiden und erfreute sich der begehrten Umarmungen der Nanna.

Nachdem er Helgi und Thora sehr großzügig mit Geschenken bedacht hatte, kehrte er mit seiner neuen Königin zurück nach Schweden. Er wurde genauso viel für seinen Sieg geehrt wie über Baldur wegen seiner Flucht gelacht wurde.

Zu dieser Zeit gingen die Edlen der Schweden nach Dänemark, um dort ihren Tribut abzuliefern. Hother, der von seinen Landsleuten wegen der edlen Taten seines Vaters zu ihrem König gewählt worden war, erlebte jedoch, was für ein lügnerischer

Zuhälter doch das Glück ist, denn er wurde auf einem Schlachtfeld von Balder besiegt, den er noch kurz zuvor vernichtet hatte. Daher mußte er zu Gwear fliehen und erlitt eine Niederlage als König, während er noch kurz zuvor einen Sieg als normaler Mann errungen hatte.

Der siegreiche Balder stach tief in die Erde und ließ mehrere neue Quellen entstehen, damit seine Männer, die wegen der Trockenheit in dieser Zeit großen Durst litten, ihren Durst stillen konnten. Die durstigen Reihen der Männer machten sich mit weitoffenstehenden Lippen über das Wasser her, das hierhin und dorthin floß. Man sagt, daß die damaligen Quellen, die durch ihren Namen unsterblich geworden sind (Baldur-Quelle), auch heute noch nicht versiegt sind, auch wenn sie nicht mehr so üppig fließen wie in jenen alten Zeiten.

Balder wurde ständig von nächtlichen Gestalten geplagt, die die Gestalt der Nanna annahmen. Seine Gesundheit wurde dadurch so schwach, daß er nicht mehr gehen konnte und deshalb auf seinen Reisen einen zweispännigen Pferdewagen oder einen vierrädrigen Wagen benutzen mußte – so groß war die Liebe, die sein Herz ausgelaugt hatte und ihn beinahe an den Rand des Abgrundes getrieben hatte. Er sann darüber nach, daß sein Sieg ihm nichts genützt haben würde, wenn nicht Nanna der Siegespreis dafür sei.

... ...

Während Hother in Schweden weilte, kam Balder mit einer Flotte nach Seeland und da die Dänen dachten, daß er reich an Waffen und von einmaliger Majestät sei, erfüllten sie ihm jeden Wunsch, den er in Bezug auf die Herrschaft über sie hatte. So wankelmütig waren unsere Vorfahren und zerfielen in zwei Parteien. Hother kehrte von Schweden zurück und griff ihn an. Beide begehrten die Macht und der heftigste Streit um die Herrschaft entbrannte zwischen ihnen, aber er wurde bald durch die Flucht des Hother beendet. Er zog sich nach Jütland zurück und benannte die Dörfer, in denen er verweilen wollte, nach seinen Namen.

Hier verbrachte er den Winter und zog dann alleine und ohne Begleitung nach Schweden zurück. Dort versammelte er die Großen des Reiches und verkündete ihnen, daß er das Licht des Lebens wegen des zweimaligen Unglücks, durch das Balder ihn besiegt habe, leid sei. Dann verabschiedete er sich von allen und wanderte einen gewundenen Pfad zu einem Ort, der nur schwer zu erreichen war und zog dabei durch wilde Wälder.

Denn es geschieht oft, daß die, die von einem unheilbaren Kummer des Geistes befallen werden, die Größe ihres Leides nicht in der Gesellschaft von Menschen ertragen können und deshalb abgelegene und einsame Orte aufsuchen, als ob diese eine Medizin wären, die ihre Trauer vertreiben würde – so lieb ist die Einsamkeit der Krankheit. Denn Schmutz und Verwahrlosung sind nur denen angenehm, die mit Seelenleiden geschlagen sind.

Die Menschen verlangten von Hother jedoch, daß er ihnen von der Spitze eines Hü-

gels aus Rat erteilte, wenn sie mit Fragen zu ihm kamen. Sie tadelten seine Abneigung sich zu zeigen und seine Abwesenheit wurde von allen bitter beklagt.

Hother jedoch wanderte auf den abgelegendsten Seitenwegen und durchquerte einen unbewohnten Wald und kam schließlich zu einer Höhle, in der drei Jungfrauen lebten, die er nicht kannte, aber es stellte sich heraus, das es dieselben waren, die ihm einst die undurchdringliche Rüstung gegeben hatten.

Als sie ihn frugen, warum er zu ihnen gekommen sei, berichtete er ihnen von dem schrecklichen Ausgang des Krieges. Er begann über das Unglück seiner Fehlschläge und über sein Unglück zu weinen und er verdammte ihren Treubruch und klagte, daß die Dinge sich für ihn nicht so entwickelt hätten, wie sie es ihm versprochen hatten. Die Jungfrauen sagten ihm jedoch, daß er, obwohl er nur selten siegreich gewesen sei, seinem Feind doch genausoviel Schaden zugefügt habe wie er ihm und daß er genausoviele Leichen auf der Seite seines Feindes verursacht habe wie dieser auf Hothers Seite.

Sie sagen ihm weiterhin, daß der Sieg schon bald sein sein werde, wenn er eine bestimmte außergewöhnliche und besondere Speise in seine Hände bekommen könne, die dafür geschaffen worden war, um Balders Kraft zu vergrößern. Nichts würde mehr schwierig sein, wenn er diese Speise erlangen könnte, die dafür bestimmt war, die Stärke seines Feindes zu erhöhen.

Auch wenn es für Erdgeborene schwer klingen mag, in ihrem Bestreben einen bewaffneten Angriff auf die Götter zu wagen, beflügelten die Worte der Jungfrauen doch sofort den Geist Hothers mit dem Vertrauen, einen Kampf gegen Balder gewinnen zu können. Auch wenn einige seiner eigenen Leute sagten, daß man nicht mit Erfolg mit denen dort oben streiten könne, vertrieb das Feuer des Geistes des Hother all ihre Bedenken wegen der Majestät der Himmlischen. Denn in tapferen Seelen wird die Heftigkeit nicht immer von Vernunft genährt und auch guter Rat verhindert nicht immer die Eile. Hother erinnerte sich auch nicht daran, daß die Macht der Edelsten sich oft als trügerisch erweist und daß ein kleiner Erdklumpen den größten Streitwagen umwerfen kann.

Auf der anderen Seite musterte Balder die Dänen und traf Hother auf dem Schlachtfeld. Beide Seiten verursachten ein großes Gemetzel und die Verluste waren auf beiden Seiten fast gleich, als die Nacht die Schlacht beendete. Um die Zeit der dritten Wache schlich Hother von allen unerkannt um den Feind auszuspionieren – seine Anspannung wegen der drohenden Gefahr hatte all seinen Schlaf verbannt. Diese große Aufregung fördert nicht die Entspannung des Körpers und innere Unruhe erträgt nicht das Ruhen des Körpers.

Als er in Balders Lager kam, hörte er, daß drei Jungfrauen hinausgegangen waren und die geheime Speise des Balder mit sich trugen. Er lief ihnen nach (ihre Fußstapfen im Tau verrieten ihren Weg) und betrat schließlich ihre gewohnte Behausung.

Als sie ihn frugen, wer er sei, antwortete er, daß er ein Lautenspieler sei und er *fehlte nicht, als sie ihn auf die Probe stellten, denn als sie ihm eine Leier gaben, stimmte er die Seiten, ordnete und beherrschte die Akkorde mit seinem Federkiel und spielte in angenehmer Weise eine Melodie, die dem Ohr angenehm war.*

Die Jungfrauen hatten drei Schlangen, deren Gift sie zur Stärkung in die Speise für Balder mischten, und auch als er in der Behausung war, tropfte das Gift aus den offenen Mündern der Schlangen in die Speise. Einige der Jungfrauen hätten Hother aus Freundlichkeit etwas von der Speise gegeben, wenn es ihnen die älteste nicht verboten und verkündet hätte, daß Balder betrogen werden würde, wenn sie die Körperkraft seiner Feinde stärken würden.

Er hatte nicht gesagt, daß er Hother sei, sondern einer von ihrem Heer. Diese Nymphen gaben ihm aus ihrer Freundlichkeit heraus einen Gürtel von vollkommenem Glanz sowie einen Gürtel, der seinem Träger den Sieg verlieh. Er ging den Pfad zurück, auf dem er gekommen war und als er Balder traf, stieß er ihm sein Schwert in die Seite und warf ihn halbtot nieder.

Als er diese Neuigkeiten seinen Kriegern verkündete, erhob sich auch lautes Triumphgeschrei über dem ganzen Lager des Hother, während die Dänen das Schicksal des Balder beklagten. Balder, der seinen Tod nahen spürte und unter dem Schmerz in seiner Wunde litt, nahm am Morgen jedoch den Kampf wieder auf. Als er heiß tobte, bat er darum, auf einer Trage zu dem Schlachtfeld gebracht zu werden, damit es nicht so aussähe, als ob unbeteiligt in seinem Zelt läge. In der folgenden Nacht sah er in einer Vision Proserpina (Freya) *neben sich stehen und ihm versprechen, daß sie ihn am nächsten Morgen umarmen werde.*

Die Bilder des Traums trügten nicht, denn als drei Tage vergangen waren, starb Balder an der heftigen Qual seiner Wunde. Seinem Körper wurde eine königliche Bestattung bereitet und sein Heer setzte ihn in einem Hügelgrab bei.

In diesem Text finden sich viele Beschreibungen, die mit denen aus der Edda übereinstimmen. So ist Balder Odins Sohn und Hother der Verursacher seines Todes – in der Edda unabsichtlich und in der Gesta Danorum mit Absicht. Die geheime Kraft in Balders Körper, die ihn sogar vor stählernen Klingen und Speerspitzen schützt, entspricht Balders Unverwundbarkeit in der Edda.

In der Gesta danorum ist Miming ein Satyr. Er ist wahrscheinlich identisch mit dem Riesen Mimir. Mimir verriet dem Odin die Geheimnisse der Unterwelt, was bedeuten könnte, daß Mimirs Schwert aus dem Jenseits kommt und vermutlich das magische Schwert des Gottes Tyr ist. Miming als Satyr könnte eine Umdeutung des Mimir sein, da die unbekannte Wildnis des Waldes ein beliebtes Bild für das unbekannte Jenseits gewesen ist. Das Schwert des Gottes Tyr, der wie Baldur ein sterbender und wiedergeborener Gott gewesen ist, besaß auch selber durch das Zerbrechen und das Neuschmieden des Schwertes die Jenseitsreise-Symbolik des Tyr. Tyrs Schwert wäre somit von seiner Symbolik her der Mistel, die Baldur in der Edda tötete, verwandt.

Der schwere Weg zu dem Satyr im Wald könnte den Jenseitsweg symbolisieren. Dazu würde auch passen, daß der Satyr in einer Höhle wohnt, die auf den Eingang zur Hel zurückgehen könnte. Das eisige Gebiet, durch das Hother zu dem Satyr reisen muß, würde dann dem Eliwagar („Eiswogen") genannten Gletschern im Norden entsprechen, die von den Germanen ebenfalls als Bild für das Jenseits benutzt wurden. Schließlich sind auch noch die Hörner des Satyrs ein deutliches Zeichen dafür, daß Hother in die Unterwelt reisen muß, um das magische Schwert zu erlangen, da die Ahnen ihre Hörner durch ihre Identifizierung mit dem für sie bei ihrer Bestattung geopferten Herdentier, das ihre Zeugungskraft sichern soll, erlangt haben.

Die Wahrscheinlichkeit, daß es sich bei Mimings Schwert letztlich um das Schwert des Gottes Tyr handelt, das Hother aus dem Jenseits holt, ist folglich recht groß.

Der Armreif des Satyrs, der den Wohlstand mehrt, ist offenkundig Odins Ring Draupnir, den er Baldur auf seine Fahrt in die Unterwelt mitgab, denn von diesem magischen goldenen Ring tröpfelten jede neunte Nacht acht identische Ringe ab. Dies verschafft dem Besitzer des Ringes aus rein materiellen Sicht gesehen natürlich einen immer größeren Reichtum.

In Saxos Bericht über Balder und Hother findet sich auch die Beschreibung der Bestattung des Königs Gelder, der auf einem Scheiterhaufen aus Schiffen bestattet wurde, was der aus der Edda bekannten Bestattung des Baldur in etwa entspricht.

Die Geschichte von Hothers Brautwerbung für Helgi erinnert sehr an das Skirnir-Lied, in dem Skirnir für Freyr um Gerda wirbt.

Die Szene, in der Balder dadurch, daß er in die Erde sticht, Quellen entspringen läßt, ist wohl ein Versuch, die auf Baldur bezogenen Namen dieser Quellen zu erklären. Aus dieser Erklärug ergibt sich, daß Baldur mit Quellen in Verbindung gebracht wurde – vermutlich in deren Bedeutung als Tor zur Wasserunterwelt. Sie entsprechen vermutlich der Quelle Hvegelmir zwischen den Wurzeln des Weltenbaumes, an der u.a. auch der Riese Mimir wohnt.

Die drei Jungfrauen, die dreimal in der Geschichte auftreten, sind offenbar sowohl die drei Nornen, die das Schicksal verkünden und festlegen, als auch drei Walküren. Sie können Rat und magische Gegenstände geben bzw. sagen, wie man sie erlangen kann und sie können zudem mithilfe von Schlangengift die magische Speise des Baldur, d.h. den Göttermet herstellen. In dieser letzten Funktion sind sie auch der Göttin Idun verwandt, die mit ihren Äpfeln die ewige Jugend der Götter erhält. Man kann zumindestens vermuten, daß sie auch eine große Ähnlichkeit mit den Priesterinnen und Seherinnen der Germanen haben.

Diese Speise bzw. dieser Trank für Baldur wird auch in der Edda im Wegtams-Lied erwähnt, wobei er ihm dort aber erst im Jenseits von Hel kredenzt wird:

Wala:
*Hier steht dem Baldur der Becher eingeschenkt,
Der schimmernde Trank, vom Schild bedeckt.*

Das Schlangengift in der magischen Speise zeigt, daß auch sie aus der Unterwelt stammt bzw. mit der Unterwelt assoziiert wurde, da die Totengeister auf ihrem Weg zu Hel die Gestalt von Schlangen annahmen.

Die „Umarmung der Proserpina" ist vermutlich die Wiederzeugung mit der Göttin Freya im Jenseits, da diese beiden Göttinnen von den Römern und den mittelalterlichen Schriftstellern einander gleichgesetzt wurden.

„Die Szene, in der Hother „von der Spitze eines Hügels in der Einsamkeit" aus den Menschen Rat gibt, wird sicherlich auf den Brauch des Utiseta, also der Ahnenanrufungen zurückgehen, die z.T. auf Hügelgräbern durchgeführt wurden. Dieser Brauch ist auch von den Kelten gut bekannt, bei denen auch die Ausbildungen der Druiden zu einem großen Teil auf den Hügelgräbern stattfand, da dies der naheliegende Ort war, um den Kontakt zu den Ahnen und zu den Göttern zu erlernen. Die Fähigkeit, diesen Kontakt herzustellen, ist eine der wesentlichen Qualitäten eines Druiden und auch eines jeden anderen Schamanen oder Priesters.

Saxos Kommentar zu der Bezeichnung „Götter" für Odin, Balder, Thor usw. zeigt, daß er zwar einerseits ein christlicher Mönch war und als solcher den alten Glauben ablehnte, daß er aber dennoch darum bemüht war, diese alten Geschichten möglichst sorgfältig und genau aufzuzeichnen.

III 1. b)   Gesta danorum (2)

Der folgende Text enthält eine ältere Version des Todes des Baldur durch Hödur. In ihm wird noch Starkad, d.h. der ehemalige Göttervater Tyr, durch Hather (Hother, Hödur) getötet.

Mittlerweile war Starkad durch sein sehr hohes Alter schwächer geworden.

Starkad lebte dem Beschluß des Odin zufolge drei normale Lebzeiten lang, d.h. er näherte sich jetzt vermutlich einem Alter von 300 Jahren, wenn man davon ausgeht, daß dieses Motiv der Mythe über König Snae den Alten und der Sage über Norna-Gest entspricht (siehe „300" in Band ??).

Diese 3x100 Jahre sind ein Bild für den endlosen, zyklischen Sonnenlaufs, der die Mythen des Sonnengott-Göttervaters Tyr prägt.

Er schien nun jenseits der Zeit, in der er kriegerische Dienste leisten und dem Ruf der Kämpfer folgen konnte, zu sein. Er verabscheute es, seinen uralten Ruhm durch die Schwäche seines Alters zu verlieren und fand, daß es ein edle Tat wäre, sich selber ein freiwilliges Ende zu setzen und den Tod durch seinen eigenen freien Willen herbeizuführen.

Dieses Motiv ist auch bei einigen anderen „alten Kriegern" zu finden.

Da er so oft edel gekämpft hatte, schien es ihm unehrenhaft zu sein, einen blutlosen Tod zu sterben und da er den Ruhm seines früheren Lebens durch den Glanz seines Endes erhöhen wollte, zog er es vor, von einem Mann von edler Geburt erschlagen zu werden anstatt den später kommenden Speer der Natur zu erwarten – für so schändlich wurde es angesehen, wenn Männer, die ihr Leben dem Krieg gewidmet hatten, durch eine Krankheit starben.

Der „Speer der Natur" ist der natürliche Tod.

Starkads Leib war schwach und seine Augen konnten nicht mehr klar sehen – daher haßte er es, noch länger im Leben zu bleiben. Um sich selber einen Henker zu kaufen, trug er das Gold, das er für die Ermordung des Ole erhalten hatte, um seinen Hals, da er fand, daß es keinen passenderen Weg gab, um für den Verrat zu büßen, den er begangen hatte, als den Lohn für Oles Tod auch zu dem Preis für seinen eigenen Tod werden zu lassen und für den Verlust seines eigenen Lebens das auszugeben, was er für den Tod eines anderen erhalten hatte.

An dieser Stelle wird nicht gesagt, in welcher Form Starkad das Gold um seinen Hals trug, aber es wird sich wahrscheinlich um einen goldenen Halsreif gehandelt haben. Ein solcher Halsreif im Zusammenhang mit einer „verräterischen Ermordung" sowie mit dem eigenen Tod klingt ganz so, als ob dieses Motiv eine späte Variante des Streites zwischen Tyr (Starkad) und Loki (das wäre dann Ole) sei. Dieser Halsreif wäre dann mit Odins Draupnir, Freyas Brisingamen und Fullas Haarreif identisch (siehe „Ring" in Band 57 und „Brisingamen" in Band 60).

Dies, fand er, war die edelste Verwendung für diesen schändlichen Lohn, die er finden konnte. Daher gürtete er sich mit zwei Schwertern und machte sich mit kraftlosen Schritten und auf zwei Stöcke gestützt auf den Weg.
Einer der einfachen Leute, der ihn sah, fand, daß zwei Schwerter für einen alten Mann überflüssig seien und bat ihn spottend, ihm eins davon zu geben. Starkad spielte ihm die Hoffnung auf ein Einverständnis vor, bat ihn näherzukommen und zog dann das Schwert und stieß es durch ihn.

Dies sah ein gewisser Hather, dessen Vater Hlenne Starkad einst als Vergeltung für dessen eigenes gottloses Verbrechen getötet hatte.

Hlenne und sein Sohn Hather werden von an dieser Stelle das erste Mal von Saxo erwähnt – das Verbrechen des Hlenne ist daher unbekannt. Es wäre denkbar, daß es sich bei Hlenne um einen Sagen-Nachfolger des Loki und bei Hather daher um den wiedergeborenen Loki handelt – aber das ist unsicher.

Der Name „Hlenne" bedeutet „Dieb", was unter den Wikingern eher achtungsvoll „Erfolgreicher Räuber" bedeutete. Falls Hlenne auf Loki zurückgehen sollte, könnte der Raub des Brisingamen durch Loki gemeint sein.

Der Name „Hather" ist wahrscheinlich eine Variante von „Hadr" und „Hödur", die beide die Bedeutung „Kampf" haben. Es ist durchaus denkbar, daß eine Verbindung zwischen Hather und dem Gott Hödur, dem Mörder des Baldur ist, besteht, da auch Hödurs Mord auf den endlosen, zyklischen Kampf zwischen Tyr und Loki zurückgeht (siehe „Hödur" in Band 19).

Hather jagte mit seinen Hunden Hirsche, aber er überließ die Jagd nun den anderen und gebot zweien seiner Krieger, ihre Pferde anzuspornen und auf den alten Mann zuzupreschen, um ihm Angst einzujagen. Sie galoppierten los und versuchten dann zu entkommen, aber sie wurden von den Stäben des Starkad angehalten und bezahlten für ihren Versuch mit ihren Leben.

Hather, der bei diesem Anblick erschrak, ritt näher und sah, wer der alte Mann war, aber er selber wurde von ihm nicht erkannt. Er frug ihn, ob er sein Schwert gegen das Mitnehmen auf einem Karren eintauschen würde.

Starkad antwortete, daß er in den alten Tagen Spötter zu züchtigen gewohnt gewesen sei und daß die Unverschämten ihn niemals ungestraft verspottet hätten.

Doch seine schwachen Augen konnten die Gesichtszüge des Jünglings nicht erkennen – daher sang er wie folgt ein Lied, in dem er die Größe seiner Wut beschrieb:

„So wie die nie zurückkehren Wasser durch den Sund strömen,
so fließt das Leben der Menschen dahin, während die Jahre vorüberziehen,
um nie zurückzukehren – schnell galoppiert das Rad des Schicksals,
das Kind des hohen Alters, das alle Dinge beendet.

Das hohe Alte wirft die Augen der Menschen nieder und ebenso ihre Schritte,
beraubt den Krieger seiner Sprache und seiner Seele,
trübt allmählich seinen Ruhm
und löscht seine ehrenvolle Taten aus.

*Es ergreift seine schwachen Glieder, erstickt seine ihn schmerzenden Worte,
und betäubt seinen raschen Geist. Wenn der Husten kommt,
wenn die Haut von Schorf juckt
und die Zähne stumpf und hohl werden*

*und der Magen empfindlich wird –
dann verbannt das hohe Alter die Anmut der Jugend,
verdeckt die Haut mit Verfall
und sät so manche Falte in der staubigen Haut.*

*Das hohe Alter zerstört die edlen Künste und vernichtet die Denkmäler
der Menschen aus früheren Zeiten und verbrennt uralten Ruhm,
verdirbt Schätze und nagt hungrig an dem Wert und dem Guten der Tugend,
stellt sich quer und bringt alle Dinge in Unordnung.*

*Ich habe selber die verletzende Macht des zerstörerischen Alters gespürt,
ich, der ich nur noch trübe sehen kann und heiser bin
in meiner Stimme und in meiner Brust –
und alle hilfreichen Dinge sind zu einer Verletzung für mich geworden.*

*Nun ist mein Leib nicht mehr so flink
und ich muß ihn auf Krücken stützen
und meine schwachen Glieder
auf Stäbe stützen.*

*Ohne sehen zu können, leite ich meine Schritte
mithilfe von zwei Stöcken und folge dem kurzen Pfad
mit dem Stab, der mir den Weg zeigt
und vertraue mehr auf die Führung durch den Stock als durch meine Augen.*

*Niemand kümmert sich mehr um mich
und niemand von Rang bringt dem Altgedienten Linderung
sofern nicht zufällig Hather hier sein sollte
und seinen verfallenen Freund beisteht.*

 Wer auch immer Hather einmal seiner pflichtbewußten Liebe wert scheint, dem dient er mit großem Eifer, fest in seiner Absicht und er vermiedet es, seine von ihm geschlossenen Bande zu brechen. Er spendet auch häufig denen angemessenen Lohn, die ihm im Krieg treu dienten und fördert ihren Mut. Er verleiht den Tapferen Würden und ehrt seine berühmten Freunde mit Geschenken. Er ist freizügig mit seinen

Schätzen, er vermehrt den Glanz seines Namens gerne mit Beute und er überbietet so manchen von den Mächtigen. Und er ist im Krieg nicht geringer: Seine Stärke gleicht seiner Güte, er ist schnell im Kampf, langsam im Verzagen, stets bereit, in die Schlacht zu ziehen, und er kann sich nicht zur Flucht wenden, wenn der Feind ihn hart bedrängt.

Doch für mich, wenn ich mich recht entsinne, hat das Schicksal bei meiner Geburt bestimmt, daß ich den Kriegen folgen soll und daß ich im Krieg sterben soll, daß ich stets in Gefechten sein soll, wachsam in Waffen sein soll und ein Leben des Blutvergießens führen soll. Ich war ein Mann der Feldlager und ruhte mich nicht aus, ich haßte den Frieden, ich wurde alt unter Deiner Standarte, O Kriegsgott!, in größter Gefahr. Ich besiegte die Angst und fand es angemessen zu kämpfen, ich fand es schändlich zu mich auszuruhen, ich fand es edel zu töten und immer wieder zu töten und für immer dahinzuschlachten!

Ich habe die ernsten Könige oft im Krieg getroffen, habe Schild und Helm verbeult gesehen und das Feld vom Blut gerötet, und die Brünne von der Speerspitze zerborsten und das alles umfangende Kettenhemd sah ich dem Stoß des Stahls nachgeben und ich sah, wie sich die wilden Tiere an den unbestatteten Kriegern gütlich taten.

Hier im Kampf geschah es, das einer ein großes Ziel zu erreichen versuchte, ein Krieger mit starker Hand, der gegen den Ansturm der Feinde kämpfte und durch die Rüstung schlug, die mein Haupt bedeckte, durch meinen Helm stach und die Klinge in meiner Brust versenkte.

Dieses Schwert ist ebenso oft von meiner rechten Hand im Krieg geschwungen worden und nachdem es erst aus der Scheide gezogen worden ist, hat es Haut geschnitten und Schädel gebissen."

Da sang Hather zur Antwort:

"Woher kommst Du, der Du gewohnt bist, die Lieder Deines Landes zu dichten, und der Du Dich mit schwankenden Schritten auf Deinen zerbrechlichen Stab stützt? Und wohin eilst Du, der Du der eilfertigste Skalde der dänischen Musen bist?

All der Ruhm Deiner großen Stärke ist verblichen und verloren, die Farbe ist aus Deinem Gesicht gewichen, die Freude hat Deine Seele verlassen, die Stimme hat Deine Kehle allein gelassen und ist sie ist heiser und dumpf geworden, Dein Leib hat seine frühere Größe verloren, der Verfall des Todes hat begonnen und hat Deine Gesichtszüge und Deine Kraft verwüstet.

So wie ein Schiff ermüdet, das von den ständigen Wogen geschüttelt wird, so bringt das Alter, erzeugt von einer langen Reihe von Jahren, den bitteren Tod hervor, und das Leben vergeht, wenn seine Stärke aufgebraucht ist und erleidet den Verlust, der ihm von alther beschieden ist.

Berühmter alter Mann, wer hat Dir erzählt, daß Du nicht den Vergnügungen der Jugend folgen darfst oder den Ball werfen darfst oder die Nüsse beißen und essen darfst? Ich denke, daß es nun besser für Dich wäre, Dein Schwert zu verkaufen und Dir dafür einen Karren zu kaufen, in dem Du dann oft umherfahren kannst, oder ein Roß, daß zahm dem Zügel folgt, oder für denselben Preis einen leichten Wagen kaufst.

Es wäre angemessener für das Zugtier, einen schwachen alten Mann zu tragen, wenn seine Schritte ihm nicht mehr gelingen; das Rad, das sich wieder und wieder im Kreise dreht, dient dem, dessen Fuß vor Schwäche strauchelt.

Doch wenn Du es vielleicht verabscheuen solltest, Deinen nutzlosen Stahl zu verkaufen, dann soll Dir Dein Schwert, wenn es nicht zum Verkaufe steht, genommen werden und Dich töten."

Starkad antwortete:

„Du Lump, Deine aalglatten Lippen verstreuen müßige Worte, die für die Ohren der Guten unpassend sind.

Warum sollte jemand nach Geschenken verlangen, um Deinen Rat zu belohnen, den Du umsonst hättest anbieten sollen?

Ich werde natürlich zu Fuß gehen und ich werde nicht feige mein Schwert hergeben und mir die Hilfe eines Fremden erkaufen. Die Natur hat mir das Recht gegeben, hier vorüberzugehen und mir befohlen, auf meine eigenen Füße zu vertrauen.

Warum spottest und lästerst Du mit ungebührlicher Sprache über den, dem Du hättest anbieten sollen, ihn auf seinem Weg zu führen?

Warum bringst Du meinen Taten vergangener Tage Unehre, denen doch die Erinnerung an den Ruhm gebührt?

Warum erwiderst Du meine Dienste mit Tadel?

Warum verfolgst Du den alten, der mächtig in der Schlacht ist, mit Hohn, und warum legst Du Schande auf meine unübertroffenen Ehren und meine erhabenen Taten, warum verkleinerst Du meinen Ruhm und meine Kraft?

Welche Kraft besitzt Du, daß Du nach meinem Schwert verlangst, das Deine Stärke nicht verdient?

Es gebührt nicht der rechten Hand oder der unkriegerischen Seite eines Hirten, der seine Schäfer-Melodien auf seiner Flöte spielt und nach seiner Herde schaut und sie auf den Weiden bewacht.

Du hast bestimmt inmitten des Gefolges nahe bei dem schmierigen Kessel Deine Brotkruste in die Blasen der schäumenden Pfanne getunkt und eine magere Scheibe in dem reichen, öligen Fett getränkt und heimlich mit durstigen Fingern den warmen Saft abgeleckt.

Du bist sicher mehr darin geübt, Deinen Umhang auf die Asche zu legen und auf dem Herd zu schlafen und den ganzen Tag zu schlummern und nur fleißig der Arbeit der stinkenden Küche nachzugehen statt das tapfere Blut mit Deinen Kriegsschäften fließen zu lassen!

Die Männer halten Dich für einen, der das Licht haßt und der das dreckige Loch *liebt, eine übler Sklave Deines Bauches – wie ein Welpe der die groben Körner leckt, den Spelz und alles.*

Beim Himmel, Du hast nicht versucht, mir mein Schwert zu rauben, als ich dreimal in großer Gefahr für den Sohn des Ole kämpfte!

Denn wahrlich, in diesem Getümmel zerbrach meine Hand entweder das Schwert oder zerbrach den Widerstand – so heftig war der Schlag des Kämpfenden!

Was ist mit dem Tag, an dem ich sie einst lehrte, über die Küste der Kurländer mit Holzschuhen an den Füßen über die zahllosen Spitzen zu laufen? Denn als ich zu den Feldern kam, die mit Krähenfüßen übersät waren, schützte ich ihre wunden Füße mit Holzschuhen an ihnen.

Danach habe ich Hame getötet, der mächtig gegen mich kämpfte, und kurz danach habe ich mit dem Anführer Rin, dem Sohn des Flebak, die Kurländer vernichtet, ja, und all die Stämme, die in Estland ausgerüstet worden sind, und auch Deine Leute, o Semgala!

Ich griff die Männer von Telemark an und holte mir dort ein von Wunden blutiges Haupt, zerstört von Hämmern und niedergeworfen von geschmiedeten Waffen. Dort erfuhr ich das erste Mal, wie stark Eisen ist, das auf dem Amboß geschmiedet worden ist, und welche Kraft das gemeine Volk hat.

Und es war auch meine Tat, daß die Teutonen bestraft worden sind, als ich, um meinen Herrn zu rächen, Deine Söhne über ihren Kelchen niederstreckte, o Swerting, denn diese waren des hinterhältigen Mordes an Frode schuldig!

Nicht geringer war die Tat, als ich, um die geliebte Maid zu schützen, neun Brüder in einem Kampf tötete – sieh Dir den Ort an, der von den Eingeweiden verbrannt worden ist, die aus mir herausfielen und auf dem niemals wieder Korn wuchs – auf diesem versengten Grassoden!

Und kurz danach, als Ker der Anführer sich für einen Krieg zur See vorbereitete – da schlugen wir seine große Zahl an Schiffen mit einem edlen Heer!

Dann brachte ich Wake den Tod und strafte den unverschämten Schmied, indem ich ihm seinen Hintern abhieb.

Und ich tötete mit diesem Schwert Wisin, der an den schneebedeckten Felsen seine Speere stumpfte.

Dann tötete ich die vier Söhne des Ler und die Recken von Permland und nachdem ich danach den Fürsten des irischen Volkes niedergestreckt hatte, plünderte ich den Reichtum von Dublin und unser Mut wird für immer an der Beute, die wir aus Bravalle raubten, zu erkennen sein!

Warum halte mich noch auf? Zahllos sind meine Mut-Taten und wenn ich auf die Werke meiner Hände zurückblicke, gelingt es mir nicht, sie alle vollständig aufzuzählen. Sie sind insgesamt mehr als ich zählen kann. Mein Werk ist zu groß für jeglichen Ruhm und die Sprache reicht nicht aus, um sie zu beschreiben!"

So sang Starkad.

Als er schließlich durch ihr Gespräch herausfand, daß Hather der Sohn von Hlenne und daß der Jüngling von edler Geburt war, bot er ihm seine Kehle an, damit er sie durchschneiden konnte und bat ihn, nicht zu zögern, den Mörder seines Vaters zu strafen.

Er versprach ihm, daß er, wenn er dies täte, das Gold besitzen sollte, daß er selber von Hlenne erhalten hatte.

Und um sein Herz noch weiter aufs heftigste gegen sich zu erzürnen, wird berichtet, daß er wie folgt zu ihm sprach:

„Ich habe weiterhin Dich, Hather, Deines Vaters Hlenne beraubt! Ich bitte Dich, belohne mich dafür und strecke den alten Mann nieder, den es zu sterben verlangt! Ziele mit dem rächenden Stahl auf meine Kehle, denn meine Seele wählt den edlen Töter und schreckt davor zurück, ihr Schicksal aus der Hand eines Feiglings zu erbitten.

Es ist rechtens für einen Mann, dem Spruch seines Schicksals zuvorzukommen. Das, dem man nicht entkommen kann, darf man zu recht vorziehen. Der junge Baum muß gepflegt werden – der alte Baum muß gefällt werden.

Derjenige, der das zerstört, was seinem Ende nahe ist, ist das Werkzeug der Natur – er schlägt nur das nieder, was nicht mehr stehen kann.

Der Tod ist am besten, wenn er selbst aufgesucht wird. Und wenn das Ende geliebt wird, ist das Leben mühsam geworden. Laß nicht zu, daß die Leiden des Alters ein übles Los verlängern!"

So sprach er und nahm das Gold aus seiner Tasche und gab es ihm. Doch Hather, der genauso sehr sich des Goldes erfreuen wollte als er die Rache für seinen Vater vollenden wollte, versprach, daß er entsprechend seiner Bitte handeln werde und ihm nicht den Lohn verweigern werde.

Da reichte ihm Starkad sehnlichst sein Schwert und beugte sofort seinen Nacken vor ihm und riet ihm, das Werk des Mörders nicht zaghaft auszuführen oder das Schwert wie eine Frau zu führen.

Er sagte ihm zudem, daß er, wenn es ihm gelänge, nachdem er ihn getötet hatte, zwischen den Kopf und den Leib zu springen, er gegen Waffen gefeit sein würde.

Wir wissen nicht, ob er dies gesagt hat, um seinem Henker zu helfen oder um ihn zu strafen, denn die große Masse seines Leibes hätte ihn vielleicht, als er sprang, zerquetschen können.

Da erschlug Hather ihn mit dem Schwert und hieb den Kopf des alten Mannes ab. Als der abgeschlagene Kopf auf die Erde fiel, sagt man, daß er in die Erde biß – auf diese Weise zeigte die Wut der sterbenden Lippen die Kühnheit der Seele.

Der Mörder jedoch, der vermutete, daß das Versprechen einen Verrat enthielt, hielt sich vorsichtig davon zurück zu springen. Wenn er dies voreilig getan hätte, wäre er vielleicht von der niederfallenden Leiche zerquetscht worden und hätte dann mit seinem eigenen Leben für den Mord an dem alten Mann bezahlt.

Er ließ es jedoch nicht zu, daß ein so großer Mann unbestattet blieb und ließ seinen Leib auf dem Feld bestatten, daß allgemein als Rolung bekannt ist.

Das Motiv des niederfallenden toten Leibes, unter dem der Mörder begraben wird, ist auch von Tyr-Hrungnir bekannt, der Thor unter sich begrub (siehe den Band 17 über „Thor"). Dies bestätigt noch einmal, daß die Sagengestalt Starkad auf den Göttervater Tyr zurückgeht.

In der Edda findet sich die Kombination Baldur – Hödur/Loki und in Gesta danorum finden sich die beiden Kombinationen Baldur – Hödur und Tyr/Starkad – Hödur. Die Entwicklung dieses Gegensatzpaares hat wie folgt ausgesehen:

Das Jahreszeiten-Gegensatzpaar		
Historische Zeit	***Jahreszeit***	
	Sommer	*Winter*
vor 500 n.Chr.	Tyr	Loki
um ca. 500 n.Chr.	Starkard	Hödur
nach 500 n.Chr.	Baldur	Loki/Hödur

III 1. c)   Gesta danorum (3)

Saxo der Schriftkundige berichtet noch einmal über Baldur:

Einige Männer, die in unserer Zeit gelebt haben und unter denen Harald am bekanntesten ist, wollten eines Nachts das uralte Hügelgrab des Baldur plündern, da die Geschichte über dieses Grab noch immer erzählt wurde und sie Geld zu finden hofften – aber sie gaben ihr Vorhaben in plötzlicher Panik auf, denn der Hügel brach auf und aus seiner Kuppe kam plötzlich eine so mächtige Flut von laut-tosenden Wassern hervorgebrochen, daß ihre brausende Masse über sie herbrach und die Felder weiter unten überflutete und alles umfaßte, auf was sie traf und die Schatzgräber von ihrem Aufprall umgeworfen wurden und in allen Richtungen flohen, weil sie dachten, daß sie von den Wogen des Wassers, daß herabgeströmt kam, erfaßt worden wären, wenn sie noch länger ihr Vorhaben durchzuführen versucht hätten.

Auf diese Weise haben die Wächter-Götter dieses Ortes eine plötzliche Panik in den Geist dieser Jünglinge geworfen und sie aus ihrer Begehrlichkeit heraus-

gerissen, sodaß sie nur noch danach trachteten, sich in Sicherheit zu bringen – auf diese Weise lehrten sie sie, ihre gierigen Absichten fahrenzulassen und sich nur noch um ihre Leben zu kümmern.

Nun ist es natürlich sicher, daß diese scheinbare Flut nicht real, sondern nur Phantasie war; sie war nicht aus den Eingeweiden der Erde geboren (da die Natur es nicht zuläßt, daß an einem trockenen Ort Quellen hervorbrechen), sondern durch irgendeine Art von Magie hervorgerufen.

Seitdem haben die Männer, die die Geschichte dieses Grabraubes gehört hatten, diesen Hügel in Ruhe gelassen.

Daher ist nie festgestellt worden, ob er tatsächlich Schätze enthält, denn die Angst vor der Gefahr hat alle eingeschüchtert, seit Harald versuchte, seine dunklen Tiefen zu erforschen.

III 2.   Baldur in der Chronicon Lethrense

Auch in der dänischen „Chronik der Könige von Lejre" wird die Mythe von Baldur, Hödur, Odin, Wali („Both") und Thor als ein Teil der Königs-Annalen angesehen. Diese Chronik der ehemaligen Hauptstadt von Dänemark ist jedoch sehr viel kürzer als die „Gesta danorum".

Danach war Hodbrods Sohn Hother, der Sohn von Haddings Tochter, König – denn er war der nächste Erbe.

Hothers Vater war Hodbrod und seine Mutter die Tochter des Hadding.

Er war der König des Sachsenlandes. Er tötete Othens Sohn Balder in einer Schlacht, und verfolgte Othen und Thor und seine Begleiter. Sie wurden als Götter angesehen obwohl sie keine waren. Später wurde er in einer Schlacht von Othens Sohn Both getötet.

IV   Baldur in Jakob Grimms „Deutscher Mythologie"

IV 1.   Jakob Grimm: Deutsche Mythologie – Baldur

Den mythus von Balder, einen der schönsten und geistigsten der edda, hat uns günstigerweise auch noch eine abweichende jüngere auffassung überliefert; für die fluctuation der göttersage gibt es kein gelegeneres beispiel. jene stellt dar, wie der reine schuldlose gott von dem blinden Höðr durch Mistiltein getroffen allbeweint hinab zur unterwelt fahren muß, nichts ihn zurückholen kann und Nanna, die treue gattin ihm in den tod folgt. Saxo hält alles viel niedriger, Balder und Hother sind feindliche nebenbuhler, beide um Nanna werbend, und Hother der begünstigte weiß sich ein zauberschwert zu verschaffen, durch welches allein sein gegner verwundbar ist; nachdem das kriegsglück lange zwischen ihnen geschwankt, siegt zuletzt Hother und erlegt den halbgott, dem Hel, seines nahen besitzes froh, vorher erscheint. doch der feierliche scheiterhaufen ist hier auf Gelder, einen genossen Balders übertragen, von dem der eddische bericht gar nichts weiß. Die verehrung des gottes bezeugt uns vor allen Fridthiofssaga.

Baldr, genitiv Baldrs, findet sich wieder in dem althochdeutschen eigennamen Paltar und dem angelsächsischen bealdor, baldor, das einen herrn, fürsten, könig bedeutend nur mit vorgesetztem genitiv plural gebräuchlich scheint: gumena baldor, vîgena baldor, sinca bealdor, vinia bealdor; merkwürdig steht mägða bealdor (virginum princeps) auch von einer jungfrau.

Ich kenne nur einige altnordische beispiele: Sæmingr heißt es baldur i brynju und herbaldr für heros allgemein; atgeirs baldr (lanceae vir).

Dieser übergang aus dem eigennamen in die abstracte bedeutung erinnert ganz an fráuja, frô, freá und an das altnordische týr.

So wie bealdor in der angelsächsischen prosa bereits erloschen ist, scheint es auch frühe der althochdeutsche eigenname; paltar = princeps haben vielleicht althochdeutsch heidnische gedichte gekannt. die gothischen formen Baldrs gentiv Baldris und baldrs princeps dürfen gemutmaßt werden.

Von dem gothischen balþs audax schiene dieses Baldrs, wie vom althochdeutschen pald Paltar, vom altnordischen ballr Baldr eigentlich abzuliegen. nach der regel steht gothischem ld altnordisch ld, althochdeutsch lt, aber gothischem lþ altnordische ll, althochdeutsch ld zur seite. doch hat die altsächsische und angelsächsiche mundart in beiden lagen ld, und es sind auch im gothischen, althochdeutschen und altnordischen mischungen wahrzunehmen, so daß ein naher zusammenhang zwischen balths und Baldrs, althochdeutsch pald und Paltar möglich ist.

Er wird aus einem mythologischen grunde sogar wahrscheinlich: auch Nanna,

Balders gemahlin, heißt die kühne, von nenna audere, wie sie gothisch Nanþô von nanþjan, ahd. Nandâ von ginendan heißen würde. zwar nach der eddischen schilderung zeichnet sich Baldr nicht durch kühne thaten aus, aber bei Saxo kriegt er aufs tapferste, und keine dieser erzählungen kann darauf anspruch machen, uns einen vollständigen bericht von seinem leben zu liefern. Vielleicht leiteten die gothischen Balthae ihren ursprung von einem göttlichen Balths oder Baldrs ab?

Allein selbst die deutung des kühnen gottes oder helden könnte eine jüngere sein, das litthauische baltas, lettisch balts drücken aus weiß, gut, und dieses baltas würde nach der lautverschiebung sich genau zu dem gothischen balþs, althochdeutsch pald fügen. Dazu kommt, daß die angelsächsichen genealogien Vôdens sohn nicht Bealdor, Baldor-, vielmehr Bäldäg, Beldeg nennen, was ein althochdeutsches Paltac erwarten ließe, welche form ich freilich nirgends gelesen habe.

Beide dialecte pflegen aber sonst eine menge eigennamen mit däg und tac zu componieren, althochdeutsch Adaltac, Alptac, Ingatac, Kêrtac, Helmtac, Hruodtac, Regintac, Sigitac; altsächsich Alacdag, Alfdag, Albdag, Hildidag, Liuddag, Osdag, Wulfdag; angelsächsich Vegdäg, Svefdäg; selbst dem altnordischen ist der name Svipdagr bekannt.

Entweder stehen nun Bäldäg und Bealdor gleichbedeutig (wie z. b. Regintac und Reginari, Sigitac und Sigar, Sigheri), oder es muß auch in dem worte däg, dag, tac eine personification erkannt werden, wie sie bei andrer wurzel in den wörtern div, divan, dina, dies erhellte, und dieser begrif begegnete wiederum dem des leuchtenden, weißen gottes.

Das slavische bjel, bel hinzugehalten, hätte man nicht einmal nöthig das angelsächsische Bäldäg für Bäldag zu nehmen, Bäldag ist der weiße gott, lichtgott, der wie himmel, licht und tag leuchtende, der gütige Bjelbog, Belbog des slavischen systems.

Mit dieser erklärung von Bäldäg verträgt sich vollkommen, daß ihm die angelsächsiche stammsage einen sohn Brond beilegt, dessen die edda geschweigt: brond, brand, altn. brandr drücken aus jubar, fax, titio. Bäldäg verglich sich also dem namen nach mit Berhta der glänzenden göttin.

Hierzu dürfen gleich noch einige andere umstände erwogen werden. Baldrs schönheit wird so beschrieben: hann er svâ fagr âlitum ok biartr svâ at lŷsir af honum, oc eitt gras er svâ hvitt, at iafnat er til Baldrs brâr, þat er allra grasa hvîtast, oc þar eptir mâttu marka hans fegurd bædi â hâri ok lîki.

Diese leuchtende pflanze, nach des gottes weißer braue Baldrsbrâ benannt, ist entweder die anthemis cotula, jetzt in Schweden Barbro, in Schonen Balsensbro, Ballensbra, in Dänemark Barbrogräs genannt, oder matricaria maritima, inodora, die auf Island jenen namen fortführt.

In Skåne liegt ein Baldursberg, im Öttingischen ein Baldern, im Vorarlberg östlich von Bregenz Balderschwang. doch fordern solche ortsnamen vorsicht, weil sie von männern Baldar und Baldheri rühren können, daher ich mich enthalte noch mehrere anzuführen.

Aber auch seine himmlische wohnung hieß Breiðablik, nominativ plural, d. i. breiter schimmer, glanz, was auf den streifen der milchstraße angewandt werden könnte; unweit Roskild, bei Lethra, soll ein ort den namen Bredeblick geführt haben.

Gerade dieser ausdruck findet sich, zwar nicht von einer wohnstätte, sondern einer über das feld anrückenden schaar schneeblanker rosse und helden in einem gedicht des 12. Jahrhunderts wieder: ›dô brâhte Dietherîches vane zvencik dûsint lossam in breither blickin uber lant‹.

Was heißt ›daz bluot über die blicke flôz, si wurdn almeistic rôtgevar‹? über die wege des feldes, oder über die glänzenden pfelle?

Wenn uns Bäldäg und Brond offenbaren, daß die verehrung Balders auch über den Norden hinaus unter eigenthümlichen bestimmungen stattfand; so darf aus dem vorhandensein aller wesentlichsten eigennamen, die hier den hauptmythus bedingen, geschlossen werden, dieser müsse vollständig bei allen Deutschen bekannt gewesen sein.

Die göttin Hel, wie ausgeführt werden soll, entspricht der gothischen abstraction halja, althochdeutsch hella.

Hödr (genitiv Haðar, dativ Hedi, accusativ Höd), ein blind dargestellter gott von gewaltiger stärke, der ohne arg den tödlichen pfeil gegen Baldr abschießt, bei Saxo Hotherus genannt, weist auf einen gothischen Hathus, angelsächsischen Heado, althochdeutsch Hadu, altfränkisch Chado, deren uns noch spuren in eigennamen und dichterischen zusammensetzungen versichern. althochdeutsch Hadupraht, Hadufuns, Hadupald, Hadufrid, Hadumâr, Hadupurc, Hadulint, Haduwîc (Hedwig) und andere; welche formen zunächst an Catumêrus bei Tacitus (althochdeutsch Hadumâr, Hadamâr) stoßen.

In der angelsächsischen poesie haften die beiwörter headorinc (vir egregius, nobilis); headovelm (belli impetus, fervor); headosvât (sudor bellicus); headováð (vestis bellica); headubyrne (lorica bellica); headosigel (egregium jubar); headogleám (idem); headolâc (pugnae ludus); headogrim (atrocissimus); headosioc (pugna vulneratus); headosteáp (celsus).

Wenn in solchen ausdrücken die bedeutung nicht bloß unbestimmt erhöht ist, scheint der begrif von schlacht und kampf hervorgehoben und der gott oder held vorzüglich als ein kriegerischer gedacht und verehrt worden zu sein. Hathus, Hödr drückte also, neben Wuotan und Zio, erscheinungen des kriegs aus, er wurde blind vorgestellt, weil er glück oder unglück blindlings vertheilte.

Außer Hödr flicht sich sodann noch Hermôðr in den verlauf von Balders geschichte, Hermôdr wird zu Hel entsandt, den geliebten bruder aus der unterwelt zurückzufordern. Von ihm weiß schon Saxo nichts, die angelsächsische genealogie setzt ihren Heremôd unter Vôdens vorfahren und nennt Sceldva oder den sageberühmten Sceáf seinen sohn, während er dem Norden erst mit Baldr von Oðinn abstammt; auf ähnliche weise sahen wir Freyr sowol für den vater als den sohn Niörðs angenommen. ein jüngerer Heremôd tritt im Beovulf auf, aber in verwandtschaft mit den alten geschlechtern. er ist vielleicht der neben Sigmundr genannte held, welchem Odinn helm und brunie verlieh? auch angelsächsische urkunden gewähren den namen, und in althochdeutsch erscheint Herimuot, Herimaot sehr oft, doch kein gedicht, keine sage meldet von ihm.

Hermôdr heißt in sögubrot bazt hugadr und ist gleich Helgi d. h. dem Helgi vergleichbar. Im Beovulf wird er unmittelbar nach Sigemund genannt, er geräth in der Eoten gewalt und macht seinem volk sorge. auch wird er getadelt. bedeutet Hermôdr militandi fessus? dagegen spricht, daß althochdeutsch neben Herimuot und Herimaot nie Herimuodi vorkommt.

IV 2. Jakob Grimm: Angelsächsiche Stammtafeln

In den von Jacob Grimm rekonstruierten angelsächsischen Stammtafeln taucht zweimal Baldur als Sohn des Odin auf, die in diesem Zusammenhang beide als Könige der Vorzeit angesehen worden sind.

Im fünften und sechsten jahrhundert bei der überfahrt nach Britannien brachten die Angelsachsen kunde von der abstammung ihrer edelsten geschlechter mit aus Deutschland. Alle führen sich auf Vôden zurück, steigen aber zum theil noch höher, und nennen eine reihe götter oder vergötterter helden als Vôdens ahnen.

Nach der bekehrung zum christenthum wurde es unternommen, den stamm dieser könige und götter an die hebräische tradition des Alten Testaments vom ersten menschengeschlecht zu knüpfen. ein solcher versuch, die unaufgegebnen vorfahren des heidenthums mit dem Noah und Adam der heiligen schrift in einklang zu bringen, kann, wie mich dünkt, nur sehr frühe, unmittelbar nach dem übertritt zur christlichen lehre gemacht worden sein, zu einer zeit, wo das gemüt schon von der wahrheit der biblischen sage eingenommen den inhalt seiner einheimischen, heidnischen noch nicht wollte fahren lassen.

Wie man kirchen an die stätte der heidentempel setzte, christlichen und heidnischen brauch zu verschmelzen wuste, und zu des neuen glaubens festigung den schutt des alten erdreichs mit verwandte; so konnte auch geduldet werden, daß die naive ansicht des volks jene mit seiner ehre verwachsenen stammsagen aufrecht erhielt und ihnen gleichsam neue unterlagen verlieh. Späterhin wäre eine solche vereinigung unvereinbarer thatsachen weder gewagt noch für nöthig erachtet worden.

Vorchristlich, den Angeln und Sachsen schon in ihrer heimat bekannt, folglich auch unter andern deutschen völkern des festen lands verbreitet muß diese stammsage auf jeden fall erscheinen, allenthalben blickt zusammenhang durch mit volksnamen und altheidnischer dichtung. ich wäre geneigt, den Friesen, Westfalen, auch den Franken, ähnliche genealogien, deren aufbewahrung wir bloß den ausgewanderten Angelsachsen verdanken, beizulegen.

Zwar ist Beda († 735) für die angelsächische geschlechtssagen das frühste zeugnis und er gedenkt bloß der kentischen, jedoch auf solche weise, daß man annehmen darf, auch die übrigen seien ihm bekannt gewesen. die folgenden jahrhunderte bieten reichere verzeichnisse dar.

Chronologischen werth können für die älteste zeit diese namensverzeichnisse gar nicht haben; erst in den reihen der angelsächsischen könige werden sie geschichtlich. das benimmt aber der wichtigkeit der sage nichts.

Bekanntlich wurden unter den Angelsachsen sieben oder acht einzelne reiche gebildet, die sich auf ursprüngliche verschiedenheit der eingewanderten stämme gründen, also gerade mit dem unterschied der genealogien zusammenhängen. Nach der angelsächsischen chronik hatten die Juten Kent und Wight, die Sachsen Essex, Sussex und Wessex, die Angeln Eastangle, Mercia und Northumberland eingenommen. Am vollständigsten haben sich die genealogien von Wessex, als dem staat, der bald hervorragte und zuletzt alle in sich aufnahm, erhalten. auch die von Kent, Mercia, Deira (britisch Deifyr) und Bernicia (britisch Bryneich, Northumbrien) sind in alten denkmälern überliefert; weniger echt und beglaubigt in einzelnen namen erscheinen die stämme von Eastangle, Essex und Lindesfarney.

Diese geschlechtsregister lassen sich schicklich in zwei hälften sondern. Von Vôdens söhnen heben sie an sich zu spalten, in ihm treffen alle wieder zusammen. ich will daher zuerst die verschiedenen stämme von Vôden abwärts darstellen, und mich dann zu der älteren, für alle gerechten, fortführung wenden.

Folgende übersicht enthält Vôdens nachkommenschaft.

In allen diesen Stammbäumen ist Woden (Odin) der Urahn. Baldur ist grau hinterlegt.

Stammtafeln der angelsächsichen Könige

Kent	Eastangle	Essex	Mercia	Deira	Bernicia	Wessex	Lindesfaran
Vôden							
Vecta	Câsere	Saxneât (= Tyr)	Vihtläg	Vägdäg	Bäldäg		Winta
Vitta	Titmon	Gesecg	Værmund	Sigegâr	Brand		Cretta
Vihtgils	Trigel	Andsecg	Offa	Svæfdäg	Beonoc	Fridhogâr	Queldgils
Hengest († 489)	Hrôthmund	Sveppa	Angeltheov	Sigegeát	Aloc	Freávine	Ceadbed
Eoric (Oesc)	Hrippa	Sigefugel	Eomær	Sæbald	Angenvit	Vig	Bubba
Octa	Quichelm	Bedeca	Icel	Sæfugel	Ingvi	Gevis	Bedeca
Eormenrîc	Uffa	Offa	Cnebba	Vesterfalcna	Esa	Esla	Biscop
Äthelbeorht (527)	Tidel	Äscvine	Cynevald	Vilgisl	Eoppa	Elesa	Eanferth
	Rædvald (617)	Sledda	Creoda	Uscfreá	Ida († 560)	Cerdic († 534)	Eatta
	Eorpvald (632)	Sæbeorht (604)	Vibba	Yffe		Cynrîc	Ealdfrith
			Penda († 656)	Älle († 588)			

Im allgemeinen ist zu bemerken, daß hiernach dem Vôden sieben söhne (denn Bernicia und Wessex fallen anfangs zusammen und trennen sich erst im dritten glied) beigelegt werden. Einzelne chronisten reden jedoch nur von dreien, namentlich Wilhelm von Malmesbury.

V Baldur, Forseti und Hofund

Der Ase Forseti Baldur-Sohn scheint eine Variante des Hofund Heidrek/Tyr-Sohn zu sein – beide haben denselben Charakter. Baldur und z.T. auch Forseti und Hofund scheinen die Zyklus-Symbolik des Tyr übernommen zu haben, nachdem dieser durch Odin und Thor als Göttervater abgesetzt worden ist.

VI Der Name „Baldur"

VI 1. Frühes Nordeuropa

Der Gott Baldur wird in der Edda, also in der altnordischen Sprache „Baldr" genannt. In den späteren Texten ist „Baldur i Brynju" und „Herbaldr" Umschreibungen für „Held". Baldur wurde demnach als so mutig wie ein Held angesehen.

Dieselbe Wortwurzel findet sich auch in dem Namen des Riesen Beli, der von Freyr beim Ragnarök mit einem Hirschgeweih erschlagen wurde, sowie in dem Namen des Königs Bele aus der Fridthjof-Saga. Aus dem „Sonnenlied" aus der Edda ist bekannt, daß der Hirsch auch als Sonnenhirsch aufgefaßt wurde:

„Den Sonnenhirsch sah ich von Süden kommen
Von Zwein am Zaum geleitet;
Auf dem Felde standen seine Füße,
Die Hörner hob er hoch zum Himmel."

Da im Ragnarök im Grunde der Sonnenuntergang beschrieben wird, könnte Beli der Sonnengott sein.

In den Mythen sehr vieler Völker geht der Wiedergeburt der Sonne und auch allgemein der Götter und Toten oft eine „Wiederzeugung" voraus. Um diese Wiederzeugung abzusichern, erhielt die Jenseitsgöttin, die die Sonne, die Götter und die Toten wiedergebar, die Gestalt eines fruchtbaren Herdentieres, also einer Kuh, Ziege, Stute, Bache (weibliches Wildschwein), Hindin (Hirschkuh) o.ä. Entsprechend wurden dann die männlichen Toten zu einem Stier, Ziegenbock, Hengst, Keiler, Hirsch usw. Die Wiedergeborenen hatten folglich die Gestalt eines Kälbchens, Zicklein, Fohlens, Frischlings, Kitz o.ä.

Diese Symbolik würde die Auffassung des Beli als Sonnengott bestätigen: Beli wird sich ursprünglich vor der Wiederzeugung in einen Hirsch verwandelt haben. Später ist in seiner Mythe der Hirsch jedoch von einer Wiedergeburtshilfe zu der Todesursache umgedeutet worden. Dies ist eine Entwicklung, die man in den Mythen oft beobachten kann.

Es hat somit den Anschein, als ob Baldur als eine Art „Sonnenheld" aufgefaßt worden ist. Dies entspricht in etwa auch seiner Darstellung bei Saxo grammaticus. Da der Held eine Gestalt ist, die sich allgemein vor allem von dem wiedergeborenen Sonnengott ableitet, scheint Baldur ursprünglich ein Sonnengott gewesen zu sein.

VI 2.   Frühgermanisches England

Im Altenglischen wurde aus dem altnordischen „Baldr" der Name „Balder", „Bealdor" oder „Baldor". Der Name hatte die Bedeutung „Herr, Fürst, König". Offenbar wurde Baldur auch als König oder zumindestens als eng mit dem Königtum verbunden angesehen.

Diese altenglischen Namen erscheinen immer zusammen mit einem Genitiv-Plural in der Form von „König der Menschen", „Fürst der Krieger" u.ä. Der Name ist auch mit dem englischen „bald" für „mutig, tapfer, kühn" verwandt.

Baldur erscheint in Altengland somit als mutiger Fürst.

VI 3.   Angelsachsen

Bei den Angelsachsen in England hieß Baldur etwas abweichend von den übrigen Varianten Beldeg, also „Tagesgott".

VI 4.   Frühes deutsches Mittelalter

In der althochdeutschen Sprache wurde Baldur „Balder" oder „Paltar" genannt. Auch hier gibt es den Zusammenhang zur Kühnheit, wie das althochdeutsche Wort „palt" zeigt, das mit dem englischen „bald" („kühn") verwandt ist.

Eine zweite Wurzel des Namens Baldur im Althochdeutschen ist „beraht, bereht" für „weiß, strahlend". Somit wäre Baldur, der „mutige, strahlende, weiße König". Die Kombination dieser drei Adjektive zeigt, daß der Ursprung der Symbolik des Baldur wohl die Sonne gewesen ist. Dies paßt auch gut zu der Auffassung des Baldur als König, da sich die Könige bei fast allen Völkern der Sonne verglichen und sich als deren Sohn ansahen. Die Helden, mit denen Baldur verbunden ist, sind in den Bereich der Menschen übertragene Sonnengötter. Auch die angelsächsische Namensvariante „Beldeg", die „Tagesgott" bedeutet, paßt gut zu der vermuteten Sonnensymbolik.

VI 5.   Goten

In der gotischen Sprache, die die früheste bekannte germanische Sprache ist, da der Bischof Wulfia die Bibel bereits um ca. 360 n.Chr. ins Gotische übersetzen ließ, hieß

Baldur „Balths".

„Balths" ist somit die älteste bekannte germanische Form des Namens „Baldur".

VI 6. Deutschland

In der deutschen Sprache findet sich nur eine weibliche Form von Baldur, bei der das „l" zu dem ihm lautlich nah verwandten „r" geworden ist: „Bertha, Berchta, Perchta". Sie ist vor allem aus Süddeutschland und aus dem Alpenbereich, aber auch aus Teilen von Frankreich bekannt. Ihr Name bedeutet „Strahlende, Helle, Weiße". Bertha ist vermutlich identisch mit Frau Holle, Hulda, Hel, Freya und Frigg.

Sie ist die Herrin der Tiere und führt manchmal die Wilde Jagd an. Dies könnte wie bei dem germanischen Riesen Beli auf eine Verbindung zu den Hirschen hinweisen, die in den meisten Mythen bei der Wilden Jagd gejagt werden.

Bertha überprüft in den zwölf Rauhnächten zwischen Heiligabend und dem Tag der Heiligen Drei Könige (6.1.) die Arbeit der Spinnerinnen. Dies könnte auf eine Auffassung der Bertha als einer Norne zurückgehen, die diese auch oft als Spinnerin aufgefaßt werden. Die Rauhnächte als die längsten Nächte des Jahres sind auch der Zeitpunkt der Wiedergeburt der Sonne, da im Herbst die Tage kürzer werden und die alte Sonne somit schließlich „stirbt", während sie im Frühjahr während der länger werdenden Tage als Jüngling wieder heranwächst.

Die Verbindung der Bertha mit dem Hirsch, mit den Rauhnächten als der Zeit der Wiedergeburt der Sonne und mit den Nornen läßt sich am besten erklären, wenn man davon ausgeht, daß Bertha die Göttin bezeichnet, die die Sonne zur Wintersonnenwende wiedergebiert. Die Jenseitsgöttin Freya/Frigg/Hel ist in diesem Zusammenhang offenbar nach dem von ihr wiedergeborenen Sonnengott Bel benannt worden. Man könnte „Bertha" somit als „die den Baldur wiedergebiert" übersetzen.

Der Zusammenhang zwischen Bertha und Baldur wäre somit derselbe wie zwischen Freya und Freyr: die Jenseitsgöttin und der von ihr wiedergeborene Tote bzw. die wiedergeborene Sonne.

In diese Szenerie paßt es auch, daß Bertha als zweigestaltig aufgefaßt worden ist: Sie war zum einen eine schöne, junge, schneeweiße Frau und zum anderen eine häßliche Greisin. Diese beiden Gestalten stellen sie wohl als die Geliebte des Sonnengottes bei der Wiederzeugung in der Unterwelt und als Todesgöttin dar. Die junge Göttin ist Freya und Frigg, während die alte Göttin mit Hel identisch ist. In den Grimm'schen Märchen sind diese beiden Gestalten schließlich zu Feinden geworden: Schneewittchen und ihre böse Stiefmutter. Der Prinz, der Schneewittchen aus ihrem Glassarg erlöst, ist folglich der Sonnengott Baldur.

In den Erzählungen über Bertha hat diese Göttin einen großen Fuß. In den deutschen Geschichten wird sie „Berthe mit dem fuoze" genannt, in französischen Texten „Berthe au grand pied" und in lateinischen Schriften „Bertha cum magno pede". Diese Kuriosität erinnert an Aschenputtel, deren zwei Schwestern zu große Füße hatten.

Eine andere Betonung des Fußes findet sich bei dem germanischen Gott Widar. Er trägt einen Schuh, der aus den Lederresten gefertigt wird, die die Schuster für ihn fortwerfen. Er ist der zweitstärkste Ase nach Thor, dessen Halbruder er ist. Seine Eltern sind Odin und die Riesin Grid. Dieser „schweigsame Ase" wurde als einziger von Lokis Spottreden in Ägirs Halle verschont. Er tötet mit diesem Schuh beim Ragnarök den Fenriswolf.

Eine weitere germanische Mythe, in der ein Fuß eine wichtige Rolle spielte, ist die Wahl des Bräutigams durch die Riesin Skadi, die sich einen der Asen anhand des Aussehens seines Fußes erwählen durfte. Sie wählte den schönsten Fuß aus und dachte, daß dieser Baldur gehören müsse, aber es war der Fuß des Meeresgottes Njörd.

Zusammengenommen ergibt sich folgendes Bild dieses „besonderen Fußes":

- Berthas Fuß ist besonders groß;
- Aschenputtels Schuh führt den Prinzen zu ihr;
- Aschenputtels Schwestern haben zu große Füße;
- Widars Schuh wird aus den Lederresten gefertigt, die die Schuster ihm opfern; er tötet damit den Fenriswolf, der die Sonne und den ehemaligen Göttervater und Sonnengott verschlungen hatte;
- Widar („Waldkrieger") ist schweigsam; der „Wald" ist möglicherweise das Jenseits, da der Wald manchmal ein Symbol für das Jenseits gewesen ist und die Schweigsamkeit wie Hödurs Blindheit sozusagen ein „totes Organ" war;
- Skadi wählt den Baldur bzw. den Meeresgott Njörd anhand seines Fußes aus.

Der Fuß ist somit zum einen mit dem Tod der Sonne verbunden (Widar, Fenrir) und zum anderen mit dem Zusammenkommen von Prinz/Held und junger Frau. Diese Kombination wird zusammen mit den Jenseits-Assoziationen wird wohl auf die Wiederzeugung des Sonnengottes zusammen mit der Göttin als junger Frau im Jenseits zurückgehen.

In den indogermanischen Mythen ist der Sonnengott in der frühesten Zeit ein Wanderer gewesen. Für ihn waren daher seine Schuhe sehr wichtig. In einigen Mythen verliert er im Jenseits einen seiner Schuhe, was sich als Motiv noch bis in das Märchen „Aschenputtel" hinein erhalten hat.

Die Betonung des Fußes und des Schuhes weisen daher recht sicher auf eine Sonnensymbolik hin.

Bertha ist somit wahrscheinlich die Göttin im Jenseits, mit der zusammen der Sonnengott sich selber wiederzeugt: sie ist erst seine Geliebte und anschließend seine Mutter.

VI 7. Urgermanen

Die urgermanische Form des namens Baldur lautete vermutlich „Balthoz", die über „Baldraz" zu dem altnordischen „Baldr" wurde. Dieser Name hatte die Bedeutung „Herr, Held, Fürst". Er leitete sich von dem Adjektiv „bertho" ab, daß „weiß, strahlend" bedeutet. Der Fürst wurde also als „Strahlender" bezeichnet. Dies liegt vermutlich darin begründet, daß die Fürsten als die Stellvertreter des Sonnengottes auf der Erde angesehen wurden.

VI 8. Kelten

Der Sonnengott der Kelten hieß Bel(enus). Er ist offenbar mit dem germanischen Riesen Beli, dem König Bele und dem Asen Baldur verwandt.

Der keltische Sonnengott Lugh ist der Schutzpatron der Schuster und arbeitet auch selber manchmal als Schuster. Dieses Motiv ist dadurch entstanden, daß die Sonne ursprünglich einmal zu Fuß über den Himmel gewandert ist (vor der Erfindung des Streitwagens) und daher gute Schuhe brauchte.

Auch die Kelten kannten das Motiv der Tötung mit einem Hirschgeweih: Der Zauberer/Druide Merlin, der auch selber als Hirsch erscheinen konnte, tötete den neuen Mann seiner Ex-Frau mit einem Hirschgeweih, weil dieser ein Tabu gebrochen hatte. Der Hirsch ist bei den Kelten eng mit der Jenseitsreise verbunden wie das Hirschgeweih des Schamanengottes Cernunnos zeigt. Dies wird wohl auf dieselben Wiederzeugungs-Vorstellungen wie bei den Germanen zurückgehen.

VI 9. Litauen und Lettland

In Litauen trug Baldur den Namen „Baltas" und in Lettland „Balts". Beides bedeutet „der Weiße". Beide Namen waren eine allgemeine Bezeichnung für „Gott". Dies entspricht u.a. der germanischen Bezeichnung „weißer Schwertgott" für den Asen Tyr.

Die Verallgemeinerung von „Balt(a)s" zu „Gott" läßt vermuten, daß mit diesem

Namen ursprünglich einmal die höchste Gottheit bezeichnet wurde, denn die allgemeine Bezeichnung für „Gott" leitet sich sehr oft von dem Namen der obersten Gottheit ab, wie z.B. lateinisch „deus" oder indisch „devas" von dem indogermanischen „dyaus" (daraus wurde bei den Germanen „Tyr").

Eine solche Verallgemeinerung findet in der Regel dann statt, wenn der oberste Gott in den Hintergrund tritt und von einem anderen Gott abgelöst wird.

So wurde bei den Germanen aus dem Namen des ursprünglichen obersten Gott Tyr, als er von Odin abgelöst wurde, eine allgemeine Bezeichnung für „Gott", die man durch Beiworte näher kennzeichnete. „Hanga-Tyr" (Hänge-Tyr") bezeichnete z.B. den Odin (am Weltenbaum). „Sig-Tyr" („Sieg-Gott") ist hingegen eine sehr allgemeiner Name für jeden Gott oder auch für die Götter-Gemeinschaft.

„Baldur" muß demnach ursprünglich eine Gestalt des obersten Gottes Tyr gewesen sein. Vermutlich war er zu jener Zeit der wiedergeborene Sonnengott-Göttervater Tyr, wozu auch Baldurs Auffassung als Odins Sohn paßt, da ein wiedergeborener Gott aufgrund der Wiedergeburtssymbolik zugleich auch sein eigener Sohn ist.

VI 10. Slawen

Der slawische Sonnen- und Lichtgott trägt einen Namen, der ebenfalls auf „Bel" zurückgeht und in vielen Varianten auftritt: Belobog, Bieleboh, Bialbog, Byelobog, Bielobog, Belun, Bylun". Der häufige zweite Teil „Bog" dieser Namen bedeutet „Gott". Der Name „Bel-Bog" bedeutet also ganz wörtlich „Licht-Gott", was dem germanischen Namen „Heidrek" (Licht-König") für Tyr entspricht. Auch bei den Slawen leitete sich „Bel" von dem Adjektiv „biely" für „weiß, strahlend" ab.

Im Bereich des Westslawen gibt es häufig folgendes Arrangement von Ortsnamen: Auf der Westseite eines Flusses trägt ein Berg einen Namen, der ihn als dunkel, angstbesetzt oder mit der Hölle verbunden charakterisiert, während sich auf der Ostseite ein Berg befindet, dessen Name sich auf die Sonne, die Helligkeit, den Himmel oder die Farbe Weiß bezieht. Dieser zweite „weiße Berg" trägt oft den Namen „Belobog". Der Gegensatz zwischen dem „Weißen Berg" des Belobog im Osten und dem „Schwarzen Berg" im Westen, der mit dem Gott Czernobog („Schwarzer Gott") verbunden ist, kann man am ehesten als die am östlichen Himmelstor erscheinende wiedergeborene Sonne im Diesseits („Belobog") und die im westlichen Himlestor versinkende gestorbene Sonne im Jenseits („Czernobog") auffassen.

Belobog entspricht somit dem Gott Baldur in Asgard und dem zweiarmigen Gott Tyr im Diesseits, während Czernobog dieselbe Stellung wie Baldur in der Unterwelt und der einarmige Gott Tyr im Jenseits hat.

In den slawischen Sagen ist Bieleboh zu einem alten Mann mit weißem Bart, weißer

Kleidung und Wanderstab geworden, der den im Wald Verirrten wieder den rechten Weg weist. Er erscheint nur am Tag.

VI 11. Griechen

Auch bei den Griechen findet sich das Schuh-Motiv wieder: Der Königssohn Jason hatte, als er aus der Verbannung in seine Heimat zurückkehrte, beim Überqueren eines Flusses, über den ihn die als alte Frau verkleidete Göttin Hera getragen hatte, einen Schuh verloren. Aufgrund eines Orakels wurde Jason bei der Ankunft in seiner Heimat von dem Herrscher, der das Reich des Vaters des Jason erobert hatte, an seinem fehlenden Schuh erkannt.

Diese Szene geht vermutlich auf das Überqueren des Jenseitsflusses durch die Sonne zurück. Auch hier ist wie bei dem germanischen Widar, bei Bertha und bei Aschenputtel ein einzelner Schuh das Motiv. Wahrscheinlich hat der Sonnengott ursprünglich einen seiner Schuhe beim Überqueren des Jenseitsflusses bei seinem abendlichen Eintritt in die Unterwelt verloren. Der verlorene Schuh wäre dann eine Entsprechung zu dem fehlenden Arm des Tyr, dem blinden Auge des Odin, dem fehlenden Zeh des Aurvandil, dem Steinsplitter in Thors Kopf, der hinkenden Ziege des Thor usw.

Es besteht zudem auch ein Zusammenhang zu dem „schönen Fuß" des Baldur (junger Sonnengott) und des Njörd (alter Sonnengott, Tyr in der Wasserunterwelt).

Diese Motive lassen sich am besten als Verharmlosung des abendlichen Todes der Sonne erklären: Statt zu sterben wird sie nur verletzt und verliert schließlich nur noch einen ihrer Schuhe.

Die Griechen kannten auch die Sonne als Wanderer. Sie stellten sie als Triskelis („Dreibein") dar, das aus dem Gesicht der Gorgo und drei Beinen bestand. Die Gorgo ist sehr wahrscheinlich die (gefürchtete) Jenseitsgöttin.

VI 12. Indogermanen

Die indogermanische Wurzel des Namens des germanischen Gottes Baldur und der ihm verwandten Sonnengötter bei den anderen indogermanischen Völkern ist das Verb „bhel", das „scheinen, anschwellen, blühen" bedeutet. Seine ursprüngliche Form, deren Bedeutung auf „scheinen" beschränkt war, lautete „bheh" Als Adjektiv war dieses Wort die Bezeichnung für „weiß, strahlend". Davon leitete sich wiederum das Substantiv „bhehes, bhehtis" für „Licht" ab.

Von ihm leitete sich ein zweites Adjektiv ab, das „bhelos" lautete und „stark" bedeutete. Es wurde auch als Substantiv für „Stärke" verwendet.

Aus der Wortwurzel „bheh" waren somit die Bedeutungen „scheinen, Licht, weiß, strahlend, anschwellen, blühen, stark" entstanden. Diese Kombination von Bedeutungen läßt sich am besten durch die Annahme erklären, daß das Wort „bheh, bhel" ursprünglich einmal die Sonne bezeichnet hat. Die beiden Bedeutungen „anschwellen, blühen" lassen zudem vermuten, daß mit „bheh, bhel" vor allem die aufgehende Sonne gemeint gewesen ist.

Das indogermanische Adjektiv „bhel" gab es in leicht abgewandelter Form auch als Verb, das „bhelg" lautete. Aus ihm wurde im Indischen „bharga" für „Glanz, Pracht", im Griechischen „phlego" für „brennen, leuchten, glänzen" sowie „phlegma" für „Flamme", „phlegmonä" für „Entzündung, heftige Erregung", und im Tocharischen „pälk" für „brennen, leuchten".

In den westlichen indogermanischen Sprachen verwandelte sich das „b" oft in das ihm nah verwandte „f" wie z.B. in den lateinischen Worten „flagrare" für „brennen", „fulgo" für „Feuer" und „fulgur" für „Blitz".

Auch im Deutschen wurde das „b" z.T. zu einem „f": altdeutsch „blaken" für „glänzen", mittelhochdeutsch „blecken" für „sichtbar werden" („die Zähne blecken"), deutsch „blaken" für „flackern (einer Flamme)", mittelholländisch „blaken" für „entzünden" und holländisch „blaken" für „flammen, glühen". Mit diesen Worten ist auch das alt-englisch „blacern" für „Leuchter" verwandt.

Die indogermanische Wurzel des Namens „Baldur"		
bhe(l) (Sonne)	=> bheh *(weiß, hell)*	=> bhehes *(Licht)*
	=> bhel *(stark)*	=> bhelos *(Stärke)*
	=> bhel *(hell, anschwellend, blühend)*	
	=> bhelg *(scheinen, flammen, anschwellen, blühen)*	=> bhelgos *(Flamme)*

Dieses Wort ist im Indogermanischen jedoch noch keine Bezeichnung für den Fürsten oder König gewesen, was einfach daran lag, daß es damals bei den Indogermanen noch keine Fürsten gegeben hat. Da sie noch als Stämme und nicht als Königreiche organisiert waren, gab es nur für bestimmte Aufgaben und für eine begrenzte Zeit gewählte Anführer, aber kein erbliches Königtum.

Da sich diese für eine bestimmte Aufgabe gewählten Anführer an die festgelegten Regeln halten mußten und die richtige Ordnung der Dinge wiederherstellen bzw. aufrechterhalten sollten, wurden diese Anführer nicht der Sonne verglichen, sondern „Erhalter der Richtigkeit" genannt.

Das Wort „hreg" für „ausdehnen, rechts, richtig, Richtigkeit, Rechte, Anführer" erhielt dann erst nach der Trennung der ursprünglichen Indogermanen in verschiedene

Völker die Bedeutung „Fürst, König": Rex (Römer), Rig (Kelten), Rigr (Germanen), Reich (Germanen), Radscha (Inder) usw.

Der Gott Baldur verkörpert noch die Qualität der Richtigkeit und Schönheit, während sein Vater Odin bereits zu dem Urbild des Königs geworden ist.

Das indogermanische Wort „bhel" für „weiß, leuchten" ist mit dem ebenfalls indogermanischen Wort „dhyaus" für „aufsteigen, leuchten", von dem sich der Name des Göttervaters (deus, deva, Zeus, Tyr usw.) herleitet, eng verwandt.

VI 13. Jungsteinzeit

Die nächstgrößere Gruppe, von denen die Indogermanen ein Teil sind, sind die nostratisch sprechenden Völker. Sie sind die Nachkommen der Jäger und Ackerbauern aus der frühen Jungsteinzeit in Mesopotamien. Sie lebten um ca. 10.500 v.Chr., als die letzte Eiszeit gerade zu Ende gegangen war. Sie errichteten die ersten Tempel der Menschen, die auf dem Berg Göbekli Tepe im Grenzgebiet zwischen der Türkei und Syrien stehen. „Nostratisch" bedeutet „unsere (Sprache)".

Zu diesen nostratischen Völkern gehören neben den Indogermanen u.a. auch die Sumerer, Elamiter, Araber, Ägypter, Berber und Kreter. Bei fast allen diesen Völkern wird der Sonnengott „Bel" genannt. Sein Name bedeutete ursprünglich „der Leuchtende". In den einzelnen nostratischen Sprachen hat „Bel" die Bedeutungen „Leuchtender", „Sonne", „Herr" und „Gott der Richtigkeit".

„Bel"-Gottesnamen bei den nostratischen Völkern	
Ägypten	Be'r
Äthiopien	Ba'el
Akkad	Bel(um)
Assyrien	Bel
Babylon	Bel
Phönizier	Bol, Baal, Belos
Karthago	Ba'l(um)
Ugarit	Bol, Ba'l(um)
Amurriter	Ba'lu(m)
Samariter	Bal
Aramäer	Be'lu

Juden	Ba'al
Hethiter	Ba'al
Griechen	Ba'al
Slawen	Beli
Germanen	Baldur, Beli
Römer	Belus
Kelten	Bel(enus)

Die Vorgeschichte des Namens Baldur reicht also mindestens 12.500 Jahre weit in die Vergangenheit zurück. Das Wort „Bel" bezeichnete ursprünglich die Sonne. Dieser Name war wahrscheinlich eine Ableitung von dem nostratischen Verb „belu" für „scheinen, brennen, glitzern".

Das Bild der Sonne als Wanderer muß ungefähr ebenso alt sein, da sich in Ägypten ein Papyrus fand, in dem eine Geschichte erzählt wird, die dem Märchen „Aschenputtel" ausgesprochen ähnlich ist. In dieser Geschichte findet ein Prinz seine zukünftige Frau dadurch, daß ihm ein Vogel den Schuh dieser jungen Frau bringt und er die dazugehörende Frau durch seine Magier suchen läßt. Dies erinnert auch an den Schuh, den der griechische Königssohn Jason verlor, als ihn die Göttin Hera über den (Jenseits-)Fluß trug.

Vermutlich war die Sonne zunächst ein Wanderer, dann ein Schiffer in einer Himmelsbarke, danach ein Krieger in einem Streitwagen und schließlich ein Reiter. Diese Motivfolge entspricht der der Folge, in der die Menschen diese Hilfsmittel bei ihrer Fortbewegung entdeckten.

VI 14. Altsteinzeit

Die Geschichte des Wortes „bel" und somit auch des Namens „Baldur" läßt sich noch weiter zurückverfolgen.

Die Menschen, die um 10.500 v.Chr. in Mesopotamien den Ackerbau erfanden und die ersten Tempel errichteten, waren ein Teil der späteiszeitlichen Rentierjäger. Diese wiederum waren die Nachkommen der Mammutjäger, die während der Eiszeit ganz Eurasien bewohnten. Von ihnen stammen u.a. die Chinesen, die Tibeter, die Mongolen, die sibirischen Völker und die Indianer, die um 14.000 v.Chr. von Nordostsibirien aus Amerika besiedelten, ab. Die Sprache dieser Mammutjäger wird von den Sprachwissenschaftlern „borealisch", d.h. „nördliche (Sprache)" genannt.

Das nostratische „belu" für „scheinen, brennen, glitzern" ist aus dem borealischen Wort „pulu" für „scheinen, glitzern" entstanden. Dieses Wort ließ sich dadurch rekonstruieren, daß sich in den Sprachen sehr vieler Völker, die von diesen Mammutjägern abstammen, Worte finden, die von ihrem Klang her „pulu" ähneln und auch eine ähnliche Bedeutung wie „Feuer, Sonne, brennen, leuchten" haben.

Durch den Vergleich der Abweichung des Wortklanges und der Wortbedeutung bei einzelnen Völkern oder Volkergruppen läßt sich dann rekonstruieren, wann sich das ursprüngliche Wort in welcher Weise verändert hat – so wurde z.B. bei den westlichen Indogermanen aus dem „b" von „bel" ein „f": aus „bel" wurde dadurch u.a. das lateinische „fulgur" und das deutsche „Flamme".

„Zweige" des borealischen Wortes „pulu" für „brennen, leuchten"		
Sprachfamilie	*Wort*	*Bedeutung*
Indogermanisch	belu (z.T.: „b" => „f")	brennen, leuchten
Afroasiatisch (Semitisch, Altägyptisch, Berbersprachen u.a.)	bulug	scheinen, Morgendämmerung
Bantu-Sprachen (Afrika)	bad („l" => „d")	scheinen
Austrisch (Südostasien)	balar	weiß
indianische Sprachen	pali	Sonne, scheinen
	pole	weiß, hell
Altai-Sprachen (Türkisch, Mongolisch, Japanisch, Koreanisch u.a.)	belo	weiß, blaß, leuchten
Uralische Sprachen (eurasiatische Nordmeerküste: Finnen, Ungarn, sibirische Völker u.a.)	pelkkä („g" => „kk")	Blitz, rein
Kartwelisch (Georgien, Kaukasus)	berq („l" => „r"; „g" => „q")	glitzern, funkeln"
Dravidisch (Elam, Iran, Indien)	vel („b" => „v")	weiß, rein, leuchten, Licht, Tagesanbruch, rein, Flamme

Diese Übersicht zeigt, daß der Göttername „Baldur" von einem der ältesten bekannten Worte abstammt.

Das borealische „pulu" bedeutete als Substantiv „Feuer", als Verb „brennen" und als Adjektiv „hell, weiß, leuchtend". Durch die Helligkeit und die Hitze, die von der Sonne ausstrahlt, gab es eine feste Assoziation zwischen dem Feuer und der Sonne, die sozusagen als „die Feurige" benannt wurde.

Eine wesentliche Qualität der Sonne sind ihre Auf- und Untergänge, die schon früh zu einem Gleichnis zu dem Tod und der Wiedergeburt der Menschen geworden sind. Dieses Sonnenmotiv ist auch noch das wesentlichste Charaktermerkmal des Gottes Baldur: sein Tod und seine Wiedergeburt.

VI 15. Baldur in Ortsnamen

Der bekannteste „Baldur-Ortsname" ist der Name der Gemeinde Balleshol in der südostnorwegischen Provinz Hedmark. In einer Urkunde von 1356 wurde sie „Balldrshole" genannt. Dieser Name bedeutet „Baldurs-Hügel", womit vermutlich ein Hügelgrab gemeint ist, in dem Baldur während seines Todes liegt.

In der Provinz Vestfold in Südnorwegen gibt es den Ort Baldrsberg. Dieser „Baldursberg" bezeichnet vermutlich ebenfalls sein Hügelgrab. Diese Orte wird man als ehemalige Kultorte des Baldur auffassen können.

Der Ortsname Baldrsheimr („Baldursheim") in der südwestnorwegischen Provinz Hordaland liefert leider keine neuen Anhaltspunkte für die Vorstellungen über Baldur, da „Heim" zu allgemein ist. Auch auf Island gibt es einen Ort mit diesem Namen.

Die Bedeutung des Ortsnamens „Baldrsnes" in der südwestnorwegischen Provinz Sør-Trøndelag lautet „Landzunge des Baldur". Möglicherweise ist mit „nes" auch ein Vorgebirge gemeint – was an der gebirgigen norwegischen Küste jedoch oft dasselbe wie eine Landzunge ist.

Der Ortsname Balsfjord in der nordnorwegischen Provinz Troms stammt von einem ursprünglichen „Baldursfjord" ab.

Um 1285 n.Chr., als Saxo grammaticus die Gesta Danorum niederschrieb, muß es seinen Beschreibungen zufolge in Schweden Quellen gegeben haben, die nach Baldur benannt worden waren. Dem Bericht zufolge hat Baldur sie selber entspringen lassen. Saxo berichtet auch von Dörfern, die nach Baldur benannt worden sind.

In der Fritjof-Saga wird ein Ort mit dem Namen „Baldershag", also „Baldurs eingehegter Ort" erwähnt, dessen Lage allerdings nicht bekannt ist.

Diese acht Ortsnamen beziehen sich auf zwei Hügelgräber, eine Landzunge, einen Fjord, mehrere Quellen, einen eingezäunten Ort („Hag") und allgemein auf einige Dörfer (Baldrsheimr; Saxos Hinweis).

Die beiden Hügelgräber und die Quellen stellen vermutlich das Tor ins Jenseits dar. Der „Baldurs-Hag" wird recht sicher ein Kultort gewesen sein. Vermutlich werden auch die beiden Hügelgräber und die Quellen dem Baldur geweihte Orte gewesen sein. Sie werden vor allem mit der Jenseitsreise des Baldur in Zusammenhang gestanden haben.

Leider gibt nur sehr wenige mit „Baldur" kombinierte Ortsnamen, sodaß sich aus ihnen nicht allzuviel schlußfolgern läßt.

VI 16. Baldur in Pflanzennamen

Geruchlose Kamille
(Matricaria perforata)

In Skandinavien wird die Geruchlose Kamille „Baldurs (Augen-)Braue" genannt. Da das Aussehen der Kamille mit ihrer goldgelben Mitte und den strahlendweißen Blütenblättern an eine Sonne erinnert, könnte dieser Pflanzenname als eine Bestätigung für die Auffassung des Baldur als eines Sonnengottes angesehen werden.

Möglicherweise weist die Bezeichnung „Baldurbraue" darauf hin, daß man die Sonne auch als ein Auge auffaßte – die Blütenblätter wären dann die Härchen der Augenbraue des Baldur.

VII Baldur bei den Indogermanen

Bei den Indogermanen lassen sich deutliche Parallelen zu dem germanischen Baldur finden. Am offensichtlichsten ist seine Ähnlichkeit mit dem griechischen Apollon.

VII 1. Schönheit-Richtigkeit

Die Qualität, die den Gott Baldur ausmacht, wurde von den Germanen „Santha" genannt. Das Adjektiv dazu lautete „santh". Dies Wort bedeutete „rein, wahr, richtig, recht, angemessen, passend" u.ä. Die Santha war somit die allgemein angestrebte „richtige" Qualität, die dem sinnvollen Verhalten zugrundelag, das zu erfolgreichen Handlungen führte. Das Erreichen dieses Zustandes zeigte sich dadurch, daß Schönheit und Freude entstanden.

Diese Qualität wurde von den Kelten „Fhirinne" genannt, was man am ehesten mit „Wahrheit" übersetzen kann.

Der Begriff der Römer, der dieser Vorstellung am nächsten kommt, ist „ritus". Er leitet sich von dem Wort für „Rad" ab und stellt somit die zyklische Wiederholung des Richtigen dar: den Kult.

Die Slawen nannte diese Qualität „Prawda", was wie das keltische „Fhirinne" „Wahrheit" bedeutet. Die russische Zeitung gleichen Namens hat offenbar einen hohen Anspruch an sich selber …

Die Inder bezeichneten diese Richtigkeit als „Rita", was wie das lateinische „ritus" ursprünglich das „Rad" bezeichnete. Das Rad ist das „richtig zusammengefügte", das Vollkommene und das „sich Drehende", d.h. das „sich zyklisch Wiederholende" (wie die Tages- und Jahreszeiten). In der späteren Zeit verwendeten die Inder für diese Qualität das Wort „Dharma", das „Versmaß" bedeutet – dies war offensichtlich eine durch die Dichter eingeführte Neuerung. Bei den Indern verkörperte vor allem der Sonnengott Mitra diese Qualität.

Bei den Persern und den ihnen nah verwandten Mitanni hieß diese Qualität „Asha, Arta, Ratu". Diese Begriffe leiten sich wie „ritus" und „Rita" ebenfalls von dem indogermanischen Wort für „Rad" ab, das seinerseits von dem indogermanischen Verb „reh" für „richten, ordnen" abstammt.

Die Griechen hatten bereits ein etwas formelleres Verständnis dieser Richtigkeit, da sie von ihnen „Dikaios", also „Gerechtigkeit" genannt wurde. Dikaios entspricht bei den Germanen eher dem Richtergott Forseti als dem Schönheitsgott Baldur.

Die Hethiter nannten diese Qualität „Aya", was vermutlich auch von „Rad" abgeleitet ist.

Diese Richtigkeit wurde von den Indogermanen als die wesentlichste Qualität des Sonnengottes angesehen. Die indogermanischen Gottheiten, die diese Qualität verkörpern, haben auch dann, wenn sie keine Sonnengötter sind, oft eine enge Verbindung zur Sonne, weil sie die „Tag-Qualität" darstellen.

Der griechische Apollon hat viele Übereinstimmungen mit dem Sonnengott Helios. Er ist dem Baldur sehr ähnlich.

Der keltische Dagda ist der Göttervater wie Zeus, Jupiter oder Tyr. Er ist der Erhalter der Fhirinne. Der junge Sonnengott Lugh ist durch sein leuchtendes, strahlendes Wesen dem Baldur jedoch noch ähnlicher als Dagda.

Der Name des persischen Mithras, des indische Mitra und des mitannische Mitra bedeutet „Freund, Vertrag". Der Gott der Richtigkeit ist bei ihnen schon zu einem etwas formaleren Gott der Gerechtigkeit geworden.

Der hethitische Aya ist eine Personifizierung der Richtigkeit.

Bei den Slawen verkörpert der Sonnengott Swarog die Prawda („Wahrheit"). Er ist wie Apollon und Mithras/Mitra der Erhalter der Richtigkeit in der Welt.

Diese Richtigkeit hat bei den Indogermanen zwei wichtige Symbole: das Rad und die Harfe. Beides kann seine Aufgabe nur erfüllen, wenn es gut und sorgfältig zusammengefügt und alle seine Bestandteile gut aufeinander abgestimmt worden sind.

Durch die Kombination des Rad-Symbols mit der Sonne entstand das vier- oder achtachsige Sonnenrad, das von den frühen germanischen Felsritzungen gut bekannt ist.

Das Rad findet sich als Bezeichnung für die Richtigkeit vor allem bei den Indern, Persern, Mitanni, Hethitern, Römern und Kelten. Als Bild ist es hauptsächlich von Buddha bekannt, der seine Lehre durch ein achtspeichiges Rad symbolisierte: Die Felge ist der Kreis des Lebens, die acht Speichen sind seine Lehre und die Nabe ist die Erleuchtung, die man durch seine Lehre erlangen kann.

Die Regelmäßigkeit und Symmetrie des Rades verkörperte sowohl die Richtigkeit als auch den Rhythmus aller Dinge. In der Regel ist dieses Rad achtspeichig, weil die Zahl „8" als Symbol für „richtig, vollständig, rund" angesehen wurde. Die Bedeutung dieser Zahl liegt in dem binären Zählsystem der Altsteinzeit begründet: Es gab die Zahlen 1, 2, 4, 8 und evtl. noch die 16. Aus diesen fünf Zahlen ließen sich alle anderen Zahlen kombinieren; „7" ist z.B. „4+2+1" und „10" ist „8+2".

Möglicherweise ist der Ring als Jenseitsreisesymbol sowohl aus der runden Gestalt der Sonne abgeleitet worden, deren Lauf das wichtigste Gleichnis für die Jenseitsreise war, als auch von der Felge des Rades, das das wichtigste Symbol der Richtigkeit gewesen ist. Der Ursprung des germanischen Draupnir und des keltischen Torques wäre dann sowohl die Sonne als auch das Rad gewesen.

Die Sonne, das Rad und der Ring sind drei Symbole, die weitgehend identisch miteinander sind und lediglich einzelne Aspekte unterschiedlich betonen. Der Schwerpunkt der drei Symbole liegt bei der Sonne auf der Stärke, bei dem Rad auf der Richtigkeit und bei dem Ring auf der Jenseitsreise.

Das Rad und die Sonne wurden im germanischen Brauchtum bisweilen auch zu flammenden Feuerrädern verbunden, die man zur Sommersonnenwende einen Hang hinabrollen ließ. Möglicherweise stellt auch die Swastika solch ein Sonnen-Feuerrad dar.

Das Bild der Harfe findet sich in der magischen Harfe des keltischen Göttervaters Dagda und in der Leier des Apollon. Da auch die Germanen die Harfe kannten, wie u.a. ein Vers aus der „Vision der Seherin" zeigt, wird wohl auch der Skaldengott Bragi und evtl. auch der Schönheitsgott Baldur Harfe gespielt und dadurch die Schönheit herbeigerufen haben.

Auch der ehemalige germanische Sonnengott-Göttervater Tyr, der auch „Egdir" („Schwert-Mann") genannt worden ist, spielte die Harfe, wie zwei Verse aus dem „Ausspruch der Seherin" zeigen:

Da saß am Hügel und schlug die Harfe
Der Riesin Hüter, der heitre Egdir.

Für die Aufrechterhaltung der Richtigkeit war in der Götterwelt der Sonnengott-Göttervater zuständig. Auf der Erde waren es die Schamanen-Priester und die Sänger, die diese Qualität erhalten und verkörpern sollten. Zu diesen Sängern zählen neben den keltischen Barden, den griechischen Rhapsoden und den indischen Brahmanen auch die germanischen Skalden. Die bekanntesten von ihnen sind der keltische Barde-Druide Taliesin, der griechische Rhapsode Homer, der thrakische Orpheus und der germanische Skalde Bragi.

In der Edda wird betont, daß Baldur ein Ase ist, der (im Gegensatz zu den meisten anderen Asen) das Helle, Schöne, Richtige und Gute verkörpert. Diese Qualität ist der grundlegende Wert in so gut wie allen magisch-mythologischen Weltbildern.

Diese Richtigkeit ist die Ordnung und die Rhythmen der Welt. Solange ein Mensch in Einklang mit dieser Richtigkeit lebt, gelingt ihm alles. Diese Richtigkeit zeigt sich kollektiv in den Mythen und individuell in der Inneren Stimme der eigenen Seele.

Diese Qualität wurde bei den Germanen in der Regel von dem Sonnengott verkörpert, der als „Richtigkeits-Gott" jedoch nicht die Sonne selber war, sondern eher der Aspekt der Richtigkeit und Schönheit der Sonne, der sich u.a. in seiner beständigen Bewegung und in seinen Rhythmen (Tages- und Jahreszeiten) ausdrückte. Sonnenfinsternisse waren vor allem deshalb bei allen Völkern so gefürchtet, weil sie eine Störung dieses fundamentalen Gleichmaßes darstellten.

Bei den Indogermanen hat es drei Sonnengötter gegeben. Der erste ist die Sonne selber, die bei ihnen Suhelios genannt wurde.

Der zweite indogermanische Sonnengott war der Göttervater Dyaus, der der Urahn und der Fürst der Götter war. Seine Mythen enthielten auch die Wiedergeburt, die mit allen Ahnen im Jenseits verbunden war, da sie sich eben bereits im Jenseits befanden und daher auch schon dort wiedergeboren worden sind. Seine Größe und Macht wurde der Sonne verglichen. Da zudem allgemein die Wiedergeburt als Analogie zu dem Sonnenaufgang angesehen wurde, waren der Urahn, der Göttervater und die Sonne in den Mythen eng miteinander assoziiert. Der Göttervater war nicht die Sonne selber, sondern war „wie die Sonne".

Vermutlich stand am Anfang der Urahn, der im Jenseits wie die Sonne wiedergeboren worden war. Später wurde der Urahn auch zu dem Sippenältesten aller Ahnen und somit schließlich auch zu dem Göttervater. Aus dieser Position heraus war er auch der Beschützer der Anführer des Stammes – der Anführer war sozusagen sein Vertreter auf der Erde, da der Anführer in seiner Sippe dieselbe Stellung hatte wie der Göttervater Dyaus im Himmel. Die Verbindung dieses Göttervaters zur Sonne war so eng, daß für ihn der Name „Dyaus" gewählt wurde, der „der Leuchtende" bedeutet. Vermutlich war dies ursprünglich ein Beiname, der seine erfolgreiche Wiedergeburt bezeichnete: Der Urahn war im Jenseits so sicher wiedergeboren worden, wie jeden Morgen die Sonne aufgeht.

Der Name „Dyaus" („Leuchtender") ist lediglich ein anderes Wort für den Namen „Bel" („Strahlender"), von dem sich der Göttername „Baldur" ableitet.

Der dritte indogermanische Sonnengott ist wieder nicht die Sonne selber, sondern eine ihrer Funktionen. Der Göttervater hatte die Aufgabe, die Richtigkeit zu erhalten, und der beständige tägliche und jährliche Lauf der Sonne war das Urbild für die Richtigkeit und die Beständigkeit. Daher wurde das Erhalten der Richtigkeit als Aufgabe des Sonnengottes angesehen. Aus dieser Funktion des Sonnengottes entwickelte sich eine eigenständige Gottheit. Vermutlich ist sie aus einem Beinamen des Sonnengottes oder des Göttervaters entstanden, der sein Erhalten der Richtigkeit beschrieb.

Die Namen Aya, Arta, Rita und Ritus für diese Qualität bedeuten alle „Rad" und gehen auf das indogermanische Verb „ree" für „richten, richtig machen" zurück, von dem sich auch die indogermanischen Worte für „ordnen" („reh") „Anführer" („hregs") und für „Recht" („hregtos") ableiten.

Die Namen Mitra bzw. Mithra bedeuten „Freund, Vertrag", d.h. „verläßliche Richtigkeit". Sie sind schon etwas formaler als die Bezeichnung „Rita".

Der Göttername „Apollon" geht entweder auf seine Bezeichnung als „Verkünder" oder als „Zerstörer" zurück. Im ersten Fall wäre er wohl der „Verkünder der Richtigkeit" und im zweiten Fall der „Besieger der Riesenschlange", die den Sonnengott in der nächtlichen Unterwelt bedroht. Apollons Beiname „Phoebus" kennzeichnet ihn als „den Leuchtenden", d.h. den Sonnengott. Dieser Beiname ist inhaltlich identisch mit dem Namen Baldur, der auf den jungsteinzeitlichen Namen Bel des Sonnengottes zurückgeht.

Die drei Aspekte des indogermanischen Sonnengottes					
Volk	**Sonnengott**				
	1. Aspekt Sonnengott	*2. Aspekt* Erhalter der Richtigkeit	*3. Aspekt* Göttervater (er ist „wie die Sonne")		
			Göttervater	Diesseits/Tag	Jenseits/Nacht
Indogermanen	Suhelios	Bel	Dyaus		
Germanen	Sol, Bel(i)	Baldur	Tyr	zweiarmig	einarmig
Kelten	Bel(enus)	Bel, Lugh	Dagda	Dagda, Lugh	Nuada
Römer	Sol		Jupiter		
Slaven	Dazbog	Belobog	Svarog		
Griechen	Helios	Apollon	Zeus	auf dem Olymp	im Hades
Hethiter	Arianna	Aya	Shiun		
Perser	Mithras	Mithras, Arta	Ahura Mazda		
Inder		Mitra, Varuna	Indra		
Mitanni		Mitra			

Siehe auch den Riesen Beli in Band 5.

VII 2. Der sterbende Gott

Aus der Symbolik des Sonnengottes, der der Erhalter der Richtigkeit war, ergab sich, daß auch der Richtigkeitsgott am Abend starb und am Morgen wiedergeboren wurde.

Diese Symbolik von Tod und Wiedergeburt findet sich am deutlichsten in den Mythen des Baldur.

Bei dem persisch-mitannisch-indischen Mitra/Mithras wurde vor allem die Wiedergeburtsszene dargestellt, da dieser Gott die zentrale Gestalt der Mithras-Mysterien gewesen ist, bei denen die Einzuweihenden einen symbolischen Tod erlebten und wie der sonnengleiche Gott Mithras wiedergeboren wurden. Auch der thrakisch-griechische Dionysos war ein sterbender Gott und die zentrale Gestalt seiner Mysterien.

Diese Verbindung von Sonnengott, Richtigkeit und Mysterien war naheliegend, da durch die Einweihung in die Mysterien der Mensch einen Nahtod erlebte und daher wie der Sonnengott auf seiner nächtlichen Reise durch die Unterwelt reiste und durch dieses Ritual seine eigene innere Richtigkeit, d.h. seine eigene Seele erkannte.

Bei den Kelten bilden Nuada („Wasser-Gott") und Dagda („Guter Gott" oder „Tages-Gott") zusammen den Zyklus des Sonnengottes: Nuada ist der Sonnengott-Göttervater im Jenseits (Wasserunterwelt) und Dagda ist der Sonnengott-Göttervater im Diesseits. In Bezug auf den täglichen Sonnenzyklus entspricht Nuada somit Hödur, während Dagda der keltische Baldur ist.

Bei den Griechen findet sich die Jenseitsreise des Göttervaters am deutlichsten in der Mythe von Zeus und der Riesenschlange Typhon, die dem Zeus alle Sehnen raubte und ihn in der Unterwelt gefangenhielt, bis ihn schließlich der Schamanen-Gott Hermes befreite.

<u>VII 3. Der Ring</u>

Der Ring als Symbol der Jenseitsreise ist am besten von den Kelten bekannt: Der Torque war ein um den Hals getragener offener Ring, der den Eingeweihten nach der erfolgreichen Jenseitsreise verliehen wurde.

Auch die Römer kannten Ringe, die nur von auserwählten Personen getragen werden durften. Die Torques der Kelten und die Ringe der Römer werden dem Draupnir der Germanen entsprochen haben.

Außerhalb dieser drei westlichsten der indogermanischen Völker, die nah miteinander verwandt sind, finden sich die magischen Ringe nur noch bei den Narten, die Nachkommen der Skythen sind. Bei den Narten besitzt die Große Mutter Schatana einen Ring, den sie ihrem Sohn mit auf seinen Weg ins Totenreich gibt. Wenn man mit diesem Ring am Meeresstrand einen Kreis in den Sand zieht, entsteht dort das „Schwarze Schloß", das die Unterwelt darstellt.

Möglicherweise ist die Ringsymbolik einst bei den Indogermanen weiter verbreitet und nicht nur auf den germanisch-römisch-keltischen Zweig beschränkt gewesen. Aber da die Überlieferung der Narten aus recht später Zeit stammt, könnte der magische Ring vielleicht auch erst in späterer Zeit zu den nartischen Mythen hinzugefügt worden sein.

VII 4. Der Mistelpfeil

Die Mistel wurde von den Druiden mit goldenen Sicheln geschnitten und gesammelt, wie u.a. Plinius der Ältere berichtet. Leider gibt er nicht die Jahreszeit an, in der dies geschieht. Da die Mistel eine immergrüne Pflanze ist, stellte sie vermutlich das Weiterbestehen des Lebens im Winter und in der Unterwelt und somit die Hoffnung auf die Wiedergeburt der Pflanzen im Frühjahr und die Wiedergeburt der Seele im Jenseits dar.

Im Fiölswin-Lied wird erzählt, daß Loki den Mistelzweig, aus dem er den Pfeil fertigte, mit dem dann Hödur den Baldur erschoß, am Tor zur Hel pflückte. Dieses Motiv bestätigt den Zusammenhang zwischen der Mistel und der Wiedergeburt, die ein Durchschreiten des Tores der Hel ist.

Der Tod des Baldur durch einen Mistelzweig wird eine Umdeutung sein, in der wie so oft das, was früher einmal auf dem Weg ins Jenseits geholfen hat, zum Verursacher des Todes umgedeutet worden ist.

Diese Symbolik ist nur von den Kelten und den Germanen bekannt. Sie wird daher von den gemeinsamen Vorfahren der Germanen, Kelten und Römer entwickelt worden sein.

Im Mittelmeerraum entspricht das immergrüne Efeu der Mistel der Kelten und Germanen.

VII 5. Das Totenschiff

Das Totenschiff ist durch die Vorstellung entstanden, daß die Unterwelt ein großes Wasser ist. Mit der Zeit wurde daraus eine Insel im westlichen Meer, wo die Sonne in die Unterwelt versinkt: das Tier-nan-og der Kelten, das Atlantis der Griechen und die Insel Walaskialf („Toten-Schäre") der Germanen. Noch später entwickelte sich dieses Bild zu einem Land unter der Erde weiter, zu dem man über einen Jenseitsfluß gelangte: Über diesen Fluß werden die Toten in dem Kahn des Jenseitsfährmannes (Schamanen) übergesetzt.

Diese Szenerie ist von dem griechischen Charon auf dem Styx am bekanntesten, aber sie war sehr weit verbreitet. Noch im Mittelalter legte man den Toten einen Groschen für den Jenseitsfährmann in den Mund – was heutzutage den Archäologen das Datieren von Gräbern sehr erleichtert …

Dieser Jenseitsfluß hieß bei den Germanen Gjallar („Tosender"). Das Harbard-Lied, in dem Odin ein Fährmann ist, der sich weigert, den Thor überzusetzen, spielt vermutlich auch am Jenseitsfluß. Ein solcher Jenseitsfährmann bzw. Jenseitstor-Wächter ist der Schamanen-Gott Odin auch im Fiölswin-Lied und in der Völsungen-Saga bei Sinfiötlis Tod.

Der Jenseitsfluß und die Jenseitstor-Quelle finden sich in den Mythen fast aller Völkern, da die Wasserunterwelt eins der ältesten mythologischen Motive ist.

VII 6.   Die Feuerbestattung

Die Feuerbestattung war bei allen Indogermanen außer bei den Lydo-Hethitern, den Balto-Slawen und den Kelto-Romanen allgemein üblich. Vereinzelt kam diese Bestattungsform aber als „Spezialbehandlung" aber auch bei diesen Völkern vor wie z.B. bei der Bestattung der hethitischen Könige und Königinnen, die das Verbrennen der Toten als den schnellsten Weg für die Verstorbenen zu den Göttern ansahen. Am bekanntesten sind die Feuerbestattungen heute vermutlich von den Indern.

Die Feuerbestattung entstand dadurch, daß zunächst Opfergaben für die Toten verbrannt, d.h. „getötet" wurden, damit sie in das Jenseits zu den Toten gelangten. Daraus ergab sich das Motiv des Feuers als Jenseitstor, weshalb viele Rituale mit dem Entzünden eines Feuers begonnen wurden, um das Tor zu den Ahnen und den Göttern zu öffnen. In manchen Tempeln brannten „ewige Feuer", die das Tor zu den Göttern offenhielten. Diese Symbolik wurde schließlich auch auf die Bestattungen übertragen, wodurch dann der Brauch des Verbrennens der Toten entstand.

VII 7.   Das Opfer der Ehefrau

Den Brauch, daß die Frau eines Verstorbenen freiwillig in das Bestattungsfeuer springt und mit ihrem Gatten verbrennt, ist heute nur noch in Indien zu finden und wird dort „Sati" genannt.

Das gewaltsame Opfer der Ehefrau des Verstorbenen oder einer Stellvertreterin für sie ist am besten für die Germanen, Skythen und Inder belegt. Da diese drei Völker ganz unterschiedlichen Zweigen der Indogermanen angehören, wird der Brauch der Witwenverbrennung noch von den ursprünglichen Indogermanen stammen.

VII 8.   Die Jenseitsgöttin

Die Frau des Toten vertrat im Bestattungsritual die Jenseitsgöttin, mit der sich der Verstorbene in der Unterwelt vereinte, um dann von ihr wiedergeboren zu werden. Wie der Bericht des Arabers Ibn Fadlan zeigt, war diese Vorstellung um 920 n.Chr.

bei den Germanen noch lebendig und wurde im Ritual durch die Vereinigung der „Freunde des Toten" mit der Frau, die anschließend getötet wurde, inszeniert.

Die indogermanische Jenseitsgöttin hatte mehrere Namen: Als Heusos war sie der Himmel, der jeden Morgen die Sonne (wieder-)gebiert; als Dehnu war sie die Flußgöttin, der Jenseitsfluß und das Jenseitswasser; und als Priheh war sie die Geliebte des Toten im Jenseits. Sie gebar den Toten wie die Sonne (Heusos) in der Wasserunterwelt (Heusos), nachdem sie sich mit ihm vereint hatte (Priheh). Aus der Göttin Priheh, die bei der Wiederzeugung die Geliebte des Toten war, wurde bei den Germanen die Göttin Freya.

VII 9. Horn und Rinderfell

Die Druiden setzten sich auf ein Stierfell, wenn sie innerlich ins Jenseits reisten. Unter diesem Stierfell lag meistens noch ein Geflecht aus Ebereschenzweigen. Auch die Germanen benutzten beim „utiseta" ein Stierfell. In den Mysterien von Eleusis saßen die Einzuweihenden auf einem dreibeinigen Hocker, auf dem ein Ziegenfell lag.

Diese Felle waren das Fell des Tieres, das bei der Bestattung geopfert worden war, damit der Tote dessen Zeugungskraft erhielt. Dadurch waren die Toten, die Schamanen und die in die Mysterien Eingeweihten „Gehörnte".

Die Äste und Sitze unter diesen Fellen, die vermutlich u.a. Odins Thron entsprechen, waren letztlich der Weltenbaum, der der Weg ins Jenseits war. Von diesem Weltenbaumes haben die keltischen Druiden ihren Namen erhalten: „dru-vid" = „die Eichen-Seher", d.h. „die den Weltenbaum entlang ins Jenseits gereist sind und nun von dort aus alles sehen können".

Diese Symbolik scheint allen Indogermanen bekannt gewesen zu sein. Mit diesem Sitz war oft noch ein Schacht verbunden, der den Weg in die Unterwelt darstellte. Am besten ist er aus den Ritualen der Kelten, der Lyder, der Hethiter und der Perser bekannt. Bei den Griechen saß die Phytia, die Priesterin des Orakels von Delphi, auf einem Hocker über einer Erdspalte, die der Zugang zu der Jenseitsgöttin war.

Das Schiff „Hringhorni" („Ring-Horn") des Baldur war vermutlich auch solch ein „Fell mit Hörnern", da man auf ihm ins Jenseits reisen konnte. Und es war auch ein Ring, da der Ring die Fähigkeit, ins Jenseits reisen zu können, darstellte. Baldurs Schiff war daher sowohl ein Ring als auch ein Horn/Fell, eben ein „Ring-Horn". Wahrscheinlich war auch Odins bzw. Freyrs magisches Schiff Skidbladnir solch ein Jenseitsreise-Fell.

VII 10. Der Lachs

Der Lachs ist in den keltischen Sagen oft der Vermittler der Fhirinne (Richtigkeit). Er lebt meist in den Quellen, die dem Sonnengott-Göttervater Dagda heilig waren. Wer von dem Lachs ißt, erwirbt die Fhirinne. Der Lachs entspricht daher den Äpfeln der Idun und dem Göttermet. Die dreimalige Jagd der Götter nach Loki in Lachsgestalt wird daher vermutlich auf eine rituelle Lachsjagd zurückgehen, die in Verbindung mit der Jenseitsreise stand. Auch die drei Versuche, die die Asen benötigen, sprechen für eine Jenseitssymbolik. Zudem befindet sich Loki anschließend an seine Gefangennahme in der Unterwelt, wie die Erdbeben zeigen, die durch sein Aufbäumen verursacht werden. Möglicherweise hat es auch einen Kampf zwischen Tyr und Loki in Lachs-Gestalt gegeben.

Der Lachs ist sicherlich eng mit den Jenseitswassern assoziiert worden ebenso mit der Quelle unter dem Weltenbaum, die sowohl von den Kelten als auch von den Germanen bekannt ist.

Die Motive des Rings, der Mistel und des Lachses sind vermutlich alle drei bei den gemeinsamen Vorfahren der Germanen, der Kelten und der Römer entstanden. Lediglich der Ring als Jenseitsreise-Symbol könnte noch älter sein, da er sich auch bei den Narten, die Nachkommen der Skythen sind, findet.

Die gemeinsamen Vorfahren der Kelten, Römer und Germanen lebten um ca. 1.800 v.Chr im Tiefland der Donau südwestlich der Karpaten (wo sich Bulgarien, Ungarn und Kroatien treffen). Von dort aus wanderten die Germanen die Donau entlang nach Norden weiter, während die gemeinsamen Vorfahren der Kelten und Römer noch ca. 800 Jahre in dem Tiefland der Donau blieben und sich erst dann trennten: Um ca. 1000 v.Chr. zogen die Kelten die Donau aufwärts bis zu ihrer Quelle und die Römer westwärts nach Italien.

In der bulgarisch-ungarisch-kroatischen Tiefebene hat sich die indogermanische Religion offenbar zwischen ca. 2200 v.Chr. (Expansion in die Donau-Tiefebene) und 1800 v.Chr. (Wanderung der Germanen nach Norden) aufgrund der durch die Karpaten von den übrigen Indogermanen isolierten Lage Motive entwickeln können, die bei den anderen indogermanischen Völkern nicht vorkommen.

Diese seperate Weiterentwicklung findet sich auch bei einigen germanischen Gottheiten, die hauptsächlich Parallelen bei den Kelten und Römern finden.

Möglicherweise haben die Skyten, die damals die östlichen Nachbarn der gemeinsamen Vorfahren der Germanen, Kelten und Römer gewesen sind, von diesen die Ring-Symbolik übernommen, die sie dann in ihren Mythen bis zu den Narten weitergegeben haben.

VII 11. Der Göttermet

Der Göttermet ist das rituelle Getränk im Kult der Indogermanen gewesen. Es hieß bei den Germanen und den Kelten „Met", bei den Indern „Soma" und „Amrita", bei den Persern „Haoma", bei den Griechen „Nektar ambrosia" usw. Dieser Trank symbolisierte sehr wahrscheinlich die Milch der Jenseitsgöttin. Die Wiedergeburt war nicht nur durch eine Wiederzeugung, sondern auch durch ein Wiederstillen im Jenseits ergänzt worden. Nach einer Weile erhielt dann auch die im Ritual getrunkene Milch der Göttin die Fähigkeit zugeschrieben, die ewige Jugend und die Erleuchtung zu verleihen, die beide letztlich mit der Wiedergeburt identisch sind.

Das Wort „Met" leitet sich von indogermanisch „medhu" für „Honig, Honigwein" her. „Soma" und „Haoma" stammen von dem indogermanischen Wort „sauma" für „gepreßter (Saft)" ab. „Sauma" ist das Substantiv zu dem Verb „sav" für „pressen". „Amrita" und „Ambrosia" bedeuten beide „das Unsterblich-machende". „Nektar" bedeutet „das den Tod überwindende".

Aus diesen drei Wurzeln der Namen für das indogermanische Ritualgetränk ergibt sich, daß dieser Trank aus Wasser, Honig und einem Pflanzen-Preßsaft gebraut wurde und, wenn er im Ritual getrunken wurde, Unsterblichkeit verlieh.

Wie im Wegtam-Lied berichtet wird, steht dieser Trank in Hels Halle auch für Baldur in einem Kessel, der mit einem Schild bedeckt ist, bereit.

Der in den germanischen und keltischen Mythen auftretende Lachs ist die Übertragung dieser Trank-Symbolik auf eine Speise.

In der Gesta Danorum des Saxo grammaticus erhält diese Speise auch die Fähigkeit, den Balder und andere Menschen unverwundbar zu machen. Diese Speise erhält diese magische Qualität dadurch, daß drei Jungfrauen (Nornen) Schlangengift in die Speise tropfen lassen. Auch Siegfried erhält seine Unverwundbarkeit durch eine Schlange, d.h. durch das Blut des Drachens Fafnir.

Diese Unverwundbarkeit ist vermutlich eine Weiterentwicklung der Wiedergeburt: Aus dem Wiedergeborenwerden nach dem Tod wurde eine Verhinderung des Todes. Die Schlange erscheint hier als Symbol der Reise in das Jenseits: Odin verwandelte sich in eine Schlange, als er in das Jenseits zu der Riesentochter Gunnlöd reiste. Auch Zeus nahm die Gestalt einer Schlange an, als er in die Unterwelt reiste, und sich dann dort mit der Göttin Persephone zu vereinen.

Diese Symbolik zeigt deutlich, daß der Göttermet vor allem ein Symbol der Wiedergeburt ist. Daher gehört der Göttermet auch zu dem Asen Baldur.

Dieselbe Symbolik findet sich auch in der christlichen Eucharistie.

VII 12. Unverwundbarkeit

In der Edda erhält Baldur seine Unverwundbarkeit dadurch, daß Frigg allen Dingen außer der Mistel den Eid abnimmt, ihren Sohn Baldur nicht zu verwunden. In der Gesta danorum mischen drei Jungfrauen Schlangengift in Baldurs Speise, wodurch er vor allen Waffen geschützt ist.

Siegfried wurde dadurch unverletzbar, daß er in dem Blut des Drachen Fafnir badete, wobei ihm jedoch ein Lindenblatt zwischen die Schulterblätter fiel und er dort ungeschützt blieb.

Der schwedische König Harald Kampfzahn erhielt, nachdem ihn als Jüngling ein Pfeil im After getroffen hatte, von Odin den magischen Schutz, daß er nicht von Eisen verletzt werden konnte. König Harald starb 50 Jahre später dadurch, daß ihn sein eigener Wagenlenker mit einer hölzernen Keule erschlug.

Der keltische Sonnengott Lleu Law Gyffes wird im Mabinogion als unverwundbar dargestellt. Mit seiner Unverwundbarkeit war ein ganz besonderer Zauber verbunden:

Lleu Law Gyffes Unverwundbarkeit	
er ist nicht verwundbar, wenn:	=> *er ist nur verwundbar, wenn:*
nicht bei Tage und nicht bei Nacht	nur bei Sonnenuntergang
nicht im Haus und nicht außer Haus	nur auf der Schwelle zwischen den beiden Welten
nicht bekleidet und nicht unbekleidet	nur mit einem Netz bekleidet
von keiner in erlaubter Weise gefertigten Waffe	nur von einem Speer, der nur während der Messe geschmiedet wird

Das Bild des Todes des Sonnengottes auf der abendlichen Schwelle zwischen Diesseits und Jenseits am westlichen Horizont ist hier sehr deutlich dargestellt.

Als Lleu Law Gyffes auf die oben beschriebene Weise schwer verwundet wird, verwandelt er sich in einen Adler (Seelenvogel des Sonnengottes-Götterkönigs) und flieht auf einen hohen Baum (Weltenbaum). Von dort wird er von einem Freund mit einem Lied herabgerufen und verwandelt sich wieder in seine menschliche Gestalt. Dieses Lied wird die morgendliche Sonnenhymne der Indogermanen gewesen sein, von der auch im Spruch der Man-Rune berichtet wird:

*„Ein fünfzehntes kann ich, das Volkrast der Zwerg
sang vor den Toren des Tages
den Asen zur Stärke, den Alfen zur Kraft,
Hohe Weisheit dem Hroptatyr."*

Der keltische Schmiedegott Goibhniu stellte nicht nur die Waffen der Tuatha de Danan, also der keltischen Götter her, sondern konnte auch einen Trank brauen, der sie unverwundbar machte.

In den irischen Sagen ist der Held Fer Diad unverwundbar. Der Held Cú Chulainn kann ihn schließlich dadurch töten, daß er seinen magischen Speer in den After des Fer Diad rammt und ihn innerlich verletzt. Diese seltsame Verletzung findet sich auch bei dem durch Eisen unverletzbaren schwedischen König Harald Kampfzahn. Dieses Motiv könnte daher evtl. bis zu den gemeinsamen Vorfahren der Germanen und Kelten im Douau-Tiefland um 1800 v.Chr. zurückreichen.

Die Scheide des Schwertes Excalibur machte König Artus unverwundbar oder verhinderte zumindestens, daß er an Wunden starb.

Der nartische (skythische) Held Soslan erhielt seine Unverwundbarkeit, als er als Ungeborener in einem Stein verborgen lag und ein Hirte, als er die schöne Sätänä sah, seinen Samen auf diesen Stein fallen ließ. Diese „Steingeburt", die vor allem von dem persischen Gott Mithras bekannt ist, ist eigentlich eine Wiedergeburt, bei der der Betreffende aus der Unterwelt (Fels = Hügelgrab) zurückkehrt. Die Szene mit dem Hirten ist die Wiederzeugung und die schöne Sätänä ist die Göttin als Geliebte im Jenseits.

Der Fels als Eingang zur Unterwelt findet sich auch bei den Indern, bei denen Indra das Wasser und die Kühe aus einem Felsen befreit, wo sie die Unterweltsschlange Vritra gefangenhält. Bei den Germanen findet sich dieses Motiv in der Hervor-Saga, in der die beiden Zwerge, die das Schwert Tyrfing schmiedeten, aus einem Felsen hervortraten.

Letztlich geht dieses Motiv vermutlich auf die Einweihungsrituale auf den Hügelgräbern (Felsen) zurück.

Der nartische Held Soslan war jedoch nur abwärts bis zu seinen Knien unverwundbar. Seine vielen Abenteuer endeten schließlich dadurch, daß er die Liebe der Tochter des Sonnengottes zurückwies und diese ihn daraufhin mit dem Rad des Bälsäg (Sonnen-Feuerrad) verstümmelte.

Der griechische Held Achilles war der Sohn des Königs Peleus und der Meeresnymphe Thetis. Seine Mutter tauchte ihn als Säugling in die Fluten des Jenseitsflusses Styx, wodurch er unverwundbar wurde – außer an seiner Ferse, an der sie ihn festhielt. (Sie wurde zu der sprichwörtlichen Achillesferse, an der die Achillessehne beginnt.) Achilles wurde von dem Zentauren Cheiron aufgezogen. Er starb schließlich dadurch, daß Apollon einen Pfeil des Paris auf die Ferse des Achilles lenkte. Diese Form der Fast-Unverwundbarkeit ist der des Soslan, der nur von den Knien abwärts verwundbar war, sehr ähnlich.

Die Verwundbarkeit am Fuß bzw. an der unteren Hälfte der Beine erinnert an das Motiv des in der Unterwelt verlorenen Schuhes des Sonnengottes. Es hat den Anschein, als ob es einst ein mythologisches Motiv gegeben hätte, bei dem der Sonnengott am Abend wandermüde geworden ist, sich am Fuß verletzte oder einen seiner Schuhe verlor und deshalb in der Unterwelt schlafen ging. Vielleicht ist Odins Deckname „Wegtam", der „der vom Wandern Müde" bedeutet, eine Erinnerung an dieses Motiv, das es vielleicht bei dem Sonnengott-Göttervater Tyr noch gegeben hat.

Vermutlich gehört auch Aurvandils in den Eliwagar-Gletschern (Jenseits) abgefrorener Zeh zu dieser Symbolik – zumal Thor diesen Zeh an den Himmel emporschleuderte, wo er zu der Venus wurde, die bei den Indogermanen allgemein als Botin der aufgehenden Sonne angesehen wurde, da man diesen Planeten kurz vor Sonnenaufgang als „Morgenstern" sehen kann.

Das Fuß/Schuh-Motiv wurde anscheinend auch mit der Wiederzeugung in der Unterwelt assoziiert, wodurch der verlorene Schuh auch die Verbindung zu der Geliebten-Göttin werden konnte. Da dieses Motiv sowohl in dem Märchen „Aschenputtel" als auch in den altägyptischen Erzählungen erscheint, reicht das Fuß/Schuh-Motiv des Sonnengottes vermutlich bis in die frühe Jungsteinzeit zurück.

Der griechische Held Kyknos hat seine Unverwundbarkeit als Geschenk von seinem Vater Poseidon erhalten. Da er durch Waffen nicht verletzbar war, erwürgte Achilles ihn.

Das Mädchen Caemus wurde von Poseidon vergewaltigt. Als diesen seine Tat reute, erfüllte er ihr einen Wunsch. Sie wählte ein unverwundbarer Mann zu sein, damit ihr nicht noch eine Vergewaltigung passieren konnte. Caemus starb schließlich bei einem Kampf, bei dem er lebendig begraben wurde und erstickte.

In diesen Unverwundbarkeits-Mythen treten einige Motive mehrfach auf:

- alle unverwundbaren Helden sterben auf eine ungewöhnliche Weise,
- es gibt einen Hinweis auf die Unterwelt:
    - Schamanengott Odin,
    - Drache und Schlange als Tiere der Unterwelt,
    - der Schmiedegott Goibhniu lebt in der Unterwelt,
    - Geburt aus einem Stein,
    - Bad im Jenseitsfluß Styx,
    - Erziehung durch den Zentauren Cheiron („Pferdemenschen" = Ahn im Jenseits, der mit dem für ihn geopferten Pferd identifiziert

worden ist),
- die Unverwundbarkeit wird durch die Mutter erlangt (Frigg, Thetis),
- sie steht mit dem Sonnengott in Verbindung (Baldur, Bäldäg, Apollon),
- sie ist mit der Schlange bzw. dem Drachen verbunden (Baldur, Siegfried),
- die Unverwundbarkeit steht mit der Sexualität in Zusammenhang (Soslan, Caemus)
- die Unverwundbarkeit hat einen Makel
- in der Dämmerung verletzbar,
- auf der Schwelle verletzbar,
- mit einem Netz bekleidet verletzbar,
- mit einem besonderen Speer verletzbar,
- nur durch das Sonnenrad verletzbar,
- von den Knien abwärts verletzbar,
- nur an der Ferse verletzbar
- nur im After verletzbar.

Diese Motive finden sich alle in den Vorstellungen über den täglichen Sonnenlauf wieder:

Der unverwundbare Sonnenheld	
Sonne	*Sonnenheld*
Die Sonne (Dyaus) ist der mächtigste Gott,	Der Held ist fast unverwundbar
aber sie stirbt trotzdem am Abend	und stirbt einen ungewöhnlichen Tod.
und reist in das Jenseits,	In seiner Sage erscheinen die Schlange und der Drache als Symbole des Jenseitsweges,
vereint sich im Jenseits	er vereint sich mit einer „Prinzessin",
mit der Muttergöttin	er erhält von einer „weisen Frau" oder einer Schlange/Drache die Unverwundbarkeit
und wird daraufhin wiedergeboren	und er ist wie die Morgensonne.

Diese (fast) unverwundbaren Sonnenhelden sind, wenn man von Baldur absieht, bereits vom Erhalter der Richtigkeit zum Ideal des Helden geworden. Durch die kriegerische Lebensweise der Indogermanen ist das mit der Sonne verbundene Ideal der Richtigkeit zu einem kriegerischen Sonnenhelden geworden. Beide Bilder stehen allerdings oft nebeneinander wie z.B. bei den Germanen Baldur und Siegfried, bei den Griechen Apollon und Achilles und bei den Kelten Lugh und Fer Diad.

Die Unverwundbarkeit der Helden, die am Ende aber trotzdem sterben, ist wohl vor allem ein Bild für ihre große Kraft und ihre übermenschliche Stellung. Sie alle haben trotz allem einen Schwachpunkt, durch den sie trotzdem sterben können. Dieser „Schwachpunkt" ist identisch mit den „mythischen Verletzungen" wie Tyrs abgebissene Hand, Odins blindes Auge, Aurvandils fehlender Zeh, der Steinsplitter in Thors Kopf usw.

Diese verletzlichen Punkte und Verletzungen sind alle ein Bild dafür, daß der Betreffende ein Jenseitsreisender ist, was für alle Ahnen und insbesondere für die Sonnengötter gilt, die schließlich jeden Abend bzw. in jedem Herbst sterben.

Die Mistel ist offensichtlich das Symbol dafür, daß Baldur als Sonnengott jeden Abend sterben muß – egal wie sehr er auch am Tag strahlen mag. Die immergrüne Mistel ist aber auch das Symbol des Vertrauens darauf, daß die Sonne am Morgen wiedergeboren wird – und auch die Verstorbenen im Jenseits.

Die Unverletzlichkeit war eine Qualität des Sonnengottes, die dieser als Göttervater und Anführer der Krieger besaß bzw. besitzen wollte. Diese Unverletzlichkeit konnte aber nicht vollkommen sein, da die Sonne sonst am Abend nicht mehr hätte sterben können – was sie aber ganz offensichtlich tat.

Aus diesem Dilemma, also dem Widerstreit zwischen der angestrebten Allmacht des Sonnengott-Göttervaters und seinem offensichtlichen allabendlichen Tod, entstand zum einen die Verharmlosung seines Todes zu einer Verwundung, zu einem verlorenen Schuh und zur Wandermüdigkeit und zum anderen zum Ersetzen des Sonnengott-Göttervaters durch einen Krieger-Göttervater.

Dieser zweite Vorgang fand bei den Germanen während der Völkerwanderungszeit (375-568 n.Chr.) statt, als der ursprüngliche, jeden Tag sterbende Göttervater Tyr durch den kriegerischen Schamanen-Gott Odin abgelöst wurde. Noch einmal 400 Jahre später begann in Island in zunehmendem Maße der Donnergott Thor, der kaum noch etwas zyklisches in seinem Wesen hatte, zu dem wichtigsten und obersten Gott zu werden.

VII 13. Zusammenfassung

Baldur ist der germanische Gott der Richtigkeit. Sein wichtigstes Symbol ist der Ring Draupnir, der sowohl die Sonne als auch das „Rad der Richtigkeit" darstellt.

Als Sonnengott stirbt Baldur jeden Abend und jeden Herbst und wird dann am Morgen bzw. im Frühling von der Jenseitsgöttin wiedergeboren. Wahscheinlich ist Baldurs Frau Nanna („Mutter") ursprünglich diese Göttin gewesen sein.

Baldur fährt auf einem brennenden Schiff ins Jenseits. Die immergrüne Mistel wird ursprünglich ein Symbol der Hoffnung auf die Wiedergebrut gewesen sein, bevor sie zur Ursache des Todes umgedeutet worden ist.

Das Horn und das Rinderfell des Utiseta werden aus dem Brauch stammen, bei der Bestattung, dem Wahrsagen, in den Mysterien, bei der Krönung u.a. Jenseitsreisen ein Herdentier zu opfern, um dessen Zeugungskraft auf den Jenseitsreisenden zu übertragen, damit diesem seine Wiederzeugung im Jenseits zusammen mit der Jenseitsgöttin sicher gelingt.

Der Göttermet und der Lachs sind sekundäre Symbole der Wiedergeburt, die im Ritual verwendet wurden. Das wichtigste Symbol des „Wiederstillens" war der Göttermet.

Baldurs Unverwundbarkeit und die Mistel, die ihn dann doch töten kann, sind die Symbole für die Stärke der Sonne und für ihren trotzdem unvermeidlichen Tod am Abend bzw. im Herbst.

VIII Die Wurzeln des Baldur in der Jungsteinzeit

Der Gott der Richtigkeit (Baldur) als Aspekt des Sonnengottes ist vermutlich erst um ca. 3.000 v.Chr. entstanden, als an die frühere, kollektiv geleitete Stammesorganisation die zentral strukturierten Königreiche traten.

Dieser Übergang läßt sich am besten in der altägyptischen Religion beobachten, in der der Sonnengott Re zunächst immer wichtiger wurde und dann nach und nach zum Göttervater aufstieg. Zunächst war Re noch der allmorgendlich wiedergeborene Sohn der Himmelsgöttin Hathor-Nut. Mit der Zeit wurde Hathor jedoch zu seiner Tochter umgedeutet und ihm auf diese Weise untergeordnet.

Die Richtigkeit wurde in der Frühzeit des Ägyptischen Reiches als eine Qualität der Muttergöttin aufgefaßt. Der Name dieser Qualität lautet auf ägyptisch „Ma'at", was wörtlich „das zur Mutter gehörende" bedeutet. Auch bei den Sumerern wurde die Richtigkeit auf diese Weise bezeichnet: „Me". Ab dem Mittleren Reich wurde die Ma'at zu der Grundqualität des Sonnengottes Re. In den Sonnenhymnen wird beschrieben, daß die Ma'at die Nahrung, der Trank, die Ausstrahlung, die Worte, die Taten usw. des Re sind – Re ist die verkörperte Ma'at.

So wie Re in der Natur und in der Götterwelt die richtige Ordnung („Ma'at") aufrechterhielt, so war es auch die einzige Aufgabe des Pharaos, auf der Erde dafür zu sorgen, daß alle Dinge in der Ma'at ruhten.

Die Qualität der Ma'at zeigte sich in jedem Menschen als die „Gottheit im eigenen Herzen", d.h. als die eigene Seele. Die Sumerer hatten das Sprichwort „Mit dem eigenen Me („Richtigkeit") gelingt alles; ohne das eigene Me gelingt nichts."

Die Jungsteinzeit begann am Ende der Eiszeit um 10.500 v.Chr. in Mesopotamien. Zu dieser Zeit wurden die ersten Tempel der Menschen in Göbekli Tepe errichtet. Zunächst ernährten sich die Menschen noch von der Jagd, aber bis 8.000 v.Chr. trat in zunehmendem Maße der effektivere Ackerbau an die Stelle der Jagd.

Von diesen frühen Jägern und Ackerbauern stammen die Indogermanen, die Ägypter, Sumerer, Babylonier, Araber, Berber, Kreter und noch einige andere Völker ab.

Der Name des Sonnengottes war bei fast allen diesen Völkern „Bel". Dieser Name hatte oft auch die sekundäre Bedeutung „Herr", die sich auch noch bei Baldur findet. Der Name für das Gestirn am Himmel variiert hingegen bei diesen Völkern sehr stark. Der Name „Bel" wird vermutlich der ursprüngliche Name der Sonne gewesen sein, der meistens mit der Richtigkeit und mit dem Königtum verbunden wurde. Die Nebenbedeutung „Herr" ist dadurch entstanden, daß sich die Könige der Sonne verglichen und sich als „Sohn der Sonne" auffaßten.

Der Sonnengott nahm abends bei seinem Eintritt in die Unterwelt, d.h. bei seinem Tod, die Gestalt eines Stieres an und vereinte sich dann mit der kuhgestaltigen Jenseitsgöttin, die ihn am Morgen dann als Kälbchen wiedergebar. Diese Vorstellung ist vermutlich am besten durch das „Goldene Kalb" bekannt, das die Juden verehrten, während Moses auf dem Berg bei Gott weilte.

Ein weiteres Bild für die Sonne war der Triskelis, also das „Dreibein", das das erste Mal um 5.500 v.Chr. auf der Keramik in Mesopotamien erscheint. Aus ihm wurde dann schließlich das Hrungnir-Herz. Es war fast immer mit der Muttergöttin und mit dem Skorpion als Symbol des Jenseits und der Wiedergeburt verbunden.

Es gab das Trikelis damals noch mit drei, vier und fünf Beinen. Die Symbolik der „3" als Zahl des Sonnenzyklus hat sich demnach erst später gebildet.

„vierbeiniges Triskelis" (Swastika), darüber Kopf und Arme der Göttin; Samarra bei Bagdad, 5.500 v.Chr.

Triskelis (Haupt der Gorgo mit Flügeln und drei Beinen); Römer, 19 v.Chr.

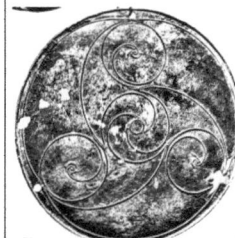

Triskele; Kelten, 100 v.Chr.

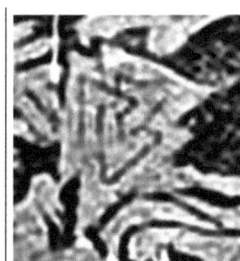

Hrungnirs Herz (drei ineinander verschlungene Dreiecke); Germanen, 700 n.Chr.

Das Konzept der Richtigkeit ist vermutlich zu Beginn der Jungsteinzeit entstanden, als das zunehmend komplexere Leben und die größeren Gemeinschaften abstraktere logische Strukturen erforderten. In den kleinen Gemeinschaften der Altsteinzeit, in denen jeder jeden kannte und das Leben zwar nicht einfach, aber recht schlicht war, genügten die Erinnerungen an die Menschen, Tieren und Dingen, von denen man umgeben war, um sich zu orientieren.

In der Jungsteinzeit wurden jedoch Vergleiche und Übertragungen, also Analogieschlüsse notwendig, um alles einordnen zu können. Man konnte z.B. nicht alle 5.000 Menschen, die bei der Erbauung der ersten Tempel in Göbekli Tepe zusammenarbeiteten, persönlich kennen, aber man konnte sie in Steinmetze, Jäger, Gräber, Träger, Zimmerleute usw. unterteilen.

Die aus diesen Analogien resultierende Weltbeschreibung waren die Mythen. In den Mythen erhielt jeder Mensch, jedes Ding und jedes Ereignis seinen Platz, an dem es richtig war und an dem es gedeihen konnte. Die wichtigste Analogie war die zwischen dem Getreide und dem Menschen: Zeugung = Aussaat, Geburt = Keimen,

Leben = Wachstum, Tod = Ernte. Die wichtigste zeitliche Analogie, d.h. der wichtigste Rhythmus war der Jahreslauf.

Diese Qualität der Richtigkeit ist offenbar als ein Aspekt der Geborgenheit bei der Großen Mutter aufgefaßt worden, die die zentrale Qualität in der Altsteinzeit gewesen ist. Bei den Ägyptern und den Sumerern, die als erste Völker eine Schrift erfanden, ist diese Richtigkeit noch immer eine Qualität der Muttergöttin.

Die Richtigkeit begann sich erst dann allmählich in einen männlichen Gott bzw. zu einem Aspekt des Sonnengott-Göttervaters zu verwandeln, als um 3.150 v.Chr. das Königtum entstand.

Die Qualität der Richtigkeit ist natürlich auch außerhalb der Völker gut bekannt, die von den frühen Ackerbauern in Mesopotamien abstammen: Die Chinesen nennen diese Qualität Tao, die Tibeter Tashi, die Navahos Ho'zhong usw.

Die Qualität der Richtigkeit, die Baldur verkörpert, war zu Beginn der Jungsteinzeit das wichtigste Element der Weltanschauung. Es wurde als Aspekt der Geborgenheit aller Dinge in der Großen Mutter angesehen.

Zu Beginn des Königtums wurde der Sonnengott zum Erhalter dieser Richtigkeit. Schließlich verselbständigte sich dieser Aspekt des Sonnengottes zu einer eigenen Gottheit, von der auch Baldur abstammt.

In der Jungsteinzeit, die in Mesopotamien von 10.500-3.250 v.Chr. dauerte, war „Bel" der Name der Sonne und des Sonnengottes. Als am Ende der Jungsteinzeit das Königtum entstand, sahen sich die Könige als „Sohn der Sonne" an, wodurch „Bel" auch die Bedeutung „Herr, König" erhielt.

Der germanische Gott Baldur hat noch immer die Wiedergeburtssymbolik der Sonne und sein Name bedeutete auch noch immer „Herr, König".

Baldur verkörpert vor allem die Funktion des Sonnengottes als „Erhalter der Richtigkeit".

IX Die Wurzeln des Baldur in der Altsteinzeit

Die Finnen haben eine besondere Bedeutung für die Germanen, auch wenn sie nicht zu den indogermanischen Völkern und nicht einmal zu den nostratischen Völkern zählen, d.h. nur sehr entfernt mit den Germanen verwandt sind. Diese Bedeutung liegt darin begründet, daß die Finnen und die Germanen in Skandinavien seit 1800 v.Chr. Nachbarn gewesen sind und zwischen beiden Völkern ein reger Austausch bestand. So hatte z.B. der norwegische König Harald Haarschön eine finnische Zauberin zur Frau.

Es lohnt sich daher, auch in der finnischen Mythologie nach einem „Baldur" zu suchen und zu schauen, ob es Ähnlichkeiten gibt.

Es gibt in Finnland eine interessante Mythe über den Helden Leminkäinen. Er wird in den Mythen als gutaussehender junger Mann mit wallendem blondem Haar geschildert – also ähnlich wie Baldur.

Als er eine Tochter der Göttin Louhi, der Herrin der Unterwelt, zur Frau haben wollte, stellte Louhi ihm drei Aufgaben – diese drei Aufgaben sind die Jenseitsreise, die notwendig ist, damit sich Leminkäinen im Jenseits mit der Tochter der Louhi vereinen kann (Wiederzeugung). Die Tochter der Louhi entspricht u.a. den Riesentöchtern Gunnlöd und Gerda, mit denen sich Odin bzw. Freyr vereinen.

Louhi stellt Läminkäinen die drei Aufgaben, den Elch des Dämons Hiisi zu fangen, dem feuerspeienden Hengst des Hiisi Zaumzeug anzulegen und schließlich den schwarzen Schwan auf dem Jenseitsfluß Tuonela zu töten. – Der Elch ist vermutlich wie der Hirsch bei den Germanen das Opfertier für die Jenseitsreise (Wiedergeburt); der Name der Alcis-Pferdezwillinge (Dioskuren) bedeutet „Elch". Das Pferd ist entweder auch das Opfertier oder das Reittier in das Jenseits. Sein Feuerspeien entspricht dem Feuerspeien der germanischen Drachen und ist ein Hinweis auf das Feuer-Jenseitstor. Der schwarze Schwan ist schließlich der Seelenvogel.

Leminkäinen kann die beiden ersten Aufgaben erfolgreich durchführen – sie sind die mythische Beschreibung der Vorbereitung des Jenseitsreise-Rituales: die Tötung des Opfertieres.

Als er den schwarzen Schwan auf dem Jenseitsfluß zu töten versucht, wird er jedoch an dem Jenseitsfluß von einem blinden Hirten zerstückelt. – Der blinde Hirte entspricht dem blinden Gott Hödur, von dem Baldur getötet wurde. Leminkäinen muß selber sterben, um in das Jenseits zu gelangen. Durch seinen Tod wird er zu dem schwarzen Schwan, d.h. er verläßt seinen Körper mit seiner Seele und fliegt zu Louhi. Da der schwarze Schwan Leminkäinens eigene Seele ist, kann er ihn nur „töten", d.h. ins Jenseits schicken, indem er selber stirbt oder zumindestens mit seiner Seele („Astralkörper") seinen Körper verläßt. Dies ist die mythologische Darstellung der eigentlichen Jenseitsreise. Das Zerstückeln des Leminkäinen ist vermutlich durch das Sen-

sen und Dreschen des Getreides bei der Ernte inspiriert worden. Diese Szene findet sich u.a. auch in Ägypten bei dem Korn- und Totengott Osiris.

Seine Mutter sammelte jedoch alle seine Teile und näht sie wieder zusammen und bittet dabei alle Götter um Hilfe. Dann sandte sie eine Biene zu Ukko, dem höchsten Gott, um von ihm einen Tropfen Honig zu rauben, mit dem sie den Lemminkäinen wieder Leben einflößte. – Dies ist eine Schilderung der Wiedergeburt durch die Jenseitsgöttin, die dadurch zur Mutter des Leminkäinen wird. Das Zusammennähen erinnert ein wenig daran, daß die germanische Jenseitsgöttin in ihrer Gestalt als Norne eine Spinnerin und Weberin ist. Der Honigtropfen, den die Biene von dem Göttervater Ukko holt, ist der Göttermet, also das Wiederstillen, das das neue Leben gibt.

Das Bienen-Honig-Motiv gibt es in ähnlicher Weise auch bei den (indogermanischen) Hethitern. Das Wieder-Zusammenfügen des Leibes ist am bekanntesten von dem zerstückelten Osiris, der von Isis wiederbelebt wird, wobei ihr der Ibis-Gott Thot hilft, der dem Schwarzen Schwan der Finnen entspricht.

Diese Ähnlichkeiten zwischen Leminkäinen und Baldur müssen nicht darin begründet liegen, daß die Finnen die Mythen der Germanen übernommen haben, denn die Elemente dieser Mythe gehen auf sehr alte schamanische Vorstellungen zurück, die bis in die Altsteinzeit zurückreichen, in der die Große Mutter und die Schamanen die prägenden Elemente in der Religion gewesen sind. Die Große Mutter im Jenseits, die Jenseitsreise, der rituelle Tod, das Opfer des Herdentieres, die Wiederzeugung, die Wiedergeburt und das Wiederstillen finden sich als Motive daher in fast allen Mythologien.

Der Ursprung der Jenseitsreisesymbolik der Sonne und somit auch des Baldur liegt in der Erfahrung der Menschen, daß es möglich ist, den eigenen Körper zu verlassen („Astralreise") und ins Jenseits zu reisen und dort Kontakt mit den Ahnen aufzunehmen.

Diese Jenseitsreise/Astralreise zeigte den Menschen schon in der Altsteinzeit, daß es eine Seele gibt. Die Ankunft im Jenseits dieser Seele nach dem Tod der Menschen sah man als Analogie zu der Ankunft der Menschen im Diesseits an, d.h. als eine Geburt. Die Gebärende war dabei anfangs vermutlich die (meistens) bereits verstorbene konkrete Mutter, die aber bald zu dem Urbild der Großen Mutter wurde.

Dieses Wiedergeburts-Motiv ergänzte man dann durch die Wiederzeugung und durch das Wiederstillen.

Der Sonnenaufgang und der Sonnenuntergang als naheliegende Gleichnisse zu der Geburt und dem Tod führten dazu, daß die Wiedergeburtssymbolik auch auf die Sonne übertragen wurde. Umgekehrt wurde auch die Wiedergeburt der Verstorbenen im Jenseits dem Sonnenaufgang verglichen.

Da die Fruchtbarkeit und die Zeugungskraft damals bildhaft durch die Herdentiere dargestellt wurde, entstand das Bild der Großen Mutter als Kuh und das Bild der

Ahnen als Stiere, d.h. als gehörnte Menschen. Diese beiden Motive sind u.a. aus den Höhlenmalereien der Altsteinzeit gut bekannt. Andere „bildhafte Adjektive" bzw. „bildhafte Darstellungen" waren z.B. das Großraubtier für „stark", die Farbe Rot für „lebendig" oder der Vogel für „Seele".

Aus dieser Wurzel heraus ist schließlich der Gott Baldur entstanden.

X Die Biographie des Gottes Baldur

1. Kapitel: Altsteinzeit

In der Altsteinzeit wurde im Zusammenhang mit Nahtod-Erlebnissen die Seele (Astralreise) entdeckt. Dieses Erlebnis wurde als „fliegen wie ein Vogel" beschrieben und folglich als Seelenvogel dargestellt. Es war von da aus kein großer Schritt mehr zu der Frage, was mit der Seele geschieht, wenn der materielle Körper stirbt: Sie mußte an einem „anderen Ort" sein – dies war der Beginn der Jenseitsvorstellungen.

Die Ankunft im Jenseits wurde als Wiedergeburt, d. als eine „zweite Geburt" aufgefaßt und durch eine Wiederzeugung und ein Wiederstillen ergänzt.

Durch das naheliegende Gleichnis zwischen der Geburt und dem Sonnenaufgang wurde die Wiedergeburtssymbolik auch auf die Sonne übertragen. In diesem Gleichnis liegt eine der beiden tiefsten Wurzeln des Gottes Baldur.

Die zweite dieser beiden ältesten Wurzeln des „Richtigkeit-Gottes" Baldur liegt in der Altsteinzeit im Vorbild der Eltern für ihre Kinder. Die Kinder lernten damals fast alles von ihren Eltern: Laufen, Sprechen, Jagen, Hüttenbau ... sie lernen von ihren Eltern „wie Leben geht". Hierin liegt auch der Ursprung des Ahnenkultes: Auch nach dem Tod ihrer Eltern sehnten sich die Menschen nach dem Halt, dem Rat und der Hilfe ihrer Eltern.

Da die Menschen, die eine Astralreise erlebt hatten, mit einiger Übung dieses Erlebnis gezielt wiederholen konnten und dabei dann im Bereich der Seelen waren, konnten diese Menschen eine Verbindung zwischen den Lebenden und ihren verstorbenen Vorfahren herstellen. Diese Jenseitsreisenden waren die Schamanen.

Die wichtigste Qualität während der Altsteinzeit ist wahrscheinlich die Geborgenheit bei der Großen Mutter gewesen.

In der Sprache der Menschen in Europa und Asien gab es das Wort „belu", das „flammen, scheinen, glänzen" bedeutete. Aus diesem Wort entwickelte sich der Beiname „Bel" der Sonne. Dieses Wort ist die Wurzel des Namens „Baldur".

Die Sonne selber hieß „Siaxu". Daraus wurde später u.a. das indogermanische „Suhelios", das sich z.B. zu dem griechischen „Helios", dem römischen „Sol" und dem germanischen „Sunna" weiterentwickelte.

2. Kapitel: frühe Jungsteinzeit

Zum Beginn der Jungsteinzeit, als die Menschen in deutlich größeren Gemeinschaften zusammenlebten als zuvor, trat neben die konkreten eigenen Eltern nach und nach eine neue Gestalt: der Urahn der Gemeinschaft, von dem alle abstammten.

Dieser Urahn wurde auch als die Erde selber angesehen, d.h. als der Urriese. In der germanischen Mythologie findet er sich als Ymir. Diesem Urahn und seiner Seele wurden in den frühen Tempeln der Jungsteinzeit Zwillingssäulen errichtet, die z.T. bis zu sechs Meter hoch waren und sorgfältig bearbeitet wurden. Die bekanntesten dieser Zwillingssteine stehen in Göbkeli Tepe am oberen Euphrat. Diese beiden Pfeiler begründeten den Namen „Yemo" („Zwilling"; germanisch „Ymir") des Urriesen.

Die Wiedergeburt dieses Urahn-Urriesen im Jenseits wurde mit dem Sonnenaufgang verglichen, wodurch der Urahn auch Züge eines Sonnengottes erhielt. Diese Kombination von Urahn-Göttervater und Sonnengott findet sich auch noch bei dem indogermanischen Göttervater Dyaus (germanisch „Tyr").

Das deutlich komplexer gewordene Leben in der früheren Jungsteinzeit konnte nur mithilfe von Vergleichen erfaßt werden. Dadurch entstanden allgemeingültige Beschreibungen der grundlegenden Zusammenhänge und Vorgänge: die Mythen. Diese Mythen zeigten, wie die Dinge „richtig" waren und wie sie funktionierten. Um mit dem, was man tat, Erfolg zu haben, kam es also darauf an, „richtig zu handeln". Daher wurde diese Richtigkeit zu dem zentralen „philosophischen Begriff" der Jungsteinzeit.

Diese Richtigkeit, die nach außen hin als Schönheit in Erscheinung tritt, wurde sehr viel später zu der wichtigsten Eigenschaft des Gottes Baldur.

Diese Qualität wurde als Geschenk oder als Eigenschaft der Großen Mutter angesehen, da diese als die Spenderin aller Dinge betrachtet wurde. Die beiden ältesten Namen dieser Qualität, also das ägyptische „Ma'at" und das sumerische „Me" bedeuten beide „das zur (Großen) Mutter gehörende".

Das Wort „Bel" („Scheinender") wurde zum allgemeinen Begriff für „Sonne". Dieses Wort hatte allerdings im Gegensatz zu dem neutraleren Wort „Siaxu" für die Sonne auch eine „spirituelle Komponente". „Bel" war der Sonnengott und „Siaxu" die Sonne am Himmel als „Körper" des Sonnengottes.

3. Kapitel: späte Jungsteinzeit

In der späte Jungsteinzeit wurde der Sonnengott Bel zunehmend auch zu einem Anführer und zu einem allgemeinen Vater der Gottheiten – in Analogie zu der Entstehung der ersten Fürstentümer, die sich dann am Ende der Jungsteinzeit zu den ersten Königreichen weiterentwickelten.

Da der Fürst auf der Erde dafür zuständig war, die Richtigkeit zu erhalten, sah man dies auch als die Aufgabe des „Himmelsherrn", also des Bel an. So wurde der Sonnengott Bel auch zum Götterkönig und zum Erhalter der Richtigkeit.

Dieser „Erhalter der Richtigkeit" ist schon deutlich näher an dem Wesen des Gottes Baldur als die Schamanen der Altsteinzeit.

4. Kapitel: Indogermanen

Bei den Indogermanen wurde der Beiname des Sonnengottes, der ihn als Erhalter der Richtigkeit beschrieb, allmählich zu einer eigenständig Gottheit wie z.B. zu dem Gott Mitra/Mithras bei den Indern, Persern und Mitanni oder dem Gott Apollon bei den Griechen. Die westlichen Indogermanen verwendeten den Namen „Bel", um den „Erhalter der Richtigkeit" zu bezeichnen. Bei den Germanen wurde daraus Baldur, bei den Kelten Bel(enus) und bei den Slawen Belobog.

Zu dieser Zeit hatte das Wort „bel" neben der Bedeutung „scheinen" auch die Bedeutung „weiß" erhalten, die eng mit „Licht" verwandt ist. Auf dieses Wort „bel" geht auch der Name „Belobog" zurück und ebenso die Bezeichnung des germanischen Göttervaters Tyr als „weißer" Schwertgott. Aufgrund dieser Symbolik zählt auch Baldur zu den „Weißen Göttern".

Der Sonnengott hatte aufgrund seiner Wiedergeburtssymbolik zwei Aspekte: den alten, sterbenden Gott am Abend, der mit dem Jenseits verbunden war, und den jungen, wiedergeborenen Gott am Morgen, der mit dem Diesseits verbunden war. Diese beiden Aspekte verselbständigten sich zunehmend, sodaß zwei Sonnengötter entstanden: die Diesseitssonne und die Jenseitssonne. Am deutlichsten war diese Entwicklung bei den Kelten, bei denen aus Da (Dyaus) Dag-da (Tages/Sonnen-Gott) sowie Nua-da (Wasser-Gott) wurden.

Bei einigen indogermanischen Völkern entstand aus dieser Aufteilung des Sonnengottes in zwei Aspekte ein junger Sonnengott, der den alten Sonnengott vom Thron verdrängt: Bei den Griechen stürzt Zeus seinen Vater, den Titanen Kronos, von seinem Thron, bei den Indern kämpfen die Devas gegen die Asuras und bei den Kelten kämpfen die Tuatha de Danan (Götter) gegen die Fomorii (Riesen), was sich in gleicher Weise auch bei den Germanen als Kampf der Asen gegen die Riesen findet. Am differenziertesten ist dieser Kampf bei den Hethitern beschrieben, bei denen er sich über mehrere Generationen erstreckt.

Wie der Blitz des Göttervaters zeigt, hat er sich schon zu dieser frühen Zeit mit dem Donnergott verbunden und vom ihm diese „Waffe" übernommen.

Der Gott Baldur ist eng mit dieser Wiedergeburtsszenerie verbunden. Das frühere Kampfmotiv hat sich bei ihm zu dem Hinterhalt des Loki weiterentwickelt, der den blinden Gott Hödur zu dem ungewollten Mord an seinem Bruder verleitet.

5. Kapitel: Westlicher Zweig der Indogermanen

Bei den westlichen Indogermanen bildete sich die Symbolik des „blinden Sehers" heraus: Mit dem „lebenden" Auge kann man im Diesseits der Lebenden sehen und mit dem „toten" Auge kann man im Jenseits der Toten sehen. Diese Symbolik findet sich bei den Germanen bei dem Schamanengott Odin, der aufgrund seines einen heilen und seines einen blinden Auges in beiden Welten sehen kann, sowie bei dem blinden Wintergott Hödur. Die Griechen kannten die blinden Seher Teiresias und Phineus, die Römer den blinden Seher Capys und die Kelten den blinden Oberdruiden und Seher Magh Ruith.

Bei den Germanen blieb die Sonne zunächst noch ein einheitliches Bild: der zweiarmige Tyr (Dyaus) am Tag und der einarmige Tyr in der Nacht. Parallel zu Tyr bildeten sich jedoch als Gegenpol zu Baldur als der Verkörperung der Richtigkeit der Tagessonne zwei neue Götter heraus: Hödur und Ullr. Hödur war Baldurs Zwillingsbruder und Ullr Baldurs Freund – dieses Gegensatzpaar war sich wohl gesonnen. Hödur war durch seine Blindheit als Gott des Jenseits zu erkennen und Ullr war aufgrund seines Lebens im Eibental, seiner Schweigsamkeit und seiner Verbundenheit mit dem Winter als Jenseitsgott kenntlich. Sie waren beide der Ergänzungsgegensatz zu dem Gott Baldur.

Der Name „Ullr" bedeutet „Glanz, Ruhm, Ehre". Dies macht es wahrscheinlich, daß Ullr ursprünglich einmal ein Beiname des Sonnengott-Göttervaters gewesen ist. Dazu paßt auch die Sitte, bei Ullr zu schwören und dabei einen Ring in Ullrs Tempel niederzulegen. Ullr scheint in manchen Gegenden Skandinaviens der Hauptgott gewesen zu sein. Ullr ist demnach wahrscheinlich eine Verselbständigung des Jenseits-, Nacht- und Winteraspektes des Sonnengott-Göttervaters.

Der Name „Hödur" bedeutet „Kämpfer" – was ein erstaunlicher Name für einen blinden Gott ist. Wenn man jedoch davon ausgeht, daß seine Blindheit erst ein nachträgliches Merkmal von Hödur ist, das ihn als Gott der Nacht, des Winters und des Jenseits kennzeichnen sollte, dann könnte er zunächst der Krieger-Aspekt des Schwertgottes, Göttervaters und Sonnengottes Tyr gewesen sein.

Sowohl Ullr als Hödur sind vermutlich aus Beinamen des Göttervaters Tyr entstanden, mit denen man den Tyr im Diesseits bzw. in der Unterwelt bezeichnete.

Durch diese Entwicklungen in den germanischen Mythen erhielt Baldur auch die Stellung eines Gottes des Sommers, der dadurch sozusagen zu der „richtigen, guten

Jahreszeit" wurde.

Zu dieser Zeit muß auch aus der Sonnenscheibe das Motiv des Ringes als Symbol der erfolgreichen Jenseitsreise entstanden sein, da dieser „Wiedergeburts-Ring" nur von den Kelten, Römern und Germanen bekannt ist. Die Narten/Skythen haben das Ring-Motiv vermutlich von den gemeinsamen Vorfahren der Germanen, Kelten und Römer übernommen.

6. Kapitel: frühe Germanen

In der Frühzeit der Germanen hat sich noch ein weiteres Motiv mit Baldur verbunden: die Unverwundbarkeit. Dies war zunächst eine Eigenschaft des Sonnengottes, der aufgrund seiner Machtstellung unbesiegbar war, woraus dann eine Unverletzlichkeit wurde. Da der Sonnengott aber trotzdem weiterhin jeden Abend und jeden Herbst starb, mußte es einen Schwachpunkt in seiner Unverwundbarkeit geben, aufgrund der er dann doch getötet werden konnte.

Diese Qualität des Sonnengottes wurde offenbar auch auf Baldur übertragen, der der Aspekt des Sonnengottes als Erhalter der Richtigkeit war. Mit dieser Übertragung der Beinahe-Unverwundbarkeit des Sonnengottes auf Baldur war zwangsläufig auch eine Szenerie des Todes und des Tötens verbunden – eine nicht benötigte Unverwundbarkeit ergibt wenig Sinn ...

Als Baldurs Gegner paßte am besten sein Gegenpol, die Wintersonne. Da Baldur und Hödur jedoch Freunde waren, wurde Loki in die Mythe miteinbezogen. Dieser Gott verkörpert die Unterwelt – schließlich ist er der Vater der Jenseitsgöttin Hel, der riesigen Midgartschlange, die in der Unterwelt wohnt, und des Fenris-Wolfes, der ursprünglich der Jenseitsführer gewesen ist. Loki eignete sich daher gut dafür, die Funktion des „Unheilstifters" zu übernehmen. Diese Stellung in der Gemeinschaft der Asen hatte er zudem bereits durch seine Gegnerschaft zu dem Donnergott Thor.

Da die Mythe über Baldur, Hödur und Loki eine weitaus größere Dramatik hatte als die über Baldur und Ullr, die sich vermutlich einfach in der Herrschaft abwechselten (Sommer: Baldur; Winter: Ullr), hat sich die Baldur-Hödur-Mythe durchgesetzt.

Die Entwicklung der Baldur-Mythe hat auch eine Wurzel in dem endlosen, zyklischen Kampf zwischen dem Sonnen- und Sommergott Tyr und dem Unterwelt- und Wintergott Loki, durch den die Jahreszeiten entstanden.

7. Kapitel: mittlere Germanen

Als in der Völkerwanderungszeit (375 n.Chr. - 568 n.Chr.) der frühere Göttervater Tyr durch den Schamanengott Odin ersetzt wurde, übernahm dieser auch Baldur als den Richtigkeits-, Tages- und Sommer-Aspekt des Tyr sowie den Hödur als den Nacht- und Winteraspekt des Tyr. Dadurch wurden die Zwillingsbrüder Baldur und Hödur zu den Söhnen des Odin.

Dabei spielte auch das Motiv der beiden Söhne des Sonnengott-Göttervaters eine Rolle, die die beiden Pferde vor seinem Streitwagen waren (Alcis, Dioskuren). Diese beiden Brüder scheinen schon recht früh mit den Zwillingen, die den Jahreszeiten-Gegensatz darstellten, gleichgesetzt worden zu sein.

Vermutlich wurde die Jenseitsgöttin, von der Tyr jeden Morgen wiedergeboren wurde, noch als Rindr („Erde"), als Hel („Höhle") und als Nanna („Mutter") bezeichnet. Dadurch, daß Baldur zum Sohn des Odin wurde, wurde Frigg zu seiner Mutter und Nanna zu seiner Frau. Nanna wird vorher in der Wiedergeburtsszenerie sowohl Baldurs Geliebte (Wiederzeugung) als auch seine Mutter /Wiedergeburt) gewesen sein.

Einen anderen Teil der Symbolik des Tyr, den „jungen, siegreichen Sonnengott", hat Thor übernommen, während Odin den Weisheits-Aspekt des Tyr in sein Wesen integriert hat – von dem ehemaligen Sonnengott-Göttervater Tyr blieb nur der zwar mutige, aber relativ farblose Odin-Sohn Tyr übrig.

8. Kapitel: späte Germanen

Baldurs Unverwundbarkeit, Thors Kraft und Tyrs Schwert hatten sich in der kriegerischen Völkerwanderungszeit zu dem „Superhelden" Sigurd/Siegfried zusammengefügt, da damals ein strahlendes Krieger-Vorbild dringend benötigt wurde.

Der Kristallisationskern dieser mythischen Gestalt wird die wiedergeborene Sonne gewesen sein, die zum siegreichen Helden wurde. Aus der Reise durch das Jenseits, das inzwischen mit einem Kampf gegen die Riesenschlange verbunden war, wurde ein Kampf des Sonnenhelden gegen alle seine Feinde.

Diese Riesenschlange war der Räuber, der im Sommer den Regen stahl. Gegen ihn kämpfte der Regen- und Donnergott einen endlosen, zyklischen Kampf. Da die Sonne den Blitz des Donnergottes als Machtsymbol übernommen hatte, war die Riesenschlange auch zu einem Gegner des Sonnengottes geworden. Da der Richtigkeit-Gott ein Aspekt des Sonnengottes war, wurde die Riesenschlange auch zu einem Gegner des Richtigkeit-Gottes. Die Riesenschlange wurde dadurch auch zu einem Symbol für das Chaos und die Unordnung.

Der Name Sigurd („Sig-Urd") bedeutet „Der, dem die Norne Urd den Sieg verheißt". Die Mythe des Sonnenzyklus war jedoch so stark, daß selbst der Superheld Sigurd/Siegfried schließlich durch einen Hinterhalt sterben mußte.

Es läßt sich während der Völkerwanderungszeit allgemein bei den Germanen eine Übertragung der früheren Mythen ins Kriegerische beobachten. Dies liegt sicherlich daran, daß in dieser Zeit des ständigen Kämpfe und Kriege eine möglichst starke und siegreiche Gottheit als Vorbild und als Schutz gebraucht wurde. Daher trat der Schamanengott Odin als stets siegreicher Kriegsherr, der die Kampfekstase der Berserker beherrschte, an die Stelle des Schwertgott-Göttervaters Tyr, der jeden Abend starb. Aus diesem Grund mehrten sich vermutlich auch Thors Kämpfe gegen die Riesen. Schließlich verbanden sich alle kriegerischen Eigenschaften zu einer einzigen Gestalt: Sigurd-Siegfried.

Schließlich trat zumindestens in Island der kämpferische Gott Thor, in dessen Mythen kaum noch Spuren eines zyklischen Siegens und Unterliegens übriggeblieben waren, als der ständige Sieger in allen Kämpfen an die Spitze des germanischen Pantheons.

Diese kriegerische Grundstimmung führte vermutlich auch dazu, daß die Vorstellungen über Baldur, den friedlichen Gott der Richtigkeit und des Sommers, zunehmend dramatischer wurden.

XI Das Aussehen des Gottes Baldur

Anhand der Darstellungen des Baldur vor allem in der Edda läßt sich das Aussehen des Baldur in etwa beschreiben.

Baldurs Gesichtsausdruck

Baldur wird als weiser, beredter und sanfter Gott geschildert. Er sollte daher auch einen entsprechenden Gesichtsausdruck haben. Durch seine schweren Träume, in denen er seinen Tod vorherahnt, ist er aber keineswegs oberflächlich-sanft, sondern kennt auch die Tiefen des Daseins. Da dieser Tod zudem nicht nur einmal, sondern jeden Abend bzw. jeden Herbst stattfindet, ist Baldur einer der Götter, die das Jenseits gut kennen. Dies wird eine der Hauptquellen seiner Weisheit sein.

Baldurs Gesichtsausdruck strahlt die Richtigkeit aus, da er die Verkörperung dieser Qualität ist. Man sollte ihm seine Ehrlichkeit, Aufrichtigkeit, Direktheit und sein vermittelndes Wesen auch an seinem geraden, offenen Blick, seiner klaren Sprache und seiner wachen und sowohl mitfühlenden als auch entschiedenen Mimik ansehen können.

Wenn man Baldur anblickt, wird man erkennen können, daß dies ein Ase ist, der in allen Dingen nach der Richtigkeit strebt und dadurch in vielen angespannten Situationen doch eine für alle erfreuliche Lösung finden kann.

In Baldurs Ausstrahlung wird sicherlich auch etwas Bewahrendes liegen, da er die Richtigkeit zu erhalten bestrebt ist, die sich nur sehr selten ändert, sondern lediglich ab und zu durch etwas Neues ergänzt wird. Baldurs Gesichtsausdruck wird daher auch tiefe Wurzeln und somit auch ein tiefes Urvertrauen in das, wie die Dinge sind, ausstrahlen.

Die Bezeichnung von Baldur als „Gott der Tränen" bezieht sich nicht auf ihn selber, sondern darauf, daß alle Wesen außer Loki bereit waren, um Baldur zu weinen, um ihn aus der Unterwelt zurückzuholen. Baldur selber wird also trotz dieser Kenning nicht traurig aussehen.

Baldurs Gesicht

Da Baldur ein sterbender und wiedergeborener Gott ist, wird er kein alter, sondern eher ein junger Gott sein.

Aufgrund des Charakters dieses Gottes wird er auf seiner Stirn vermutlich keine von der Nasenwurzel nach oben hin ausgehenden senkrechten „Willens- und Zornesfalten" haben – diese passen besser zu dem meistens leicht cholerischen Thor. Einige kleinere waagerechte Falten, die Ausdruck einer Neigung zu Vergleichen und Gesamtbetrachtungen sind, wären hingegen durchaus plausibel.

Vermutlich wird Baldur klare, offene und anteilnehmende Augen haben. Da bei den Germanen die Augenfarbe Blau vorherrschte, kann man diese Augenfarbe wohl auch für Baldur annehmen.

Aufgrund seiner engen Verbindung zur Sonne wird er vermutlich goldgelbes Haar haben. Bei den Germanen waren lange Haare das Zeichen der Freien, weshalb auch Baldur wenigstens schulterlanges Haar gehabt haben wird.

Die germanischen Götter wurden auf den Runensteinen alle mit Bart dargestellt, weshalb wohl auch Baldur einen Bart gehabt haben wird – der vermutlich ebenfalls blond gewesen sein wird. In der Edda wird ausdrücklich die *„Schönheit des Haares"* des Baldur gepriesen. Man könnte sich daher Baldurs Haare und auch seinen Bart als leicht gewellt vorstellen – keinesfalls jedoch als struppig.

Da die Geruchlose Kamille in Skandinavien als *„Baldurs Augenbrauen"* benannt worden ist, sind wohl auch Baldurs Augen und auch seine Augenbrauen als sehr hell und leuchtend aufgefaßt worden.

In der Edda wird gesagt, daß Baldur *„schön von Antlitz"* sei. Er wird daher ein reines, klares und ebenmäßiges Gesicht haben, in dem kein Teil besonders groß, besonders klein oder auf sonst eine Art auffällig ist.

Baldurs Körper

Über Baldurs Körper wird nicht viel gesagt außer daß von ihm ein Leuchten ausgeht. Damit könnte sowohl ein „Sonnenschein" als auch seine leuchtende Aura gemeint sein. Seine Gestalt ist der Edda zufolge ohne jeden Makel.

Vermutlich ist er nicht so kräftig gebaut wie Thor oder Widar, nicht ganz so groß wie Tyr oder Odin und auch weniger flink als z.B. Loki.

Seine fast vollständige Unverwundbarkeit ist zwar ein körperliches Merkmal, aber dies wird sich wohl kaum auch optisch zeigen.

Baldurs Kleidung

Baldurs Kleidung wird sicherlich seinem Wesen entsprechend hell gewesen sein. Die Kleidung der Germanen bestand aus einem Hemd mit Ärmeln, einer Hose mit angenähten Socken, einfachen Lederschuhen, einem Ledergürtel, an dem die Waffen und eine Tasche hingen, sowie einem Umhang, der am Rand oft ein Webmuster besaß und über der rechten Schulter mit einer Fibel zusammengehalten wurde.

Es wäre naheliegend, für Baldurs Fibel die Form einer goldenen Sonnenscheibe zu wählen.

Ob Baldur etwas Bestimmtes in seiner Gürteltasche mit sich trägt, ist unbekannt. Zumindest ist aus seinen Mythen kein mit ihm verbundener Gegenstand bekannt, der am ehesten in seine Gürteltasche gehören würde. Ein kleines achtspeichiges Rad als Symbol der Richtigkeit wäre in seiner Tasche jedoch nicht verwunderlich.

Zu Baldur würde am ehesten eine naturweiße Kleidung passen, die sein Leuchten und seine Reinheit betont.

Die meist aus Reihen von Quadraten bestehen Verzierung am Rand der Umhänge der Germanen könnte bei Baldur von goldgelber Farbe sein.

Baldurs Schmuck, Waffen und Besitz

An seinem Hals wird Baldur den Ring bzw. Halsreif Draupnir tragen, der das Symbol der bestandenen Jenseitsreise ist.

Vielleicht trägt Baldur auch an einer Kette um seinen Hals ein goldenes Draupnir-Kreuz, das ein Symbol der Sonne, der Richtigkeit und der Wiedergeburt ist.

Möglicherweise trug auch Baldur ein Schwert an seinem Gürtel – es wird allerdings nirgendwo erwähnt. Daher kann man sich Baldur durchaus auch waffenlos vorstellen.

Als Gott der Richtigkeit könnte er auch eine Harfe in seiner Hand halten. Er wäre dann wie Bragi ein Schutzpatron der Skalden. Diese Funktion wird bei Baldur zwar nirgendwo erwähnt, aber da die Skalden durch das Vortragen ihrer Lieder letztlich das Wissen um die Richtigkeit in allen Dingen aufrechterhalten sollen, sind sie mit Baldur eng verbunden.

Baldurs Begleiter

In der Edda wird beschrieben, daß auch Baldurs Hengst mit seinem gesamten Zaumzeug mitbestattet wird. Da dies die einzige Stelle ist, an der ein Baldur gehörendes Pferd beschrieben wird, stammt dieses Motiv wohl vor allem aus den Bestattungsbräuchen der Fürsten, denen ihr Pferd mitgegeben wird. Im Zusammenhang mit Baldur wird auch kein Sonnen-Streitwagen erwähnt – Baldur ist vor allem die Verkörperung der Richtigkeit und nicht so sehr der Sonne selber.

Neben Baldur könnte man seine Frau Nanna erwarten. Da sie ursprünglich wohl die Göttin im Jenseits gewesen sein wird, die des Morgens die Sonne wiedergebar, könnte man sich Nanna auch etwas größer als Baldur hinter ihm vorstellen. Alternativ könnte rechts hinter ihm auch sein Vater Odin und links hinter ihm seine Mutter Frigg stehen.

Neben Baldur könnten seinen zwei Brüder Hödur und Hermodr zu sehen sein, von denen Hödur deutlich der wichtigere ist.

Es gäbe auch eine Szene Sinn, die zweigeteilt ist: Auf der hellen, blühenden Sommer-Tag-Hälfte steht Baldur und auf der dunklen, verschneiten Winter-Nacht-Hälfte steht Hödur. In einer solchen Szenerie wäre Baldur deutlich als der Tagesgott und Hödur als der Nachtgott zu erkennen – ähnlich den beiden Göttern Dagda und Nuada bei den Kelten. In der Mitte dieser links/rechts-zweigeteilten Szene, in der sich symbolisch gesehen der Morgen, der Abend und der Jenseitsfluß befindet, sollte eine Mistel als Symbol des Überganges zwischen Diesseits und Jenseits zu sehen sein.

Vor Baldur könnte evtl. sein Sohn Forseti, der „Vorsitzende" der Thing-Versammlungen, sitzen.

Neben Baldur könnte weiterhin Ullr stehen, denn in der Edda wird Baldur *„Ullrs Freund, so einzig lieblich"* genannt. Leider ist keine Mythe bekannt, in der Ullr und Baldur gemeinsam erscheinen. Da Ullrs Name „Glanz, Leuchten, Ruhm, Ehre" bedeutet, was auf einen Zusammenhang mit der Sonne hinweist, und Ullr ein Gott des Winters ist, könnte es sein, daß Ullr ursprünglich einmal wie Hödur die Wintersonne verkörpert hat. Dazu würde auch passen, daß Ullr in einigen Gebieten Skandinaviens einmal der Göttervater gewesen zu sein scheint. Ullr wäre dann Sol/Tyr/Baldur in der Unterwelt. An der Stelle des Hödur könnte in dem zweigeteilten Bild folglich auch Ullr stehen.

Baldurs Ort

Als Ort, an dem Baldur steht, kommen vor allem zwei Plätze in Frage: die Gjallar-Brücke und Breidablick.

Die Brücke über den Jenseitsfluß Gjallar überquert Baldur jeden Morgen und jeden Abend bzw. jeden Frühling und jeden Herbst. Dabei wechselt sich die Herrschaft zwischen Baldur und Hödur/Ullr ab. Ursprünglich waren Baldur und Hödur/Ullr derselbe Gott: die Sonne im Diesseits und die Sonne im Jenseits.

Auch die Regenbogenbrücke Bifröst könnte ein Ort für Baldur sein, da sie die Verbindung zwischen Diesseits und Jenseits ist – sie ist jedoch deutlich enger mit Heimdall verbunden.

Ebenso könnte Baldur an der *„Heiligen Freistätte"*, d.h. wohl dem Thing-Platz oder dem Tempel-Vorplatz imaginiert werden. Dieser Ort würde jedoch einseitig den Tod des Baldur betonen. An eine solche Szene würden dann auch das Jenseitstor-Feuer und Baldurs Schiff Hringhorn gehören.

Baldurs Halle Breidablick („die weithin glänzende Halle") erscheint jedoch als der passendere Ort für Baldur, da er dort in seiner Kraft ist. Auf dem Hügel, auf dem diese Halle steht, wird sicherlich die Blume *„Baldurs Braue"*, also die Geruchlose Kamille wachsen. Einige Eichen, auf denen Misteln wachsen, würden ebenfalls gut an den Rand des Hügels, auf dem die Halle Breidablick steht, passen.

Über der ganzen Szene strahlt hell die Sonne.

Baldurs Umgebung

Vor der Halle auf dem Hügel, vor der Baldur steht, könnte evtl. auch auf einem flachen Felsen ein Kelch mit dem Göttermet stehen und einige Äpfel der Idun liegen, da diese in der Baldur-Mythe eine wesentliche Rolle spielen: Sie sind der Symbolik des Göttermets und der Idun-Äpfel zufolge das, was Baldur nach dem Ragnarök wieder zum Leben erweckt – auch wenn dies in der Edda im Zusammenhang mit Baldur nicht ausdrücklich erwähnt wird.

Der Kelch mit dem Göttermet befindet sich eigentlich in der Unterwelt bei Hel, wie die Wala im Wegtam-Lied sagt:

„Hier steht dem Baldur der Becher eingeschenkt,
der schimmernde Trank, vom Schild bedeckt".

Daher sollte dieser Kelch vielleicht eher im Hintergrund der Szene im Eingang einer Höhle stehend imaginiert werden. Auf dem Schild, der auf dem Kelch oder dem Kessel mit dem Met liegt, wird sich das aus den Felsritzungen der frühen Germanen bekannte Sonnensymbol befinden, das dann auf den Runensteinen zum Draupnir-Kreuz geworden ist.

Die Äpfel der Idun könnten ebenfalls zusammen mit dem Apfelbaum und der Göttin Idun selber im Hintergrund der Szene zu sehen sein. Im Wegtam-Lied scheinen Iduns und Baldurs Schicksal miteinander verknüpft zu sein: Als Baldurs Tod naht, wird auch die Göttin Idun schwach und sinkt von ihrem Baum herab. Dazu paßt gut, daß der Göttermet, Iduns Äpfel und Baldurs Richtigkeit und Schönheit recht ähnliche Qualitäten haben.

Schließlich könnten vor (oder in) Baldurs Halle Breidablick („die weithin Glänzende") auch die Goldtafeln liegen, von denen in der Edda zweimal berichtet wird, daß sie nach dem Ragnarök vor den Göttern im Gras liegen. Die Götter spielten allerdings auch schon vorher mit ihnen, wie in der „Vision der Seherin" berichtet wird:

„Die Asen trafen sich auf dem Idafelde,
um sich Hag (Altar) *und Hof* (Tempel) *zu errichten,*
entzündeten Feuer, zum Schmieden von Zangen und Werkzeug.
Sie spielten das Tafl-Spiel in ihren Gärten, voller Freude,
Kein Mangel an nichts, selbst nicht am Golde,
bis drei sehr übermächtige Mägde der Thursen aus Riesenheim kamen."

Diese Tafeln, die im Altnordischen „Gold-Töflur" heißen, gehörten den Asen schon in Urzeiten, wie es in der „Vision der Seherin" heißt:

„Da werden sich die wundersamen
Goldenen Tafeln im Grase finden,
die in Urzeiten die Asen hatten,
der Fürst der Götter und Fiölnirs Geschlecht."

Fiölnir war der Gründer des schwedischen Königshauses der Ynglinge. Er war der Sohn des Freyr (der auch „Yngvi" genannt wurde) und der Gerda. Fiölnir starb, als er bei einem Besuch bei dem dänischen König Friedens-Frodi in einen Kessel mit Met fiel.

Diese Goldtafeln standen im Zusammenhang mit dem Göttervater (Fürst der Götter: Tyr/Odin), den von den Göttern abstammenden Königen und mit dem Göttermet, d.h. mit dem Jenseits. Zudem hatten sie „wundersame" Eigenschaften. Ein „Töflur" ist eine Tafel in dem Sinne einer Tabelle, eines Spielbrettes o.ä. Von den Germanen sind verschiedene Brettspiele bekannt, die ähnlich dem Schachbrett aus 13x13 Feldern („Hnefa-Tafl") oder 7x7 Feldern („Hala-Tafl") bestehen. Es gab auch ein Spiel auf einer kreuzförmigen Grundfläche die aus fünf Quadraten bestand, die sich wiederum aus je vier kleineren Quadraten (insgesamt also 20 Quadrate) zusammensetzten.

Die benutzten Figuren enthalten meisten einen oder zwei „Könige". Man konnte die meisten dieser Spiele anscheinend sowohl mit als auch ohne Würfel spielen. Tacitus berichtet, daß bei den Spielen der Germanen oft sehr hohe Einsätze bis hin zu der eigenen Freiheit gab.

Diese Kampfspiele könnten ursprünglich Orakel gewesen sein, durch die die Zukunft und der Wille der Götter erforscht wurde. Die Herstellung aus Gold und die vier Seiten aller diese Spieltafeln könnte ein Hinweis auf eine Sonnensymbolik sein – aber das ist recht unsicher.

Sie könnten ursprünglich auch die Jenseitsreise der Sonne, des Göttervaters Tyr/Odin sowie des Baldur dargestellt haben. Dann wäre die Symbolik der Jenseitsreise die Grundlage bei der Deutung der Goldtafel-Orakel gewesen – wenn ihre Auffassung als Orakel zutrifft. Der Grundgedanke des Tafl-Spieles wird der Kampf zwischen Tyr (Sommer) und Loki (Winter) gewesen sein.

Auf der Jenseitsreise aufbauende Orakel, die später zu Spielen wurden, sind auch von anderen Völkern bekannt wie z.B. das Senet-Spiel der alten Ägypten oder das Sonnen-Ballspiel der mittelamerikanischen Indianer.

Wenn diese Deutung der Goldtafeln zutreffen sollte, wäre Baldur auch ein Orakel-Gott gewesen, was gut passen würde, da diese Aufgabe allgemein den Sonnen- und Richtigkeits-Göttern zufiel. Das bekanntestes Beispiel ist sicherlich der griechische Sonnen- und Schönheitsgott Apollo, dem das Orakel von Delphi gehörte. Auch der viergesichtige baltische Sonnengott Svantevit war für seine Orakel berühmt.

Zusammenfassung

Baldur ist ein junger Gott mit einem schönen, weisen, sanftem Gesicht und einem offenen Blick. Er hat tiefe blaue Augen, die das Diesseits und das Jenseits kennen. Sein langes Haar und sein kurzer Bart sind sonnenblond. Seine Gestalt ist ohne Makel und strahlt ein Leuchten aus, das den Gott ganz umhüllt. Er trägt ein naturweißes Hemd, eine ebensolche Hose, Lederschuhe, einen Ledergürtel und einen naturweißen Umhang mit goldgelber Borte, der über seiner rechten Schulter von einer Sonnen-scheiben-Fibel gehalten wird.

An seinem Hals trägt Baldur den Draupnir-Halsreif. Auf seiner Brust ist über seinem Herzchakra ein goldenes Draupnir-Kreuz, das an einer Kette hängt, zu sehen. In seiner Hand hält er eine Harfe.

Neben ihm stehen seine Frau Nanna und sein Bruder Hödur bzw. sein Freund Ullr. Diese drei stehen vor Baldurs Halle Breidablick, die auf einem flachen Hügel errichtet worden ist, auf dem viele *„Baldur-Braue"*-Blumen wachsen. Vor den drei Gottheiten liegt im Gras ein goldenes Tafl-Spielbrett mit den dazugehörenden Orakel/Spiel-Figuren.

Um den Hügel herum stehen einige Eichen, auf denen Misteln zu sehen sind. Im Hintergrund kann man auf der einen Seite eine Höhle erkennen, in deren Eingang ein Kelch voll Met steht, und auf der anderen Seite Iduns Apfelbaum, der voller Äpfel hängt.

XII Der Weg zu Baldur

Die Grundqualitäten von Baldur sind Reinheit, Schönheit, Richtigkeit, Aufrichtigkeit, Ehrlichkeit, Offenheit, Harmonie, Strahlen, Klarheit, Wahrheit und ähnliche Eigenschaften. Spezieller verkörpert Baldur auch die richtige Ordnung der Dinge, d.h. den Zustand, in dem die Dinge wachsen und gedeihen können. Die Frage nach dieser richtigen Ordnung ist die Grundfrage aller Mythen, die letztlich eine Orientierung in der Welt geben sollen.

Um Baldur zu verstehen ist es daher nötig, sich einmal mit dieser Form der Ordnung zu beschäftigen. Das Denken in solchen Ordnungen ist vor allem ein Denken in Gleichnissen und Analogien sowie die Orientierung an den Dingen, die sich in regelmäßigen Abständen immer wiederholen. Die beiden wichtigsten Gleichnisse in den Mythen sind das zwischen der Sonne und den Menschen und das zwischen dem Getreide und den Menschen:

Die beiden wichtigsten Gleichnisse			
Sonne-Mensch-Gleichnis		*Korn-Mensch-Gleichnis*	
Sonne	Mensch	Korn	Mensch
		Aussaat	Zeugung
Morgen / Osten	Geburt	Keimen	Geburt
Mittag / Süden	Leben	Wachsen	Leben
Abend / Westen	Tod	Ernten	Tod
Nacht / Norden	Jenseits	Lagern	Jenseits
		Aussaat	Wiederzeugung
Morgen / Osten	Wiedergeburt	Keimen	Wiedergeburt

Gleichnisse dieser Art gibt es sehr viele und man kann solche Analogien genauso präzise benutzen wie mathematische Gleichungen. Am differenziertesten ist diese Art zu denken in der Astrologie und in der Kabbala entwickelt worden.

Die Richtigkeit ist eine Qualität, die so ähnlich ist wie Schlüssigkeit, Vollständigkeit oder Logik. Die Richtigkeit ist jedoch umfassender als diese drei Eigenschaften, da sie den Bezug zwischen allen Teilen einer Sache betrachtet und danach schaut, „ob alles an seinem Platz ist".

Heutzutage betrachtet man meistens nur die Kausalzusammenhänge, d.h. man fragt sich, ob ein Vorgang oder eine Argumentation logisch erscheint. Die Frage nach der

Richtigkeit betrachtet hingegen alle Details, die mit einem Thema zusammenhängen – und die „Lösung" ist erst dann gefunden worden, wenn alle Details dieses Themas schlüssig und plausibel erscheinen. Diese „Lösung" kann man daran erkennen, daß sie „Schönheit" ausstrahlt, denn Schönheit entsteht, wenn alle Teile einer Sache von dem Herzen dieser Sache aus ihre Gestalt und ihren Platz erhalten haben.

So gesehen ist die Suche nach der Richtigkeit auch der Versuch, das Herz einer Sache zu erfassen und alle Teile dieser Sache von ihrem Herzen her zu sehen und zu verstehen.

Um die Richtigkeit (oder ihr Fehlen) zu finden, kann man sich einfach fragen, ob man einen Bericht oder eine Situation als „rund" und „richtig" erlebt oder ob man das Gefühl hat, daß noch etwas fehlt oder verschwiegen wurde. Man kann sich auch andere Fragen stellen, um zu erkennen, ob eine Sache „in Richtigkeit" ist: „Weitet mich dieser Weg?", „Fühlt sich dieser Entschluß freudig an?", „Geht es mir gut damit?", „Könnte ich diese Richtung längere Zeit beibehalten?", „Was sagt mein Herz dazu?"

In vielen Therapien wird ebenfalls danach gestrebt, alle Dinge wieder an ihren richtigen Platz zu bringen und dadurch die Psyche wieder „rund" werden zu lassen. Am deutlichsten ist diese Vorgehensweise in den Familienaufstellungen zu erleben, in denen Verhältnisse zwischen Verwandten, Freunden, aber auch Orten, Ereignissen u.ä. geklärt und wieder sinnvoll angeordnet werden.

Auch viele Meditationen benutzen Gleichnisse, Bilder und Symbole. Ein recht differenziertes Gleichnis-System, das in der Meditation benutzt wird, sind die Mandalas. Sie sind gleichzeitig Bilder der inneren Welt und der äußeren Welt.

Die Richtigkeit kann man aber auch daran erkennen, daß es in einem Raum gemütlich ist, daß man etwas von Herzen genießen kann, daß man sich an einem Ort wohlfühlt oder daran, daß man z.B. ein bestimmtes Bild gerne über seinem Sofa hängen hätte.

Die Streben nach der Richtigkeit findet sich aber auch im Großen wieder: Angesichts der heutigen Globalisierung ist es notwendig geworden, alle Menschen, Völker, Tiere, Pflanzen und Dinge in ihrer Eigenart zu achten und ihnen einen Platz zu gewähren, an dem sie gedeihen können. Das Betrachtung und Mitberücksichtigen der Verbindung zwischen allen Dingen ist eine moderne Form der Berücksichtigung der Richtigkeit.

Diese Richtigkeit ist in allen Mythen die zentrale Qualität. Das Erlangen der Richtigkeit wird in den alten Religionen als Harmonie, Seelenfrieden, Heiterkeit und Zufriedenheit beschrieben. Diese Qualität zeigt sich am deutlichsten in dem leisen, tiefen Lächeln der Statuen des Buddha und der Statuen der alten Ägypter.

Die Suche nach Baldur wird konkreter, wenn man Traumreisen zu Baldur unternimmt oder über ihn meditiert. Man kann, wenn man schließlich ein Gefühl für Baldur entwickelt hat, auch ein inneres Gespräch mit ihm beginnen und schauen, welche

Antworten oder Impulse daraufhin in einem auftauchen. Man kann Baldur durchaus auch um etwas bitten.

Wenn man einige male erlebt hat, daß solche Bitten eine ganz konkrete Wirkung haben, dann kann Baldur ein Teil des eigenen Alltags werden und ihn erleichtern – das ist die eigentliche Funktion der Götter.

Es ist auch durchaus sinnvoll, den Gott Baldur ab und zu einmal etwas formaler anzurufen, indem man sich eine passende Zeit und einen passenden Ort dafür aussucht, ihm Weihrauch räuchert, ihn mit Hymnen anruft u.ä. Diese Hymnen können zunächst einmal vorgelesen werden. Wenn man diese einige male vorgetragen hat, sollte man damit beginnen, frei zu sprechen und diese Anrufungen zu improvisieren.

Dabei ist es hilfreich, sich ein möglichst deutliches inneres Bild von Baldur zu erschaffen und sich Baldur vor sich im Raum vorzustellen. Wenn dieses Bild einigermaßen klar und deutlich geworden ist, kann man das Bild zu sich her bitten und dann mit ihm verschmelzen und sich dann selber in der Gestalt des Baldur sehen und erleben. Eine solche Identifikation mit einer Gottheit wird meistens „Invokation" („Hereinrufung") genannt.

Möglicherweise spürt man anfangs noch nicht viel bei dieser Identifikation, aber mit einiger Übung kann diese Methode zu sehr intensiven Erlebnissen führen. Sie fallen je nach dem Charakter der angerufen Gottheit sehr verschieden aus. So kommt z.B. der ägyptische Falkengott gemäß dem Wesen des Falken sehr plötzlich und heftig, während die Muttergöttin Isis eine sehr sanfte Erscheinungsform hat.

Solche Invokationen können schließlich zu einer grundlegenden Veränderung im eigenen Bewußtsein führen. Dies liegt daran, daß die menschliche Psyche ihre Identität vor allem durch das Erlebnis des Abgegrenztseins sichert: Eine menschliche Psyche erlebt sich normalerweise als begrenzt und vielschichtig. Eine Gottheit hingegen ist ihrem Wesen nach eindeutig und unbegrenzt. Wenn sich eine Psyche nun einer Gottheit öffnet, kann man dies so erleben, als ob man als ein Wassertropfen plötzlich ins Meer fallen oder als ob man in einen bodenlosen Abgrund springen würde. Dies kann zunächst zu einem deutlichen Zurückzucken führen.

Das große Geschenk, das in solch einer intensiven Begegnung mit einer Gottheit liegt, ist die Erkenntnis, daß die Psyche keine Grenze braucht, um ihre Identität zu wahren, und daß sie stattdessen in ihrer eigenen Qualität ruhen kann. Diese Kombination von offener Grenze und Sicherheit in Bezug der eigenen Qualität ist auch genau die Kombination von Eigenschaften, die bei der Globalisierung benötigt wird: Offenheit für das gesamte Leben auf der Erde und Wertschätzung der eigenen Individualität und der der anderen.

Wenn diese neue Haltung gefunden wird, wird die Furcht vor dem „Grenzverlust" zu einer Freude über die Fülle – denn ohne Grenzen ist das Leben grenzenlose Fülle. Dies ist das Geschenk der Götter.

Baldur ist natürlich nicht die einzige Gottheit, die die Qualität der Richtigkeit verkörpert. Auch der keltische Dagda, der griechische Apollon, der slawische Belobog, der indische Mitra, der indische Varuna, der persische Mithras, der mitannische Mitra, der hethitische Aya, die sumerische Inanna, die ägyptische Ma'at und viele andere Gottheiten auch in Afrika und bei den Indianern sind die Boten der Richtigkeit. Auch Christus und Mohammed tragen diese Qualität in sich.

Wenn man diese Qualität tiefergehend erforschen möchte, empfiehlt es sich, auch einmal zu anderen Richtigkeits-Göttern eine Traumreise zu unternehmen. Eine recht fortgeschrittene Methode ist die „Einladung zum Rat", bei der man auf einer Traumreise innerlich einen passenden Ort aufsucht und dann in diesem Fall die Richtigkeits-Götter einlädt und schaut, was geschieht. Eine solche Versammlung wird in aller Regel nur in dem inneren Bereich der Bilder („Wahrnehmung") vor sich gehen und nicht auf der tieferen Ebene, auf der man die Auflösung aller Abgrenzungen erleben kann („Bereich der Identität").

Es ist aber keineswegs notwendig, zu solchen Erlebnissen zu kommen, um den Gott Baldur im eigenen Leben als hilfreich zu erleben. Man kann einfach mit einer Traumreise oder einer Bitte an Baldur beginnen und schauen, was geschieht. Wenn die Ergebnisse vielversprechend waren, wird man wahrscheinlich weiter in diese Richtung gehen; falls nicht viel geschah, kann man den Versuch noch einmal wiederholen, aber vielleicht sind auch Meditationen über eine andere Gottheit oder auch eine ganz andere Richtung produktiver …

Falls man Gefallen an Runenmeditationen findet, kann man im Zusammenhang mit Baldur folgende Übung aus probieren:

Man stellt sich auf der Erde einen ca. 1,50m großen Kreis vor, der den Ring Draupnir darstellt. Diesen Ring kombiniert man dann mit einem Kreuz, das die vier Himmelsrichtungen und somit die Sonne darstellt. Statt dieses Draupnir-Kreuzes kann man sich auch eine Sonnenscheibe oder ein achtspeichiges Rad vorstellen. Die Qualität dieser drei Symbole ist die Sonne, der Zyklus, die Jahreszeiten, die Himmelsrichtungen und vor allem die Richtigkeit. Sie stellen zusammen ein einfaches Sonnen-Mandala dar. Dieser Ort ist somit ein Ort des Baldur, sozusagen eine abstrakte Variante seiner Halle Breidablick.

Nun stellt man sich in die Mitte dieses imaginierten Mandalas, das man natürlich auch mit Steinen auf der Erde auslegen kann. Nachdem man sich dort innerlich gesammelt hat, stellt man sich in die Haltung der Ar-Rune und singt den Namen dieser Rune möglichst klangvoll, d.h. man singt nicht unbedingt laut, sondern läßt die Obertöne der Stimme und ihr natürliches Vibrato zu. Dadurch wird die Stimme klangvoll und beginnt zu „vibrieren". Technisch gesagt, entsteht durch diese Art des Singens eine stehende Welle. Nach einer Weile des Singens kann man das Vibrieren der Stimme auch im Körper spüren.

Bei der Ar-Rune steht man aufrecht, die Arme hängen herab und das rechte Bein ist schräg zur Seite gewinkelt, der rechte Fuß berührt die Erde. Diese Rune steht mit der Sonne und somit auch mit Baldur in Verbindung. Sie wirkt stark auf das Wurzelchakra und das Hara.

Nach einer Weile wechselt man die Beine, d.h. das linke Bein wird seitlich gestellt. Danach dreht man sich um 90° und wiederholt die beiden Ar-Runen-Stellungen. Dadurch hat man nun von der Mitte aus jeweils ein Bein in jede der vier Richtungen gestreckt. Bei einem achtspeichigen Rad verdoppelt sich die Anzahl der Haltung im Vergleich zum Draupnir-Kreuz.

Man kann sich natürlich auch jedesmal um 90° (45°) drehen und jeweils dasselbe Bein zur Seite ausstrecken und auf diese Weise die Ar-Rune für alle vier (acht) Richtungen singen.

Danach wiederholt man das Ganze mit der Rit-Rune, die mit der Richtigkeit und den diese Richtigkeit wiederherstellenden Ritualen und somit auch mit dem Gott Baldur verknüpft ist.

Die sie darstellende Haltung ist wie die der Ar-Rune, nur daß man zusätzlich zu dem abgewinkelten rechten Bein noch die rechte Hand in die rechte Hüfte stemmt und den rechten Ellenbogen nach außen hin abwinkelt. Dadurch sieht die Haltung, die man angenommen hat, wie ein „R" aus.

Am Schluß spürt man noch eine Weile der Wirkung des Runensingens im eigenen Körper nach.

Es ist hilfreich, dieses Runensingens wenigstens zwei Wochen lang jeden Tag durchzuführen. Man kann es auch noch durch andere Runen, Bitten an Baldur u.ä. ergänzen. Die dargestellte Form ist eine sehr einfache Version.

XIII Hymnen an Baldur

Die folgenden Hymne halten sich weitestgehend an die Motive aus der germanischen Mythologie. Es sind lediglich vereinzelte Motiv aus den Mythen ähnlicher Götter bei anderen Indogermanen hinzugefügt wie z.B. die Orakeldeutung, die z.B. bei den Griechen unter dem Schutz des Apollon stand (Orakel von Delphi).

Diese Hymnen sollen keine Kunstwerke sein, sondern sind in erster Linie „Gebrauchslyrik", die bei Meditationen über Baldur oder Anrufungen des Baldur verwendet werden können. Man kann sie daher auch nach Belieben kürzen, erweitern, umschreiben oder auch nur einzelne Verse oder Bilder in eigenen, selbstgeschriebenen Anrufungen weiterverwenden.

Die folgenden Hymnen sind sozusagen „poetisch-spirituelle Werkzeuge".

XIII 1. An Baldur

Baldur, Bringer der Blüten,
Odins Sohn und Gott des Sommers.
Schnee fällt, Sturm tobt,
doch Loki liegt schon in Leid,
gefangen ist der Gast Ägirs,
der Meister des Mistelpfeils.
Hermod holte Draupnir her
als Pfand dem Pferdegott.
Baldur, laß das Licht nun wieder leuchten
am Himmel und auch in den Herzen.
Alle Asen warten in Asgard auf Dich,
nur Loki ließ Dich im Dunkeln leiden.
Baldur, öffne Hel und uns're Häuser;
Sommerase, laß die Sonne wieder scheinen;
kehr' zurück, komme zu uns,
laß in Midgard milde Winde weh'n,
Gerste zu Garben gedeihen,
Rapunzel reichlich wachsen am Rain,
Mangold in Mengen sprießen für Männer und Frau'n.
Baldur, laß die Bäume erblüh'n
und Iduns Äpfel wieder grünen
und laß' fließen in Mengen den Met der Götter.

Anmerkungen:
- *„Loki liegt in Leid"*: Loki wurde nach seiner Verspottung der Asen in Ägirs Saal von den Asen gefesselt und unter eine Schlange gelegt, deren Gift auf sein Gesicht tropfte und ihm heftige Schmerzen bereitete; dies ist symbolisch das Winterende.
- *„Meister des Mistelzweigs"*: Loki gab Hödur den Mistelzweig, mit dem dieser dann ohne es zu wollen seinen Bruder Baldur erschoß.
- *„Hermod"*: Dieser Odinssohn versuchte Baldur aus Hel zurückzuholen, aber er brachte nur den Ring Draupnir von Baldur seinem Vater zurück.
- *„Pferdegott"*: Umschreibung für Odin als den Reiter Sleipnirs
- *„Met der Götter"*: Der Odrörir ist (weit gefaßt) auch ein Symbol für die „Wiedergeburt" der Pflanzen.

XIII 2.   Baldurs Schicksal

Sonnen-Ase, Odin-Sohn;
Dein Haar ist hell und licht Dein Auge,
Dein Leib: er leuchtet mild und sanft,
Dein Antlitz: ruhig und rein, voll Freude.

Sohn der Frigg, der Friedens-Ase;
Um Breidablick blüht Baldurs Braue,
der Halle Dach strahlt golden-hell,
Gesang hör' ich und Harfenklang.

Hermodr-Bruder, Hringhorn-Fahrer;
Die Eichen hinter Deiner Halle
tragen Misteln, milchig-weiß
zwischen schattig-grünen Zweigen.

Gott der Tränen, Draupnir-Träger;
Dein Licht gibt Bragi lebende Verse,
Dein Leuchten leitet Forsetis Wort,
und fördert Frieden am Tage des Things.

Hödur-Bruder, Breidablick-Ase;
Tyr ist der Richter, der Erhalter des Rechts,
Forseti befriedet der Feinde Worte
durch Baldur, den guten Geist des Gerichts.

Forseti-Vater, Sonnengleicher;
Dein Lied stets lindert den Streit der Asen,
den Kampf der Riesen, den Krieg der Menschen,
Du bist der Segen des Vaters Tyr.

Baldur, Betrachter der goldenen Tafeln;
Du erkennst die Wurzeln der Worte,
und wägst die Wege, die wir wagen wollen,
Du weist das uns stets, was richtig ist.

Reiner Ase, Ullr-Freund;
Du kennst und kannst die Sprache des Mondes:
Du liest und Du deutest die Träume und Bilder
und Zeichen und Omen und alle Orakel.

Dem Segen der Asen, der Speise des Feuers,
Dem Baldur drohten schweren Träume,
die Frigg bedrängten düst're Bilder,
Sorgen säumten der Idun Sinnen.

Was drohte dem weißen Asen,
dem Gatten Nannas, dem Schönen Gott?
Frigg ließ alle Eide leisten,
kein Harm zu bringen Hödurs Bruder.

Doch Loki lauerte mit argen Listen
dem Frohsinn-Spender, dem Friedens-Ase;
er wußte, daß Frigg die Mistel vergaß –
Baldurs Bruder gab er den Pfeil.

Der blinde Ase brachte Baldur
Was er ihm wohl nie wünschte:
Das Licht der Asen ganz verlosch,
den Himmel deckten dunkle Wolken.

Die wilde Reiterin des schwarzen Wolfes,
die Schlangenschwester sah'n sie nun,
sie stieß das Schiff von Odin Sproß,
das Opfer der Mistel, ins Meer.

Auf Hringhorn fuhr er in die Ferne,
Baldur trat da durch die Flamme,
Lokis Opfer sank in tiefe Wasser
Odin flüsterte in Baldurs Ohr.

Der lichte Ase ging nun fort:
den Schlangenweg, den Drachenpfad,
die hohe Regenbogenbrücke,
Baldur wanderte den Weg der Nacht.

Der Adler-Ase flog mit ihm,
zeigte seinem Sohn die Schritte
zur Gjallar-Brücke über der Gischt,
wo Raben und Wölfe und Schlangen wohnen.

Vor der Höhle der Hel hielt er,
laut erklang die kalte Brücke,
unter des Baldurs schwankenden Schritten –
der Hüter Walhallas kehrt nun heim.

Hermodr eilt, den Harfner zu holen,
Asgards Freude, den Schützling der Frigg
Leben und Licht zurückzubringen,
doch Loki verwehrte dem Weißen den Weg.

Da kam Windzeit, Wolfszeit, Dunkelheit,
des Lichtgotts tiefer Traum und Schlaf,
Pflanzen starben, Blätter sanken,
Schnee fiel, Eis wuchs, Sturm blies, Finsternis.

Da reichte Hel dem Hellen den Met,
Idun gab dem Asen den Apfel;
Hrungnirs Herz: es regte sich wieder
in des Baldurs beklommener Brust.

Nanna umarmte der Toten Nachbar,
Baldurs Geliebte gab ihm Leben,
den Bleichen gebar die Blühende wieder:
der schöne Ase erwachte vom Schlaf.

Die Nacht ging zur Neige, der Tag trat nun an,
Sommer und Winter wechselten wieder,
dem hehren Hüter von Odins Gold
reicht Hödur huldvoll die Hand zum Gruß.

Der schöne Ase, der Segen des Things,
kehrt heim von Udgart, von Hel,
von Ydalirs Halle, von Ullrs Mahl,
von seiner Zuflucht in schwerer Zeit.

Der hürnene Ase, der Speere Spott
steht sonnengleich scheinend an seinem Ort,
Draupnir leuchtet als Sonnenscheibe:
ein feuriges, flammendes, fliegendes Rad.

Lieder-Finder, Skalden-Freund,
Schwanen-Ase, Schwingen-Träger:
Dein Singen läßt das Sonnenrad scheinen,
das mit goldenen Gaben Gedeihen gibt.

Baldur, Gott des Rades und der Harfe;
Wecke der wankenden Menschen Mitte,
laß sie die weisen Worte lauschen
und die Feuer in ihren Herzen finden.

Baldur, Bote des Baumes des Lebens;
hilf uns in Stille uns selber zu sehen,
am Tag mit Taten uns selbst zu erschaffen,
in Wahrheit und Weisheit zu wandern.

Anmerkungen:
 - „*Baldurs Braue*" ist der skandinavische Name für die Geruchlose Kamille.
 - Die *Harfe* ist eigentlich das Zeichen des Bragi, aber als Symbol der Richtigkeit gehört es auch zu Baldur.
 - „*Hringhorn*" („Ringhorn") ist Baldurs Schiff, auf dem er auch bestattet wurde.
 - Die beiden Asen *Forseti* und *Tyr* waren die Götter des Things – Tyr als Göttervater/Richter und Forseti als „Gesprächsleiter".
 - Die Riesin Hyrokkin wird als „*Reiterin eines Wolfes*" mit Schlangenzaumzeug die

Riesin-Göttin Hel sein, da der Fenris-Wolf, die Midgartschlange und die Riesin Hel die drei Kinder des Loki waren. Diese drei sind zudem das Symbol des Jenseitsweges (Schlange), der Begleiter auf dem Jenseitsweg (Wolf) und die Jenseitsgöttin selber (Hel). Es gibt auch durchaus Sinn, daß Hel selber den Baldur ins Jenseits holt. Daher wird Hyrokkin-Hel in den Versen *„Schlangenschwester"* genannt.

- Der *„Schlangenweg"* und der *„Drachenpfad"* sind aufgrund der Schlangensymbolik der Weg in die Unterwelt.
- Der *„Adler-Ase"* ist Odin. Er hat diesen Seelenvogel von dem früheren Göttervater Tyr übernommen. Bei den Indogermanen ist der Adler allgemein das Tier des Dyaus (Tyr, Zeus, Jupiter u.a.).
- Der *„Hüter Walhallas"* ist Odin.
- *„Loki verwehrte dem Weißen den Weg"*: Loki weigerte sich in der Gestalt der Riesin Thökk, eine Träne um Baldur zu weinen, weshalb Baldur in der Unterwelt bleiben mußte.
- *„Hrungnirs Herz"* ist ein Symbol für die wiedergeborene Seele und ist daher eng mit Draupnir verwandt und ebenso mit dem Göttermet und den Äpfeln der Idun, die beide Symbole der Wiedergeburt sind.
- *„Odins Gold"* ist der Ring Draupnir.
- *„Udgart"*, *„Hel"*, *„Ydalirs Halle"* und *„Ullr"* sind alles Symbole für das Jenseits.
- *„hürnen"* bedeutet mit Hornhaut versehen, d.h. unverwundbar.
- *„Schwanen-Ase"* und *„Schwingen-Träger"* bezieht sich darauf, daß Baldur im Jenseits ohne Körper, d.h. nur eine Seele ist, die aufgrund der Astralreise als Seelenvogel (*„Fylgia"*) dargestellt wird. Bei den Indogermanen war der Schwan das beliebteste Seelen-Symbol.

XIII 3. Hermodr und Thökk

Hermodr:
*„Riesenweib hier in dem Höhlen-Heim,
Jötun-Tochter, zeig Dich hier am Tage,
Hermodr heischt Dich heut' zu sehen,
Von fern kam Friggs Sohn über weite Fluren.*

*Thökk in tiefer Thursen-Kluft,
komm heraus aus kühler Klamm,
Odin ruft und mit ihm alle Asen,
Bitten bringen wir Baldur zum Wohl."*

Thökk:
„Tief liegt der Schnee, die Thursen schlafen,
zieh weiter, Wanderer im Winterwald,
nicht ziemt es zu sprechen zu dieser Zeit
über Sonne und Sommer und singende Asen."

Hermodr:
„Riesenweib, rege dich rasch, ich rufe
nicht eitel ohne eilige Botschaft!
Thökk, komm hervor aus Deiner Höhle Tiefe,
wirf fort das Fell, beweg' Deine Füße!"

Thökk:
„Schweig still, schwacher Ase, geh!
Dies ist nicht Dein Ort, Dein Heim!
Eile fort, sonst werden Eis und Schnee Dich holen!
Widars Bruder, wende Deinen Weg von hier!"

Hermodr:
„Jötunschwester, soll ich Dich jagen mit der Eibe Jungem?
Riesentochter, soll ich Dich rufen mit Feuerbrand?
Udgardenkel, soll ich Dich drängen mit dunklen Sprüchen?
Thursenmutter, soll ich Dich treiben mit Todesrunen?"

Thökk:
„Hermodr, loser Bursche, lästige Laus!
Was willst Du, Wortverschwender,
von mir zu dieser dunklen Dämmerzeit?
Sprich schnell und geh geschwind von hier!"

Hermodr:
„Hödur brachte Tod dem Baldur,
nun liegt der Asen Hoffnung in Hels Höhle;
wenn alle Wesen wegen ihm weinen,
wird die Riesin den lichten Rater reisen lassen."

Thökk:
"Wenig weiß ich über Wegtams Sohn,
Was sollte ich mit ihm zu schaffen haben?
Laß mich in ruhigem Schlummer schlafen,
und ziehe zügig Deiner Wege!"

Hermodr:
"Alle, die Augen haben, gaben ihre Tränen,
nur Du, Thökk, in der tiefen Dunkelheit,
gabst noch kein Naß zu aller Wesen Nutzen,
Eine Träne, Thursentochter, taut das ew'ge Eis!"

Thökk:
"Thökk muß weinen mit trockenen Augen
über Baldurs blutiges Ende durch den blinden Bruder;
Nicht war er von Nutzen mir, niemals mein Gast:
Behalte Hel, was sie hat."

Hermodr:
"Schwarze, Du schadest schändlich allem Leben!
Ein Winziges nur, ein Wangentau,
und Baldur kehrt über Bifröst zurück,
ein flüchtiger Augenfluß befreit schon den Asen!"

Thökk:
"Wende Deine Schritte, weiche von der Riesenwohnung;
kleiner Ase, Kummerträger:
Was schadet mir Schnee? Was schadet mir Eis?
Ich schlafe gut im stillen Winterschlummer."

Anmerkungen:
- Diese Verse sind eine Erweiterung einer Szene, die sich in der Edda in „Gylfis Vision" findet. Dort wird eine Strophe aus einem verlorengegangenen Lied zitiert, die in leicht veränderter Form die drittletzte Strophe des Liedes oben bildet. Dieses Lied ist eine sehr freie „Nachdichtung" des verlorengegangenen Liedes.
- *Hermodr* ist in der Baldur-Mythe der Schamane, der ins Jenseits reist. Thökk („die Finstere") ist wahrscheinlich Loki, der sich in eine Riesin (Hel) verwandelt hat.
- Mit *„Widars Bruder"* ist Hermodr gemeint; genaugenommen ist er Widars Halbbruder.

- Das „*Junge der Eibe*" ist ein Bogen, den die Germanen oft aus Eibenholz herstellte. Hermodr droht der Riesin Thökk also, mit Pfeilen auf sie zu schießen.
- „*Wegtams Sohn*" ist Baldur – Odin nennt sich im Wegtams-Lied „Wegtam".

XIII 4. Baldurs Reise

Die Mistel traf in meine Mitte,
der Feder-Pfeil flog in mein Herz,
Lokis Lachen, Hödurs Leid ...
Schmerz und Wärme, Schwindel und Schwinden ...

Ein Schwan, ein Adler, ein Seelenvogel –
schwerelos schwebe ich über mir selber;
tot, ich blicke auf Baldurs Bahre hinab,
ich selber auf mich selbst.

Das Weinen der Asen, die Tränen der Wanen,
klingen von fern her zum Sohn der Frigg.
Ich rufe und rufe, doch keiner hört,
Ich greife, nichts faßt – alles ist Nebel.

Ich liege reglos auf Hringhorns Rumpf,
sehe mich selber dort seelenlos liegen,
Mein Vater Odin flüstert, spricht mit mir,
weist mit den Weg, winkt mir zu folgen.

Das Feuer brennt und Flammen fliegen
von den Fackeln – gefräßige Glut:
ich spüre nicht, wie sie mich verschlingt;
Hyrrokin stößt Hringhorn in die hohe See.

Odin flüstert, ich folge dem Weisen,
wie ein Vogel dem Raben-Asen,
er führt mich durch Wege fern von der Welt,
er flüstert, ich folge ... bin nur noch ein Vogel.

Garm grollt, Fenrir geifert,
Zunge leckt und Zähne zerren –
lassen, nichts mehr fassen:
die Asen alle, das Alte und Liebe geht.

Widar geht und Ullr weicht,
Odin winkt, Forseti: fort,
Hödur fern, Frigg nur Nebel,
Nanna? weit entfernt, nicht hier ...

Ein letzter liebender Gruß,
Augen wenden sich fort von der Welt,
der Blick wird gebannt auf das Innen,
still wird es, stetig und stumm.

Die Brücke über den Gjallar bannt
meinen Blick auf den Boden in mir:
Gedanken gehen, Gewohnheit auch,
Wünsche weichen, Sehnen verlischt.

Hels Finger fassen tastend
meine Formen, meine Bilder,
zerbröckeln das, was war,
und lösen auf, was ich einst lebte.

Hels Atem haucht in meine Hülle,
Bilder werden Licht und Wärme,
Der große Baum wird wieder Keim,
Der Himmel-Streber schrumpft zum Samen.

Die Schnecke senkt den Fühler ein,
der starke Bär zieht sich zurück,
der Adler kehrt heim in den Horst,
das Außen sinkt sacht in das Innen.

Sonnenglut in meiner Seele,
Draupnir dringt in meinen Geist,
Sonnenrad in meinem Herzen,
Rückkehr, Heimkehr: ich komme zu mir.

*Das Feuer der Hel: nun fließt es in mir
als Schlange, als Drache, als drängendes Leben;
Hel naht, sie wird zu Nanna,
ich bin vereint mit der Mutter-Geliebten.*

*Milder Met mundet mir gut,
fließt funkelnd und frisch nun in mir,
ich wachse erwachend, verwundert,
Nebel-Licht hilft mir, hüllt mich.*

*Wille erwacht und drängt nach der Welt,
Wünsche keimen, Sehnen kommt,
Baldur wird neu, die Glieder wachsen,
Die Nacht naht nun bald ihrem Ende.*

*Die Äpfel der Idun eß' ich in der Höhle,
Im Dunkel der Nanna, im Dunkel der Hel,
im Leib der Frigg, im Leib der Freya,
Des Forseti-Vaters Frühling ist nah.*

*Die Sonne erwacht, scheint schimmernd am Himmel,
Die Pforte der Göttin ist offen und groß,
Volkrast der Zwerg singt vor den Toren des Tages,
der Nanna zur Stärkung, dem Baldur zum Gruß.*

Anmerkungen:
  - Diese Strophen sind aus der Sicht des Baldur geschrieben. Sie stellend seinen Weg ins Jenseits und wieder zurück dar.
  - Der „*Sohn der Frigg*" ist Baldur.
  - „*Hringhorn*" ist Baldurs Schiff.
  - *Garm* und der mit ihm weitgehend identische *Fenrir* wachen am Eingang zur Unterwelt.
  - „*Gjallar*" („Lärmender") ist der Jenseitsfluß.
  - „*Himmel-Streber*" wird hier als Kenning für „Baum" benutzt.
  - Das „*Hel-Feuer*" als Schlange bzw. Drache ist die Kundalini. Die Bewegung dieser Lebenskraft fließt im menschlichen Körper in einer Konvektionsströmung: Sie steigt innen empor (aufsteigende Kundalini) und fließt außen wieder herab (am Rand der Aura).

- Der *„Vater des Forseti"* ist Baldur.
- Die beiden letzten Verse, in denen der Zwerg *„Volkrast"* auftritt, sind eine Abwandlung des Spruches zu der Man-Rune. Sie beziehen sich auf das Lied, das von den meisten indogermanischen Völkern von den Priester-Schamanen morgens zur Begrüßung der Sonne gesungen wurde.

XIII 5. Baldur und Ullr

Schnee fällt, Wasser friert, Eis funkelt,
Weiß bedeckt die weiten Wälder.
Ullr jagt braune Bären in den Bergen,
Rauch ringelt sich empor im Eibental.

Der Bogen-Ase trägt das Wildbret heim,
über ihm leuchtet das Licht des Nordens;
der Schneeschuh-Ase kommt zurück nach Ydalir,
zur Halle im Hag der hohen Eiben.

Im Spätherbst, in der Hödur-Zeit,
friert in den Ebenen das erstes Eis;
Die Gänse suchen südwärts Sonne –
Ein Wand'rer nimmt den Weg nach Norden.

Das Eibental betrat Hermodrs Bruder,
Nach Ydalir führt Wegtams Sohn der Weg,
Es pocht im Schneegestöber an die Pforte,
Es tritt zum Tor der Eibental-Ase.

Da sieht Sifs Sohn den Sonnen-Haar,
er umarmt den Freund mit Freude;
Da stehen Hand in Hand die Hohen:
der Gott des Schweigens und der Wahrheit-Ase.

Baldur sitzt beim Feuer, blickt in die Glut:
der Sommer ist geschwunden, die Sonne ruht;
Das Reich des Ullr reicht nun bis zum Strand,
Der Krieger-Ase steht in voller Kraft.

*Das Licht des Sonnenhirsches schwindet rasch
bei Odins Sohn, bei der Sorge der Frigg;
zugleich wächst es zu lichtem Leuchten
beim Schneeschuh-Asen, beim besten Schützen.*

*In den Wogen des Wandels, am Weg des Wechsels
steht der stets grüne Stamm in Ydalir:
der Bruder der Mistel mit milchweißen Beeren –
ein Bild des Festen im Fluß aller Dinge.*

*Baldur und Ullr tragen beide den Ring:
Baldur den Draupnir, des Sindri Geschmeide;
Ullr den Eid-Ring, die Eibenwald-Gabe;
Golden sind beide und Boten der Bifröst.*

*Am Ende des Winters weicht doch das Weiße,
die Gänse ziehen zu Heimat-Gestaden zurück,
und Baldur bricht auf zur Brücke im Tal,
Abschied nimmt im Frühling Freund von Freund.*

*Nun zieht Ullr fort in ferne Lande,
Von Ydalir zu Yggdrasil,
Vom Eibental zum Eliwagar,
von seiner Halle hin zum Hvergelmir.*

*Weit ist des stillen Raters schwere Reise;
er ritzt und raunt viel Runen über einem Knochen,
zum Boot wird ihm da das Gebein,
auf diesem Stab quert er den Gjallar-Strom.*

*Dort im Norden geht das Eis gar nie zur Neige,
dort trinkt Ullr Met aus Mimirs Quelle,
dort saugt Ullr Stille aus der Nornen Born,
dort bleibt Sifs Sohn all den Sommer.*

Anmerkungen:
   - Dieses Lied faßt Baldur als die Sommersonne und Ullr als die Wintersonne auf. Eine solche Vorstellung könnte die Ursache dafür sein, daß die Germanen Baldur und

Ullr als Freunde ansahen. Es gab bei den Asen mehrere solcher Sommer-Winter-Paare:

Sommer/Diesseits	*Winter/Jenseits*
Baldur	Ullr
Baldur	der blinde Hödur
Odins sehendes Auge	Odins blindes Auge
zweiarmiger Tyr	einarmiger Tyr
Sif mit goldenen Haaren (= Getreide)	Sif ohne Haare
Odin	Loki
Asen	Riesen
Tyr	Loki

- *„Hermodrs Bruder"* und *„Wegtams Sohn"* sind beide Baldur.
- *„Sifs Sohn"* ist Ullr; *„Sonnen-Haar"* ist Baldur.
- Der *„Gott des Schweigens"* ist Ullr und der *„Wahrheits-Ase"* ist Baldur.
- Der *„Krieger-Ase"* ist Ullr.
- *„Odins Sohn"* und *„Friggs Sorge"* sind beide Baldur. Der zweite Name bezieht sich darauf, daß Frigg in Sorge um ihren Sohn Baldur allen Wesen (außer der Mistel) den Eid abnahm, Baldur nicht zu verletzen.
- Der im „Sonnenlied" erwähnte *„Sonnenhirsch"* ist hier als Symbol für die Kraft und die Herrschaft verwendet worden, die im Sommer bei Baldur und im Winter bei Ullr ist.
- Der *„Bruder der Mistel"* ist die immergrüne Eibe, die wie die ebenfalls immergrüne Mistel ein Symbol der Hoffnung im Winter auf die Wiedergeburt der Sonne im Frühling gewesen sein könnte.
- *„Draupnir"* wurde von dem Zwerg *Sindri* geschmiedet.
- *„Eid-Ring"*: Es gab bei den Germanen die Sitte, Eide auf einen Ring abzulegen und diesen Ring im Tempel des Ullr niederzulegen.
- Die Weltesche *Yggdrasil* steht am Nordpol in der Mitte des *Eliwagar* („Eiswogen" = Gletscher). Zwischen seinen Wurzeln entspringt die Quelle *Hvergelmir*. Dort liegen auch im Sommer Schnee und Eis, sodaß dieser Ort der passende Rückzugsort des Ullr während der warmen Jahreszeit wäre. Da dieser Platz auch ein Jenseitstor ist, wäre Ullrs Reise zum Weltenbaum eine Analogie zu Baldurs Reise nach Ydalir („Eibental") zu Ullr. Baldur ist in diesem Bild im Winter in Ydalir im Exil, während Ullr sich im Sommer an den Nordpol zurückzieht.

- Der „*Stille Rater*" ist Ullr, der in der Edda als schweigsamer Ase beschrieben wird.
- Die „*Quelle des Mimir*" und der „*Born der Nornen*" sind beide mit Hvergelmir identisch. Als Quelle der Weisheit ist dies ein passender Ort für den schweigsamen Asen Ullr.

XIV Traumreisen zu Baldur

XIV 1. Traumreise zu Baldur

Ich lege mich bequem hin, decke mich zu und schließe die Augen. Ich mache mir noch einmal deutlich, daß ich innerlich zu Baldur reisen will. Wie meistens zu Beginn einer Meditation oder einer Traumreise mache ich einen unwillkürlichen tiefen Atemzug, der wie die Schwelle zwischen dem Entschluß und der Tat ist.

Dieser für den Anfang und das Ende einer Traumreise typische tiefe Atemzug wird auch in der Isländer-Saga über Thrond von Gate erwähnt: *„Danach erhob sich Thrond von seinem Hocker, tat einen tiefen Atemzug und sprach: '....'"*

Es ist undeutlich, wo ich innerlich bin. Eine Wiese ... aber ich spüre, daß es eigentlich woanders lang geht. Ich nehme mir in meiner Vision einen handgroßen, flachen Kiesel und eine kleine Astgabel und lasse die Astgabel auf dem Kiesel kreisen, um die richtige Richtung herauszufinden. Die Spitze des Astgabel zeigt hinter mich – das irritiert mich ziemlich, weil mir das noch nie passiert ist.

Ich gehe in die angegebene Richtung und sehe einen Windbruch: viele umgestürzte Bäume, die kreuz und quer durcheinander liegen, dazwischen viele große Felsen, die auch irgendwie chaotisch wirken – sie erinnern an Trümmer, obwohl es einfache Felsen sind.

Wo ist hier Baldur? Da spüre und sehe ich ihn unter all diesem Chaos und dieser Zerstörung. Spontan frage ich, ob ich ihm irgendwie helfen kann. Schon während ich frage, wird mir meine Frage peinlich, denn wie sollte ich einem Gott helfen können? Aber meine Frage war spontan und kam von Herzen. Sie scheint auch angekommen zu sein, denn es kommt die wortlose Aufforderung, in Baldur hineinzukommen. Das kommt ziemlich unerwartet und es ist, als würde eine Tür kurz auf- und dann wieder zugehen. In dem kurzen Moment ahne ich Baldurs Qualität. Ich muß mich erst eine Weile sammeln, ehe ich den Schritt wage.

Als ich „in Baldur" bin, sehe ich die Dinge plötzlich aus einer anderen Perspektive. Ich stehe (ohne meinen Körper zu spüren) in einer hügeligen, bergigen Gegend und sehe alle Dinge und Wesen in sehr weitem Umkreis: die Bäume, die Steine, die Kräuter, die Bäche, die Menschen, ich rieche die Luft an den verschiedenen Orten – als Mensch war mein Wahrnehmungskreis sehr deutlich kleiner als nun „in Baldur" ...

Mich überrascht die Entschiedenheit und die Intensität, die ich „in Baldur" spüre. Es ist ein bißchen wie ein Summen oder ein leises Vibrieren, aber sehr entschieden und unbeirrbar. Es ist dieses Gefühl von Eindeutigkeit und völliger Selbstgewißheit, von fragloser Identität, die ich oft bei Begegnungen mit Gottheiten spüre. Da kommt ein Satz von Baldur: „Dachtest Du, die Ma'at wäre schwach?" – „Hm, nein, eigentlich nicht, aber überrascht bin ich doch. Das ist etwas anderes als die Sanftheit des Baldur in den Mythen." – „Der Sommergott ist nur eine neue Schicht auf meinen Mythen. Ich bin die Richtigkeit." Ich wundere mich, daß Baldur den altägyptischen Begriff „Ma'at" für die Richtigkeit benutzt, aber das liegt wohl daran, daß mir selber dieser Begriff für die Richtigkeit am geläufigsten ist.

Ich ahne sein Aussehen, aber es ist nur undeutlich – ein heller, kurzer, goldgelber Bart und eine kräftige Ausstrahlung. Baldur scheint vor allem ein „Innen" und ein „Zustand" zu sein.

Baldurs Intensität erstaunt mich immer noch; damit habe ich nicht gerechnet. Diese Intensität und Entschiedenheit im Inneren von Baldur zu spüren macht etwas mit mir: ich werde auch selber klarer, eindeutiger und schlichter – und auch entspannter. Ich spüre dieser Qualität in mir nach. Meine Knie beginnen zu zittern und meine Fersen pressen sich unwillkürlich aneinander. Da arbeitet etwas in meinen Knien, als ob Lebenskraft durch ein Hindernis fließen will.

„Was soll ich tun, Baldur? Gibt es etwas Wichtiges zu hören oder zu sehen?" – „Mache das, was Tyr Dir gesagt hat: Wecke Deine Kundalini mit Runen-Singen." Ich beginne mein Wurzelchakra zu spüren, das ich mittlerweile wieder oft spüre, wenn ich die Runen singe. Es arbeitet auch etwas in meiner Brust – als ob etwas wieder mehr Platz bekäme. Und es arbeitet auch hinten im oberen Teil meiner Schulterblätter. Hm, da scheint etwas in meinem Körper zu geschehen; etwas scheint von unten nach oben hin aufzusteigen – vermutlich die Kundalini, aber sehr sanft.

In mir entsteht wie ein neuer Blick auf die Welt: Ich ahne ein Eigenständig-sein, das etwas ungewohnt ist, aber gut tut; in ihm ist keine Abhängigkeit und auch keine Einsamkeit, kein Festhalten und auch kein Kontrollieren-wollen. Stattdessen entsteht ein neues Gefühl von „offener Begegnung" mit den Menschen und allen Dingen. Sehr angenehm, aber etwas gewöhnungsbedürftig.

Ich frage, ob es etwas zu hören oder zu sehen gibt. Plötzlich ändert sich die Wahrnehmung: Während ich vorher nur „in Baldur" war, ist Baldur jetzt wie zusätzlich auf mich ausgerichtet. Eine wortlose Frage steht im Raum: „Bist Du in Ma'at?" Ich bekomme einen leichten Schrecken, so plötzlich im Zentrum der Aufmerksamkeit zu stehen, so mitten im Licht. Ich bin leicht verlegen und weiß, daß ich mit dem Schwert, daß meine Seele mir geschenkt hat (nur in meinem Inneren), noch immer nicht richtig umgehen kann: Durchsetzungskraft, Entschiedenheit, Trennungen, Wandel u.ä. im Zusammenhang mit anderen Menschen fallen mir noch immer nicht gerade leicht.

Vor mir sehe ich einen großen, hüfthohen, facettierten Stein von unbestimmter Farbe. Er hat hunderte von Facetten, die alle ungefähr handtellergroß sind. Er ist zugleich auch ein annähernd kubischer Felsklotz – beide Bilder sind wie zugleich und ineinander. Er fühlt sich an wie ein Altar und ich weiß, daß man die Hand darauf legt und einen Eid ablegt – das erinnert mich an Ullrs „Eid-Ringe" in seinem Tempel in Lilla Ullevi in Südschweden. Baldur stellt mir eine Frage: „Willst Du Deine Ma'at leben? Willst Du dem treu sein, was Du bist?" Ich zögere – nicht weil ich an der Richtigkeit dieses Entschlusses und dieser Handlungsweise zweifele, sondern weil ich viele Konsequenzen fürchte.

Baldur scheint mich innerlich ohne Worte daran zu erinnern, daß dies dasselbe ist, wie der Entschluß zu Beginn der Einweihungsrituale des „Golden Dawn"-Ordens: die eigenen Seele, also das, was die eigene derzeitige Inkarnation erschaffen hat, zu finden und ihr dann treu zu sein. Schließlich lege ich meine Hand auf den Steinaltar und sage „Ja."

Ich bin lange Zeit innerlich bei diesem Felsen und betrachte ihn und spüre in ihn hinein. Baldur „denkt zu mir": „Er ist wie Hrungnirs Herz. Draupnir ist die Erinnerung daran, dieses Herz gesehen zu haben und es zu kennen und aus ihm heraus zu leben. Der Met ist eine Hilfe, dorthin zu gelangen; auch die Äpfel der Idun sind solch ein Weg."

Ich frage: „Wessen Herz ist dieser Stein?" – „Es ist das Herz der Erde. Das Drachenherz. Dein Herz."

Ich bleibe weiter innerlich bei diesem Herz. In meinen Knien arbeitet es wieder (ich hatte die letzte Zeit Schmerzen in den Knien – vermutlich weil ich Mühe hatte, meinen inneren Frieden wiederzufinden und mich deshalb zu sehr angestrengt habe).

Schließlich will ich die Traumreise beenden, aber als ich diesen Entschluß fassen will, spüre ich, daß noch etwas fehlt. Sobald mir das klar wurde, traf mich so etwas wie ein „Lichtschlag" von oben, wie ein Blitz aus weißem Licht. Das Licht war sofort überall in mir. Was war das? Ich beginne zu lächeln, dieses „Honigkuchenpferd-Lächeln", das auch immer kommt, wenn ich die Licht-Meditation mache, bei der man auf das weiße Licht in allen Dingen blickt, auf die Einheit, die aller Vielheit zugrundeliegt.

Baldur spricht: „Willkommen in Walhalla!" Was soll das? Ich bin etwas verwirrt. Bin ich jetzt ein bißchen überheblich geworden? Was soll ich in der Kriegerhalle des Odin? Baldur „denkt zu mir": „Das ist dasselbe wie Tummo und Bindhu." Im Yoga ist das Tummo die Erweckung des aufsteigenden roten Kundalinifeuers, das, wenn es beim obersten Chakra angelangt ist, das weiße Bindhu-Licht herabfließen läßt – auf das Aufsteigen der Lebenskraft folgt stets die Weitung des Bewußtseins, die auch dieses Lächeln und diese grundlose Freude entstehen läßt. Im Yoga nennt man die Richtigkeit „Dharma" und die aus dem Erlangen des Dharmas entstehende Freude „Ananda". Das weiße Licht, das von oben von Walhalla herabkam, war also eine Entsprechung zu dem Bindhu aus dem Yoga …

Baldur „denkt wieder zu mir": „Du brauchst kein äußeres Schwert, um ein Krieger zu sein. Auch ein Schuster und eine Krankenschwester können Krieger sein." Mir wird deutlich, daß die Treue zu seinem eigenen Herzen und die Entschlossenheit, „in Ma'at" zu leben, einen solchen Krieger und eine solche Kriegerin ausmachen. Jetzt kann ich das „Willkommen in Walhalla!" annehmen. Es wäre auch unsinnig, es nicht zu tun – zumal ich jede Menge freundliche und lächelnde Gesichter sehen konnte, die genau dies ausdrückten: ein Willkommen bei ihnen.

Es ist wie ein Heimkommen. Gerade eben war ich bereit, alles und alle loszulassen und niemanden mehr festzuhalten und nur meiner Wahrheit zu folgen – und nun ist auf einmal zumindestens die Vision und das Gefühl von einer viel intensiveren, entspannteren und wahreren Gemeinschaft da.

Baldur „denkt zu mir": „Sei wahr, sei in Richtigkeit, dann bist Du auch in Gemeinschaft." Diese Art von Gemeinschaft habe ich schon einmal gesehen, als ich zusammen mit meinem Freund eine Traumreise auf dem kabbalistischen Lebensbaum unternommen habe und wir von Tiphareth (Herz, Identität) nach Binah (Große Mutter) gereist sind.

Baldur sagt zu mir: „Trete aus der Traumreise heraus, aber tritt nicht aus der Richtigkeit heraus!" – „Danke, Baldur."

XIV 2. Traumreise nach Breidablick

Einige Wochen nach der eben geschilderten Traumreise hatte ich den Impuls, nach Breidablick zu reisen, zu Baldurs Halle.

Ich bin auf einer Wiese; das Gras ist hoch und ungemäht, was mich wundert. Es scheint Spätsommer oder Frühherbst zu sein.

Vor mir sehe ich einen Eingang, eher ein kleines Portal. Links und rechts der großen Tür steht ein Stückchen vor der Wand ein dicker Pfosten – ca. 30 cm dick und glatt. Die beiden Pfosten tragen ein Vordach. Ich trete etwas zurück, um mir das Gebäude besser ansehen zu können. Es ist langoval und nicht rechteckig wie ich erwartet habe. Die Wände sind aus Holz, aber die genaue Bauweise kann ich nicht erkennen. Das Dach ist gewölbt, also kein Giebeldach – das Haus sieht insgesamt eher aus wie eine längliche Jurte, aber nicht aus Stäben und Fellen, sondern aus Holz. Das Dach ist golden – nicht vergoldet, auch nicht mit goldenen Schindeln, sondern anscheinend mit etwas Flächigem, Goldenem belegt.

Vom Eingang an der Stirnseite des Hauses aus gesehen stehen in einem Viertelkreis, der ca. 40m hinter dem Haus beginnt und bis ca. 60m rechts von dem Haus hinüberreicht, kräftige Fichten, zwischen denen vereinzelt auch Eichen zu sehen sind. Links neben dem Haus laufen am hinteren Ende des Hauses einige Hühner – auch das habe ich nicht erwartet.

Ich gehe in das Haus hinein und schaue mich um – es wirkt alles eher schmuddelig und düster. In der Mitte ist ein großer Kreis aus dicken Steinen, die eine Feuerstelle einrahmen, in der ein großes Feuer brennt. Fenster gibt es keine. Eine große U-förmige Tafel steht in dem Raum; die Feuerstelle ist in der Mitte des „U", dessen Öffnung zur Tür hin zeigt. Der Raum ist weiter hinten in Querrichtung durch eine Holzwand getrennt, an der man links und rechts vorbei in die hinteren Räume gehen kann.

An der Rundseite des „U", also an seiner türabgewandten Seite, steht ein hoher Sitz an der Tafel, der wie ein Thron wirkt. Auf ihm sitzt ein dick-kräftig und grob wirkender Wikinger, der ziemlich gewalttätig wirkt. Ich frage ihn nach Baldur. Er antwortet: „Weißt Du nicht, daß Baldur tot ist!?" – „Baldur ist tot?" – „Baldur ist tot. Das solltest Du eigentlich wissen!"

Hm, ich überlege: Draußen war es Spätherbst und „in echt" ist es jetzt Ende Dezember ... Ich frage den Wikinger, wie es hier ist, wenn Baldur lebt. Da ändert sich die Szenerie und es wird heller, sauberer, ordentlicher, „weißer" – sehr angenehm. Auf dem Thron sehe ich nun Baldur und er erfüllt den ganzen Raum. Der Wikinger eben war wohl sein Gegenpol. Ich stehe neben Baldur und spüre seine Kraft. Ich bin wieder überrascht, wie willensstark Baldur ist. Ich gehe innerlich mit seiner Qualität mit und kann sehen, daß er nicht nur Schönheit anstrebt, sondern daß sich diese Schönheit aus der Richtigkeit ergibt und diese Qualität eng mit Funktionalität, Effektivität, Übersicht, Koordination, Stilsicherheit u.ä. verbunden ist.

Ich frage, ob ich „in Baldur hinein" darf und er erlaubt es mir. Seine gestaltende Kraft wird noch deutlicher und ich sehe Runensteine, Flechtmuster-Schnitzereien, Wagenachsen u.ä. Dinge, deren Herstellung alle Planung, Klarheit, Konzentration, Geschick und Ausdauer erfordern – sie sind alle Ausdruck der Richtigkeit. Diese Seite des Gottes Baldurs war vorher mir noch gar nicht bewußt gewesen. Ich bleibe noch eine Weile „in Baldur", genieße seine Qualität, nehme sie in mich auf und danke ihm dann.

XV Baldur heute

Das Erkennen des eigenen Lebensstiles, also der Art und Weise, in der man am einfachsten, am liebsten und daher auch am effektivsten etwas tun kann, ist der individuelle Aspekt des Baldur in jedem Menschen. Diese spezielle Form der Treue zu sich selber ist unabhängig von der Zeit, in der man lebt.

Diesen persönlichen Stil kann jeder finden, indem er betrachtet, wie er handelt, wenn er von außen durch nichts eingeschränkt wird und sich frei fühlt. Ein gute Hilfe, diesen Stil zu erkennen, kann ein Horoskop sein, da es die innere Struktur eines Menschen und daher auch seinen Lebensstil beschreibt.

Die Eigenschaften des Baldur finden sich aber auch im Großen wieder, denn die Qualität der Richtigkeit wird auch benötigt, um Formen des Zusammenlebens der verschiedenen Völker und Kulturen auf der Erde zu finden, die heute nicht mehr getrennt voneinander existieren, sondern alle mit allen verbunden sind. Die beiden Grundprinzipien dabei sind die Wertschätzung der Individualität und das Bewußtsein über die Verbundenheit aller miteinander.

Bei der Suche nach solchen Formen des Zusammenlebens kann Baldur helfen, sowohl die dafür notwendige Entschlossenheit als auch das ebenso notwendige Fingerspitzengefühl zu entwickeln.

Baldur hat sich auch als Helfer an einer ganz unerwarteten Stelle gezeigt. Seit gut 30 Jahren suchen viele Physiker nach einer einheitlichen Beschreibung aller physikalischen Phänomene. Die wichtigste Theorie, die zur Zeit entwickelt wird, heißt Superstringtheorie. Sie ist ein elfdimensionaler Raum, der sich mathematisch nur mit sehr komplexen Formeln beschreiben läßt, die dazu auch noch in fast unendlich vielen denkbaren Formen auftreten. Dies hat dazu geführt, daß die Physiker und Mathematiker diese vielen möglichen Modelle nicht mehr eines nach dem anderen durchrechnen können, um das die Wirklichkeit zutreffend beschreibende mathematische Modell herauszufinden (dann wären sie auch in 1.000 Jahren noch am rechnen), sondern daß sie nach den „elegantesten Modellen" suchen. Diese „Eleganz", mit der das Zusammenwirken von Qualitäten wie Symmetrie, Schlichtheit, Entwicklungsfähigkeit u.ä. bezeichnet wird, ist letztlich nichts anderes als die Schönheit und das Licht, das Baldur ausstrahlt, weil er die Richtigkeit verkörpert.

Ein Denken und Handeln, das sich auch immer daran orientiert, ob eine Sache „rund" und „schön" und „stimmig" ist, gibt in allen Lebensbereichen Sinn, da die Suche danach zwar etwas mühsamer ist als die erstbeste Lösung zu ergreifen, aber sie ist weitaus tragfähiger, da eine solche „Baldur-Lösung" zum einen die Stellung der betrachteten Sache im Ganzen berücksichtigt und zum anderen auch nicht nur an einer Stelle ein Fenster repariert und nicht beachtet, daß an einer anderen Stelle desselben Zimmers die Tür fehlt.

Baldur kann, wenn man seine Qualität an vielen Stellen wiederfindet und dort als nützlich erlebt, zunächst einmal ein sinnvoller Begriff für eine Qualität werden, der man bisher vielleicht noch keinen Namen gegeben hatte und die einem vielleicht auch noch nicht wirklich bewußt gewesen ist.

Durch Erlebnisse mit Telepathie, Orakeln, Astralreisen und ähnlichen Dingen, kann sich der Begriff „Richtigkeit", der sich u.a. in „Baldur" verkörpert, von einem abstrakten Konzept zu der Vorstellung von einer real vorhandenen Qualität weiten, die in allen Dingen wirkt, alle Dinge miteinander verbindet und alle Dinge in Resonanz miteinander schwingen läßt.

Eines der bekanntesten Beispiele für diese Art von Zusammenhängen innerhalb der Vielfalt der Dinge ist das Funktionieren der Astrologie, die solch einen Einklang zwischen dem Charakter eines Menschen, eines Tieres und sogar von Unternehmen mit den Planetenständen durch Horoskope beschreibt.

Wenn man schließlich noch Traumreisen zu Baldur unternimmt, kann ein persönliches Bild von der „magischen Qualität" des Baldur entstehen. Diese Qualität läßt sich dann auch in Ritualen, in Bitten, in Meditationen u.ä. verwenden.

Nachdem man dann in Meditationen oder Ritualen Baldur oder einer anderen Gottheit begegnet ist und dabei deren Grenzenlosigkeit und Eindeutigkeit sowie die damit verbundene Intensität erlebt hat, wird man vermutlich die Vorstellung eines „Gottes Baldur" als die passendste Beschreibung für die eigenen Erlebnisse mit der Richtigkeit wählen.

Wohin eine solche innere Begegnung mit Baldur führt, ob er anschließend eine große oder eine kleine Rolle im eigenen Leben spielt, läßt sich nicht vorhersehen, da dies ganz eine Frage des Weges ist, den man für sich wählt. Das Wählen des richtigen eigenen Weges ist jedoch immer etwas, das dem Wesen des Baldur entspricht.

Der Gott Phol

I Phol in der germanischen Überlieferung

I 1.   Mersebruger Zaubersprüche

Dieser Gott ist nur aus dem zweiten der beiden Merseburger Zaubersprüche bekannt.

Phol und Wodan begaben sich in den Wald .
Da wurde der Fuß des Fohlens des Baldur verrenkt:
Da besprach ihn Sinthgunt, die Schwester der Sunna,
Da besprach ihn Frija, die Schwester der Volla.
Da besprach ihn Wodan, wie er es wohl konnte.
So Beinrenkung, so Blutrenkung,
so Gliedrenkung:
Bein zu Bein, Blut zu Blut,
Glied zu Glied, wie wenn sie geleimt wären.

Der Name „Phol" könnte die männliche Entsprechung zu der ebenfalls in den Merseburger Zaubersprüchen auftretenden Fulla sein. Dann würden beide Namen „Fülle" bedeuten. Diese Deutung paßt jedoch nicht so ganz, da sich die beiden Namen „Phol" und „Volla" zwar ähnlich klingen, aber doch recht verschieden geschrieben werden. Die manchmal vorgeschlagene Gleichsetzung der beiden mit „Freyr" und „Freya" ist daher nicht ganz überzeugend.

Es wäre jedoch auch denkbar, daß sein Name sich von germanisch „fulae" für „Füllen, Fohlen" herleitet – dann wäre „Phol" nur der Name des Pferdes, das sich das Bein verrenkt hat. Falls dies zutreffen sollte, müßte „Phol" jedoch ein Gott sein, den es schon seit längerer Zeit gab, da das germanische Wort für „Fohlen" in diesem Text „folon" lautet.

Da Wodan (Odin) das Bein des Pferdes heilt, besteht auch eine Assoziation zu Odins Roß Sleipnir. Sleipnir ist die Umdeutung der beiden Pferdezwillinge vor dem Streitwagen des Tyr zu dem achtbeinigen „Doppelpferd" des Odin. Ursprünglich sind die beiden Rosse vor dem Streitwagen des Tyr dessen Söhne gewesen – dieses Motiv ist allerdings nicht von Odin übernommen worden. Dieser Zusammenhang bringt Phol und Baldur recht nah zusammen.

Falls diese Deutung zutreffen sollte, würde Odin zugleich sein Roß und seinen Sohn heilen – was wiederum gut zu der Wiedergeburtsmythe des Odinsohnes Baldur passen würde. Wenn auch dieser Zusammenhang in dieser Weise von dem Dichter dieses Zauberspruches so beabsichtigt gewesen ist, wäre die Wiedergeburt des Baldur der mythologische Präzedenzfall, auf den diese magische Heilung Bezug nimmt – diese Heilung wird dadurch wirksam, daß sie die Heilung des Beines des Pferdes mit der Heilung, also der Rückkehr des Baldur nach dem Ragnarök ins Diesseits gleichsetzt.

Zu dieser Auffassung paßt auch, daß Wodan mit Phol in den Wald reitet und sich dann das Fohlen des Baldur das Bein verrenkt. „Phol" scheint somit mit „Baldur" identisch zu sein und das Pferd, um das es geht, ist das Roß des Baldur.

„Phol" könnte jedoch auch zusammen mit „Beli" und „Baldur" auf den jungsteinzeitlichen Namen „Ba'al" („Leuchtender", „Sonne", „Herr") des Sonnen- und Königsgottes in Mesopotamien, also bis zu den Vorfahren der Indogermanen, zurückgehen.

Man kann sich auch fragen, warum sich nicht einfach Odins Roß das Bein verrenkt – denn Zaubersprüche sollten, um effektiv zu sein, sich ganz auf das eigentliche Ziel konzentrieren und alle Ablenkungen fortlassen. Wenn es diesen Zauberspruch jedoch schon zu der Zeit gegeben hat, in der Tyr noch der Göttervater der Germanen gewesen ist, kann man die Anwesenheit des Baldur in diesem Zauberspruch durch die Umdeutung der Heilung eines seiner beiden Pferdesöhne durch Tyr zu der Heilung des Pferdes des Baldur durch Baldurs Vater Odin erklären – „Baldurs Pferd" ist die bestmögliche Annäherung an „Tyrs Pferdesohn" gewesen.

Möglicherweise besteht auch ein Zusammenhang zu Thors Ziegenbock, der in der Edda bei dessen Verspeisen und seiner anschließenden magischen Wiederherstellung verletzt worden ist und der im Hymir-Lied durch Loki absichtlich verletzt worden ist. Das zweite dieser beiden Motive könnte eine Weiterentwicklung des endlosen Kampfes zwischen dem Sommergott Tyr und dem Wintergott Loki sein, der auch zu einer Verletzung der beiden Alcis-Pferdesöhne des Tyr geführt haben könnte.

Die mögliche Analogie zwischen den beiden Rossen-Söhnen des Tyr und den beiden Ziegenböcken des Thor macht die Deutung des Phol als Baldur deutlich wahrscheinlicher und plausibler – aber nicht wirklich sicher.

I 2. Jakob Grimm: Deutsche Mythologie

Phols name sitzt aber noch viel fester. ein Heinricus de Pholing erscheint häufig in den Altacher urkunden des 13. jahrhudnert, ein Rapoto de Pholingen, Phaling. und dieser ort liegt auf der linken seite der Donau unterhalb Straubingen, zwischen beiden stiften Altach; ich zweifle, ob das Polling andrer urkunden (und es gibt mehrere Polling in der Ammergegend) wegen der mangelnden aspiration und doppelten liquida dasselbe wort sei.

Pfullendorf oder Follendorf bei Gotha heißt in urkunden des 14. jahrhnuderts Phulsdorf. Pholenheim Schannat. Zwischen dem Harz und Thüringen, unweit Scharzfeld liegt ein alter ort namens Pölde, in urkunden und schriften früherer zeit Polidi, Palidi, Palithi, Pholidi genannt, sitz eines bekannten klosters, das vielleicht wiederum an der stätte eines heidnischen heiligthums gestiftet wurde.

Läßt sich hier die beziehung auf den gott sichern, so entnehmen wir zugleich das verhältnis der consonanten in dem namen.

Bei Phol dringen so viel deutungen zu, daß man sich verirren würde, dürften sie sich alle geltend machen. das chaldäische bel oder bal scheint bloßer mehrern göttern zuständiger titel: bel Uranus, bel Jupiter, bel Mars. finnisch ist palo feuer, altnordisch bâl, angelsächsich bael rogus, slavisch paliti brennen, wozu das römische Pales und die Palilien. phallus wurde vorhin erwogen. man muß sich vorerst der einheimischen anklänge versichern bei einer gottheit, die wir jetzt nur noch dem kahlen namen nach kennen.

Bei der frage nach dem sinn des wortes Phol selbst lehne ich den gedanken ab, auf welchen man gerathen könnte, daß er bloße koseform von Balder oder Paltar sei, denn in solchen pflegt sich der anlaut des vollständigen namens stets zu bewahren; es wäre Balzo, Palzo, nicht Phol zu gewarten. ebensowenig scheint das althochdeutsche PH hier dem gewöhnlichen F gleichzusetzen, das zu dem sächsischen F stimmte, vielmehr eine aspirata, die der sächsische tenuis entsprechend urverwandte media B zur seite haben würde.

Da bekanntlich die sächsischen anlaute P = hochdeutsch PH fast nur in fremden wörtern eintreten (porta, phorta; putti, phuzi; pêda, pheit), so folgt, daß für Phol, wenn die sächsische form Pol ausgemacht ist, entweder solch ein fremdes P gesucht werden müsse, oder als seltne ausnahme, in der sich die regel der lautverschiebung bewähren würde, ein urverwandtes B. ich bin dieser letzten annahme geneigt, und halte zu Phol und Pol (deren o aus a entsprungen sein mag) den celtischen Beal, Beul, Bel, Belenus, eine gottheit des lichts oder feuers, den slavischen Bjelbog, Belbog, samt den adjectiv bel, bjel (albus) litthauisch baltas, welches durch die fortbildung T wahrscheinlich macht, daß Bäldäg und Baldr derselben wurzel sind, nur keine lautverschiebung erfahren haben.

Phol und Paltar fallen also anfänglich zusammen, verkünden uns aber zwei von einander laufende historische entfaltungen desselben worts, und einen nicht unwichtigen unterschied in der mythologie einzelner deutscher stämme.

So weit sich absehen läßt, war der gott unter dem namen Phol vorzugsweise von Thüringern und Baiern, d.h. nach dem ausdruck älterer zeiten Hermunduren und Marcomannen gefeiert, doch scheinen sie daneben auch seine andere benennung Paltar und Balder gekannt zu haben, während bei Sachsen und Westfalen Baldag,

Bäldäg galt, das angelsächische bealdor in die abstraction übergetreten war.

Da nun der bairische Eor dem alamannischen Zio entgegenstand, so muß man darauf achten, ob auch Phol den Alamannen und andern ihnen verwandten stämmen unbekannt blieb?

... ...

Phol, der seinen Pholtag hatte, scheint auch einen Pholmânôt (mai und september) zu beherschen.

... ...

Das auge für unser alterthum braucht uns oft nur geöfnet zu werden. beachten des unbeachteten hat ergeben, daß von diesem gott Phol in ortsnamen noch wichtige spuren vorhanden sind.

In Baiern lag ein Pholesauwa, Pholesouwa, etwa vier stunden von Passau, dessen die traditiones patavienses zuerst in einer zwischen 774–788 verfaßten urkunde, hernach viele spätere derselben gegend erwähnen, es ist das heutige dorf Pfalsau. die zusammensetzung mit aue eignet sich ganz für die annahme eines altheidnischen cultus. nicht nur auf bergen wurden die götter verehrt, auch auf inseln oder von bächen und flüssen eingeschloßnen auen, da wo fruchtbare wiesen trift, wälder schatten gaben.

So das castum nemus der Nerthus in insula Oceani, so Fosetesland mit seinen weiden und quellen, wovon bald nachher. Baldrshagi (Balderi pascuum) dessen Friðþiofssaga erwähnt, war eine eingehegte friedstätte (griðastaðr), die niemand schädigen durfte. ich finde, daß auch klöster, denen man gern altheilige, dem volk ehrwürdige plätze auswählte, oft auf auen angelegt wurden, und von einem nonnenkloster ist gerade der ausdruck gebraucht: in der megde ouwe.

Die altnordische mythologie liefert uns mehrere, nach den hehrsten göttern benannte auen: Oðinsey, (Odensee) auf Fühnen, ein andres Oðinsey (Onsöe) in Norwegen; Thôrsey; Hlêssey (Lässöe) im Kattegat u. a. m. Kein althochdeutsches Wuotanesouwa, Donaresouwa kennen wir, aber Pholesouwa bietet denselben bezug dar.

Wenig verschieden davon wird Pholespiunt sein (Pfalspiunt), das heutige Pfalzpoint an der Altmühl zwischen Eichstädt und Kipfenberg, in einem ansehnlichen forste. piunt drückt einen eingehegten acker oder garten aus, und so gut dem gott eine aue kann ihm auch ein feldstück geheiligt werden. Graff hat einen ort Frawûnpiunt, der den umständen nach mit gleichem fug auf die göttin Frouwa bezogen werden darf, ohne zweifel fällt er wieder nach Baiern.

In den fuldischen traditionen dei Schannat begegnet die merkwürdige stelle: Widerolt comes tradidit sancto Bonifacio quicquid proprietatis habuit in Pholesbrunnen in provincia Thuringiae. auf dies Pholesbrunno hat nun nächsten anspruch das dorf Phulsborn unfern der Saale, von den städten Apolda, Dornburg und Sulza gleichweit entlegen, urkunden des mittelalters schreiben Phulsborn und

Pfolczborn; es befindet sich aber auch ein anderes Falsbrunn, Falsbronn auf dem fränkischen Steigerwald an der rauhen Eberach. Pfolesbrunno gemahnt nun noch deutlicher an eine gottheit, und gerade an Balders, da sich auch Baldersbrunnen finden, ein Baldebrunno ist aus der Eifel und Rheinpfalz aufgewiesen und gezeigt, daß die form in Baldersbrunno gebessert werden müsse, wie das spätere Baldenhain in Baldershain und Bellstadt im schwarzburgsondershausischen amte Klingen ehmals Baldersteti hieß.

... ...

Desto bedeutsamer sind die aufschlüsse des Merseburger fundes, nicht nur werden wir eines göttlichen Balders in Deutschland vollkommen sicher, es taucht ein verschollner mythus wieder auf, zugleich ein neuer, selbst dem Norden unbekannter name.

Als Phol (Balder) und Wodan, erzählt das lied, einmal zu walde ritten, sei Balders fohlen, demo Balderes volon, der fuß ausgerenkt und sogleich die größte sorgfalt der himmlischen erwiesen worden, ihn wieder einzurichten; doch weder Sindgund und Sunna, noch Frûa und Folla vermochten es, erst Wodan der zauberkundige selbst konnte den fuß beschwören und heilen.

Dies ganze ereignis ist der edda so wenig als andern altnordischen sagen bekannt. doch was ein heidnischer spruch schon vor dem zehnten jahrhundert in Thüringen wuste, hat sich seinem wesentlichen inhalte nach in beschwörungsformeln geborgen, die noch unter dem schottischen und dänischen landvolk leben, nur daß auf Jesus angewandt wird, was die Heiden von Balder und Wodan glaubten.

Es überrascht, daß Cato gerade auch einen altrömischen, vielleicht sabinischen zauberspruch gegen die verrenkung mittheilt, der uns unverständlich, in dem aber deutlich ein gott angerufen ist: luxum si quod est, hac cantione sanum fiet. harundinem prende tibi viridem pedes IV aut V longam, mediam diffinde et duo homines teneant ad coxendices. incipe cantare in alio S. F. motas vaeta daries dardaries astataries Dissunapiter! usque dum coeant. weiteres gehört nicht hierher.

Das erlahmte, in seinem gang aufgehaltne pferd Balders empfängt vollen sinn, sobald man ihn sich als lichtgott oder taggott vorstellt, durch dessen hemmung und zurückbleiben großes unheil auf der erde erfolgen muß. wahrscheinlich wuste es die sage im zusammenhang zu berichten; dem zwecke der zauberformel war nichts daran gelegen.

Die namen der vier göttinnen hat der verfolg zu erörtern; hier zieht uns an, daß Balder mit einem bisher unerhörten namen zugleich auch Phol genannt wird.

Das auge für unser alterthum braucht uns oft nur geöfnet zu werden. beachten des unbeachteten hat ergeben, daß von diesem gott Phol in ortsnamen noch wichtige spuren vorhanden sind.

In Baiern lag ein Pholesauwa, Pholesouwa, etwa vier stunden von Passau, dessen die traditiones patavienses zuerst in einer zwischen 774–788 verfaßten urkunde, hernach viele spätere derselben gegend erwähnen, es ist das heutige dorf Pfalsau. die zusammensetzung mit aue eignet sich ganz für die annahme eines altheidnischen cultus. nicht nur auf bergen wurden die götter verehrt, auch auf inseln oder von bächen und flüssen eingeschloßnen auen, da wo fruchtbare wiesen trift, wälder schatten gaben.

so das castum nemus der Nerthus in insula Oceani, so Fosetesland mit seinen weiden und quellen, wovon bald nachher. Baldrshagi (Balderi pascuum) dessen Friðþiofssaga erwähnt, war eine eingehegte friedstätte (griðastaðr), die niemand schädigen durfte. ich finde, daß auch klöster, denen man gern altheilige, dem volk ehrwürdige plätze auswählte, oft auf auen angelegt wurden, und von einem nonnenkloster ist gerade der ausdruck gebraucht: in der megde ouwe.

Die altnordische mythologie liefert uns mehrere, nach den hehrsten göttern benannte auen: Oðinsey, (Odensee) auf Fühnen, ein andres Oðinsey (Onsöe) in Norwegen; Thôrsey; Hlêssey (Lässöe) im Kattegat u. a. m. Kein althochdeutsches Wuotanesouwa, Donaresouwa kennen wir, aber Pholesouwa bietet denselben bezug dar.

Wenig verschieden davon wird Pholespiunt sein (Pfalspiunt), das heutige Pfalzpoint an der Altmühl zwischen Eichstädt und Kipfenberg, in einem ansehnlichen forste. piunt drückt einen eingehegten acker oder garten aus, und so gut dem gott eine aue kann ihm auch ein feldstück geheiligt werden. Graff hat einen ort Frawûnpiunt, der den umständen nach mit gleichem fug auf die göttin Frouwa bezogen werden darf, ohne zweifel fällt er wieder nach Baiern.

- - -

Die Betrachtung der indogermanischen Wurzeln des Phol findet sich bei „Baldur".

Der Göttername „Phol" bedeutet „Leuchtender" und geht zusammen mit „Baldur" und „Beli" auf den vorindogermanischen Sonnen- und Königsgott Ba'al, der im jungsteinzeitlichen Mesopotamien verehrt worden ist, zurück.

Vom Sonnengott und Göttervater Beli-Baldur-Phol (Tyr) ist der Name „Phol" dann auch auf die beiden Alcis-Söhne des Tyr, die in der Gestalt von zwei Schimmeln seinen Sonnenwagen zogen, übertragen worden.

Der Gott Meili

I Meili in der germanischen Überlieferung

Meili ist ein recht unbekannter germanischer Gott, der nur wenige Male erwähnt wird. Er könnte eine Heiti für einen der bekannteren Asen sein.

I 1. Der Name „Meili"

Dieser Göttername ist eine Bildung zu dem altnordischen Substantiv „mali" für „Genosse, Gefährte, Freund", das sich wiederum von dem Substantiv „mal" für „Versammlung, Verabredung, Verhandlung, Sprache, Rede, Rechtssache, Spruch, Strophe" ableitet.

Die Wurzelbedeutung des Substantives „mal" ist vermutlich das Wort „mal" in der Bedeutung „Zeit, Termin, Mahlzeit", das wiederum auf „mal" für „Zeichen, Fleck" zurückgeht, das auch der ursprünglichen indogermanischen Adjektiv „mel" für „dunkel, schmutzig" entspricht. Dies entspricht dem deutschen Substantiv „Mal", das vor allem noch in den Zusammensetzungen „Denkmal", „Mahnmal" und „Muttermal" sowie in der Ableitung „Mahl" und „Mahlzeit" bekannt ist.

Ein Meili ist somit ein redegewandter und schriftkundiger Verbündeter, der sich auch mit Rechtsstreitigkeiten auskennt. Meili ist folglich ein freundlicher bis freundschaftlicher Gott.

I 2. Nafna-Thulur

In den Namenslisten am Ende der Skaldskaparmal werden die Söhne des Odin aufgezählt. Diese Liste beginnt damit, daß Burir als Vater des Odin genannt wird.

Odins Söhne:

Burir erzeugte Odin;
Baldur und Meili,
Widar und Nepr,
Vali, Ali,

*Thor und Hildolfr
Hermodr, Sigi,
Skjöldr, Yngvi-Freyr
und Itreksjod,
Heimdalle, Saemingr,
Hödr und Bragi.*

Die Wesen in dieser Liste sind systematisch angeordnet:

    1. Götter: Baldur, Meili, Widar, Nepr (= Tyr), Vali = Ali, Thor, Hildolfr (= Tyr);
    2. Odin-Priester: Hermodr;
    3. Helden: Sigi (= Sigurd);
    4. Königs-Urahnen: Skjöldr, Yngvi-Freyr, Itreksjod, Heimdall, Saemingr;
    5. zu Göttern erhobene Menschen: Hödur (?), Bragi.

Der Gott Meili steht also auch inhaltlich in dieser Aufzählung weit vorne bei Baldur, Widar, Nepr-Tyr, Wali/Ali und Hildolfr-Tyr.

I 3. Harbard-Lied

In diesem Lied nennt sich Thor „Meilis Bruder".

Harbard (Odin):
„ ... ...
Sag deinen Namen, wenn Du über den Sund willst."

Thor:
„Den sag ich dir frei, obgleich ich hier friedlos bin,
Und all mein Geschlecht. Ich bin Odins Sohn,
Meilis Bruder und Magnis Vater,
Der Kräftiger der Götter; Du kannst mit Thor hier sprechen.
Nun frage ich: wie heißt Du?"

I 4. Haustlöng

Der Skalde Thjodolfr benutzte den Namen „Meili" im Vergleich zu anderen Skalden ausgesprochen gern.

In dem Teil des Liedes „Hauslöng", das Thors Fahrt zu dem Tyr-Riesen Hrungnir beschreibt, wird „Meili" einmal erwähnt:

Der wütende Sohn der Jörd
fuhr zu dem Spiel des Eisens
und der Weg des Mondes donnerte unter ihm.
Wut schwoll an Meilis Bruder.

Der *„Sohn der Jörd"* ist Thor.

Mit *„Eisen"* ist eine Waffe gemeint. Das *„Spiel des Eisens"* ist der Kampf und die Schlacht.

Der *„Weg des Mondes"* ist der Himmel, über den Thor als Donnergott in seinem Ziegenbock-Streitwagen fuhr.

„Meili" („der Liebliche/Liebenswerte") ist wahrscheinlich ein Beiname für Baldur. *„Meilis Bruder"* ist Thor.

„Kenning-freie Übersetzung" der Halbstrophe: *„Thor fuhr donnernd über den Himmel zu dem Kampf und die Wut schwoll in ihm an."*

In dem zweiten Teil desselben Liedes, in dem die Thiazi-Mythe beschrieben wird, findet sich eine Hönir-Kenning, die mithilfe des Namen „Meili" gebildet wird:

Der Berg-Heuler verlangte
von dem Schritt-Meili,
daß er ihm seinen Teil
von dem geweihten Mahl reiche.

Der *„Heuler"* ist ein Wolf; der *„Berg-Heuler"* ist der Riese Thiazi.

„Meili" ist ein Sohn des Odin und ein Bruder des Thor. Das mit „Schritt" übersetzte germanische Wort „fet" kann sowohl „Schritt" als auch „Stief-" bedeuten. Da es für Hönir die Kenning „Langfuß" gibt, erscheint die Übersetzung als *„Schritt-Meili"* wahrscheinlicher. Hönir hat demnach Ähnlichkeit mit dem Asen Meili, aber er macht große Schritte, d.h. er ist in irgendeiner Weise ein Wanderer.

Da Hönir dem Asen We entspricht und beide in den Götterdreiheiten wie hier Odin, Hönir und Loki die Priester und Heiler repräsentiert, könnten diese für Hönir charakteristischen „Schritte" seine Reisen ins Jenseits sein, die er sowohl als Priester als auch als Heiler zur Ausübung benötigt, da diese Reise seine Verbindung zu den

Göttern herstellen.

Thiazi verlangt in den ersten vier Versen einen Anteil von dem Fleisch der Götter. Er wendet sich dabei an Hönir, da dieser als Verkörperung der Priester und Heiler die Leitung der Zeremonie innehat. Daß es sich nicht um eine bloße Mahlzeit auf einer reise handelt, ist daran ersichtlich, daß die Asen nicht bei einem „Mahl", sondern bei einem „geweihten Mahl" zusammensitzen.

I 5. Zusammenfassung

Aus diesen Textstellen ergeben sich folgenden Informationen über den Gott „Meili":

- Sein Name bedeutet „Gefährte, Freund".
- Die Bedeutungen des Wortes „mal", von dem der Name „Meili" abgeleitet ist, charakterisieren den Gott als einen redegewandten und schriftkundigen Verbündeter, der sich auch mit Rechtsstreitigkeiten auskennt.
- Meili ist ein Gott und ein Odin-Sohn wie Baldur, Widar und Tyr-Nepr.
- Thor ist „Meilis Bruder".
- Der Gott Hönir, der die Priester und Heiler repräsentiert, wird „Schritt-Meili" und „Langfuß" genannt, da er aus beruflichen Gründen ständig ins Jenseits reisen muß. Der Gott „Meili" konnte durch den Zusatz offenbar ausreichend genau als „Hönir" definiert werden – was auf einen Zusammenhang zwischen Meili und Hönir hinweisen könnte.

Meilis freundlicher Charakter, seine Schriftkundigkeit, seine Rechtskenntnisse und seine Redegewandtheit sowie die Möglichkeit, diesen Gott durch den Zusatz „Schritt-(Meili)" eindeutig als Hönir zu definieren, lassen darauf schließen, daß Meili im weiteren Sinne zu den Skalden, Priestern und Richtern gehören muß – was bei den Indogermanen ursprünglich alles Aufgaben derselben Personengruppe war und bei den Druiden der Kelten und bei den Brahmanen der Inder auch bis in die historische Zeit hinein so geblieben ist. Wahrscheinlich entsprechen die germanischen Diar-Priester diesem Stand („Diar" = „Tyr-Priester").

Da Odin, nachdem er um ca. 500 n.Chr. auch bei den Nordgermanen zum Göttervater geworden ist, eine Vielzahl von Göttern als Sohn angenommen hat, kann man einmal diese „Adoptiv-Söhne" überprüfen. Sie teilen sich in zwei Hauptgruppen: zum einen der Donnergott Thor, der früher der Sohn des Tyr gewesen ist, und zum anderen die verschiedenen Formen des Tyr selber wie Widar, Nepr oder Hildolf. Es wäre somit denkbar, daß „Meili" eine Form des Tyr ist.

Zu dieser Deutung würde auch passen, daß das Wort „Gefährte, Genosse" auch in einem anderen wichtigen Beinamen des Tyr vorkommen: „Saxnot" bedeutet

„Schwert-Genosse".

Die Vertreter der drei Stände wurden als die drei Söhne des ehemaligen Göttervaters angesehen, was sich zum einen in den vielen Gruppen von drei Söhnen der Tyr-Riesen zeigt und zum anderen in dem Rigr-Lied, das die Zeugung der drei Stände durch Tyr-Heimdall beschreibt.

Wenn die Deutung des „Meili" als eine Form des Tyr zutreffen sollte, könnte es sein, daß Hönir dadurch definiert werden konnte, daß er als der „Schritt-Meili", also als der „wandernde Meili" umschrieben werden konnte, was zugleich eine Assoziation zu dem Weg der Sonne durch das tägliche/sommerliche Diesseits und durch das nächtliche/winterliche Jenseits sowie zu dem Weg des Schamanen-Priesters zwischen Diesseits und Jenseits gewesen ist.

Die Kenning „Schritt-Meili" für „Hönir" bezieht sich auf Tyr als Göttervater, während sich die Thor-Kenning „Bruder des Meili" auf bereits zum Sohn des Odin umgedeuteten ehemaligen Göttervater beziehen würde.

Diese Deutung des Meili ist zwar widerspruchsfrei, aber aufgrund der mageren Überlieferung leider nicht so gut fundiert, wie man es sich wünschen könnte.

- - -

Die Betrachtung der indogermanischen Wurzeln des Phol findet sich bei „Baldur".

Der Gott „Meili" ist ein Freund, Gefährte, Verbündeter, Redner, Schriftkundiger, und Rechtsgelehrter. Sein Name bedeutet „Freund, Genosse".

„Meili" ist möglicherweise ursprünglich ein Beiname des Tyr gewesen, der als „Saxnot", d.h. „Schwert-Genosse" noch einen weiteren „Gefährten"-Namen hatte.

Der Gott Hönir, der als Repräsentant des Standes der Priester und Heiler bereits über alle oben genannten Eigenschaften des Meili verfügt, konnte als „Schritt-Meili" umschrieben werden, was möglicherweise „Tyr in seinem Aspekt als Wanderer/Priester" bedeutete.

Nach dem Sturz des Tyr wurde Meili wie Widar, Heimdall, Nepr und Hildolfr als eigenständiger Gott angesehen und zu einem Sohn des Odin umgedeutet, um ihn ihm unterzuordnen.

Vermutlich entspricht Meili dem Baldur, da er denselben Charakter wie dieser Ase zu haben scheint.

Verzeichnis der Themen

(die Zahl ist die Nummer des Bandes, in dem sich das Thema findet)

1 47	540 47	Alius 32	Aur 55
2 47	700 47	Alraune 45	Aurboda 35
3 47	800 47	Alsvatr 5	Aurgelmir 5
4 47	900 47	Alswid 34	Aurgrimnir 5
5 47	1.200 47	Althiof 7	Aurnir 34
6 47	10.000 47	Alvor 35	Aurvandil 20
7 47	432.000 47	Alwis 7	Aurwang 7
8 47	1+8=9=8+1 47	Alwit 31	Aurwang 48
9 47	**Adler** 40	Ama 35	Austri 32
10 47	Adler auf dem	Amboß 67	Auzon => Kiste
11 47	Weltenbaum 41	Amgerdr 28	Axt 66
12 47	Adler bei der	Ampfer 45	**Bafur** 32
13 47	Einweihung 40	Andad 34	Bakrauf 35
14 47	<u>Adlergestalt</u>:	Andhrimnir 39	Baldrian 45
15 47	- des Franmar 40	Andvari 7	Baldur 9
16 47	- des Hraesvelgr 40	Angantyr 39	Bara 35
17 47	- des Odin 40	Angeyja 35	Bari 6
18 47	- des Thiazi 40	Angrboda 26	Bari 20
20 47	Adler-Traum der	Ann 32	Baugi 5
22 47	Kostbera 40	Annar 20	Bär 43
23 47	Aelrun 31	Arm-Wunde 63	Bärenfell 62
24 47	Affe 44	Arngrim 6	Barke 49
28 47	Agdai 39	Apfel 45	Bärlapp 45
30 47	Ägir 10	Asen 36	Basilikum 45
32 47	Agnar 39	Asgard 52	Beifuß 45
33 47	Ahnen 36	Ask 39	Beinvidr 34
36 47	Ai 32	Aslaug 31	Bekkhild 31
37 47	Aki 6	Asperan 34	Beleidigungs-
40 47	Aki 16	Astralreise 50	Wettstreit 73
41 47	Alban 32	Asvid 6	Beli 5
46 47	Alberich 7	Atem 64	Beowulf 39
48 47	Albewin 7	Atla 35	Bergdis 28
72 47	Alcis 12	Atli 37	Bergelmir 6
80 47	Alf 6	Atward 20	Bergriese 6
90 47	Alf 32	Auchoff 34	Berg-Zwerge 32
99 47	Alfarin 34	Aud 20	Berling 32
100 47	Alfen 36	Auerhahn 40	Bertha 28
120 47	Alfhild 31	Auge 63	Berserker 62
300 47	Alfrigg 32	Augenbraue 63	Bertram 45

Bertramsgarbe 45	Bragi 19	Diurnir 7	Eiche 53
Besen => Stab	Bragi-Riesin 35	Dofri 34	Eicheln 45
besonderer Schrei 64	Brak 16	Dolgtrasir 32	Eichhörnchen 44
Bestattung 64	Brana 35	Donnerrebe 45	Eid 68
Bestla 35	Brandingi 5	Dori 32	Eik 28
Betonica 45	braun 46	Dorn => Schlafdorn 55	Eikinskjaldi 32
Beyla 39	Brenner 39		Eimer 67
Biber 44	Brezel-Ornament 64	Drachen 41	Eimgeitir 35
Biene 40	Brimir 33	Drachenblut => Drachen	Eimyria 35
Bifröst 49	Brisingamen 60		Einäugigkeit 63
Bifur 32	Brokk 32	Drachenschiff 55	Einheer 34
Bikki 16	Brombeere 45	Drasian 6	Einweihung 50
Bil 29	Brücke 49	Draupnir (Zwerg) 32	Eir 29
Bild 7	Bruderkampf 55	dreifarbiger Stein 67	Eir 31
Billing 5	Brüngerd 35	dreiköpfiger Riese 5	Eis 52
Billing 7	Brünhild 31	drei Riesinnen 35	Eisa 35
Bilsenkraut 45	Bruni 5	drei wahre Worte 64	Eisen 55
Birkhuhn 40	Bruni 32	Drifa 35	Eisenkraut 45
Biört 29	Brünne 66	dritter Bruder 55	Eisriesen 34
Björgolfr 6	Brunnen 49	Dröfn 35	Eistla 35
Björgulfr 34	Buri 34	Drossel 40	Eisurfala 35
Blain 33	Bryja 35	Drudgelmir 5	Eiymyria 35
Blapthvari 34	Bryla 34	Duf 32	Ekstase-Kieger 62
Blasebalg 67	Bryngerd 28	Dufa 35	Elch 42
blau 46	Buri (Zwerg) 32	Dufr 32	Eldhrimnir 57
Blau-Menschen 36	Buseyra 35	Dulin 32	Eldir 39
Blau-Riesen 36	Byggvir 39	Dumbr 6	Eldr 34
blau-schwarz 46	Byleist 20	Dunneir 32	Elefant 42
Blick 63	Bylgia 35	Durathor 32	Elendshaut => Hel-Haut
Blid 29	**Comandion** 7	Durin 32	
Blidur 29	**Dag** 48	Durnir 32	Else 35
Blind 16	Dagfinnr 32	Durnir 34	Erde 52
Blindheit 63	Dain 32	Düsterwald 49	Embla 28
Blodughadda 35	Dalar 32	Dwalin 32	Embla 39
Blutsbrüder 55	Dalr 32	**Eber** 42	Ente 40
Bödhild 28	Delling 20	Eberesche 45	Erce 20
Bogen 66	Delling 48	Edda (vollständig) 77	Erdbeben 55
Bömbur 32	Dellingr 32	Efeu 45	Erste Ursache 55
Bölthorn 5	Delphin 44	Egdir 5	Eschenholzkasten => Kiste 57
Borr 34	Dietwarta 29	Egil 39	
Botewart 7	Disen 36	Ei 40	Esel 42
Both 20	Distel 45	Eibe 45	Estroval 39

219

Eugel 7
Eule 40
Eyrgjafa 35
Faden 55
Fafnir (Zwerg) 32
Fährmann 49
Fala 35
Falkenkleid:
- der Freya 40
- der Frigg 40
Falke 40
Fallar 32
Farbauti 6
Farn 45
Farseti 6
Faulheit =>
Feuersitzen 55
Feima 35
Fenchel 45
Fenja 28
Fenrir 6
Fenrir 43
Fernhypnose 64
Ferse 63
Fessel 66
Fessel-Zauber 64
Feuer 55
Feuersitzen 55
Feuerzauber 64
Fialar 32
Fid 32
Fieberkraut 45
Fili 32
Fimafeng 39
Fimbulwinter 55
Finger 63
Finnalf 5
Finnar 32
Finnmark-Riese 34
Fiölkald 34
Fiölmor 39
Fiölnir 20

Fiölvör 35
Fiörgyn 20
Fiörgyn 23
Fisch 44
Fjölverkr 34
Fjötra 29
Flachs 45
Flegda 35
Fleur-de-lys 55
Fleggr 34
Fliege 40
Fluch 68
Flügel des Wieland 40
Flügelschuhe 67
Flugschuhe des Loki 40
Fluß 49
Freya 22
frühe Skaldenlieder 78
Freyr 15
Fried 29
Friedenszauber 6
Fridr 29
Frigg 21
Folde 20
Fonn 34
Forat 35
Forelle 44
Fornjotr 6
Forseti 19
Frägr 32
Franmar 37
Frar 32
Freki 43
Frosti 32
Frosti 34
Fruchtbarkeit 64
Fuchs 43
Frauenhaarfarn 45
Frühling 54

Frühlingstagund-
nachtgleiche 54
Fulla 29
Fullas Haarreif 60
Fullafle 34
Fundin 32
Fuß 63
Fylgia 50
Fynir 6
Fynir 34
Galar 32
Galarr 34
Galdr 64
Gallapfel 45
Gandalf 32
Ganglati 34
Ganglot 6
Gangr 34
Gangr 33
Gans 40
Gänsefuß 45
Garm 43
Gautan 39
Gautrek-Saga => Snotra
Geban 20
Geburts-Orakel 64
Gefäße 57
Gefion 20
Gefion-Geliebter 6
Gefiun 20
Gefjon 20
Geist 50
Geier 40
Geirahöd 31
Geiravör 31
Geirdriful 31
Geirönul 31
Geirröd 5
Geirrota 31
Geirskögul 31
Geitir 6

Geitla 35
Geitir 35
gelb 46
Geliebter der Gefion 6
Gerber-Schaber 67
Gerdr 28
Geri 43
Gespenst 50
Gestaltwandel => Verwandlung
Gesang 68
Gestilja 35
Getreide 45
Gewöhnlicher Flachbärlapp 45
Geysa 35
Gialar 32
Gift 70
Gifur 43
Gigas 6
Gilling 6
Gillings Frau 28
Ginnar 32
Ginnungagap 49
Gjalp 35
Glamr 34
Glatundshundr 43
Glaumar 34
Glaumarr 34
Glaumr 6
Glenr 48
Glitni 5
Glöd 35
Gloi 32
Glück 64
Glückstrank 70
Glumra 35
Glymra 35
Gna 29
Gneip 35
Gnepja 35

Goi 34
Gold 55
Goldalter 55
Goldemar 7
golden 46
Goldhelm 66
Goldhörner von Gallehus 57
Göll 31
Golnir 5
Göndul 31
Gorr 34
Görsemi 29
Götter 36
Götterdämmerung 55
Götterkampf 55
Göttermet 69
Götter-Tiere 44
Gottesurteil 64
Gurgelbiß 55
Grab 49
Grani 6
grau 46
Grendel 5
Grendels Mutter 35
Greppur 34
Grer 32
Grid 28
Grid 35
Grim 5
Grim 39
Grima 35
Grimhild 31
Grimling 5
Grimnir 5
Grim Struppig-Wange 79
Grip 35
Gripir 34
Grissa 35
Groa 28
Grottintanna 35

Grotunagard 52
grün 46
Gryla 35
Gudr 31
Gudrun 31
Gudmund 5
Gullnir 5
Gullveig 29
Guma 35
Gundelrebe 45
Gunn 31
Gunnlöd 28
Gunnthinga 31
Gürtel 60
Gusir 6
Gygr 35
Gylfaginning 77
Gyllir 5
Gyllir 34
Gyma 20
Gymir 5
Haarband 60
Haare 63
Habicht 40
Hafle 34
Hafli 5
Hafthi 39
Hagen 16
Hahn 40
Hala 35
Halfdan 39
Halfdan Brana-Ziehsohn 79
Halfdan Einsteinson 79
Hamdir 39
Hamingja 50
Hammer 66
Hand 63
Handschuhe 60
Hanf 45
Hannar 32
Hantel-Symbol 55

Har 32
Härä 35
Hardbeen 6
Hardgreip 35
Hardgreipir 34
Hardverkr 34
Harek Eisenkopf 6
Harfe 57
Harz 45
Hase 44
Hasel 45
Hastingi 34
Hati 5
Hati 43
Hattatal 77
Haudr 20
Haugspori 32
Haym 34
Hecht 44
Hedin 39
Hedin und Högni 79
Hefring 35
Heid 35
Heiddraupnir 5
Heide 49
Heidrek 39
Heidungi 6
Heilige Hochzeit => Wiederzeugung 55
Heiliger Hain = Weltenbaum 52
Heilung 64
Heilziest 45
Heimdall 8
Heimir 39
Heinir 34
Heith 35
Heithdraupnir 5
Hel 26
Helblindi 20
Helgi 39
Helgi Thorisson 79

Hel-Haut 49
Helidi 27
Hellebarde 66
Helreginn 5
Helm 66
Hengikefta 35
Hengiköpt 6
Hengjankapta 35
Hepti 32
Herbst 54
Herbsttagundnachtgleiche 54
Herche 20
Herdentiere 42
Herdentierfell 42
Herfjötur 31
Hergrim Halbtroll 5
Hergunnur 35
Heri 32
Herja 31
Herkir 6
Herkja 35
Hermodr 37
Hertha 28
Hervor => Heidrek
Hervor und Heidrek => Heidrek
Herz 63
Hexe 58
Hianka 31
Hidde 34
Hild 31
Hildolf 5
Hildolf 20
Himingläva 35
Himmel 52
Himmelsrichtungs-Mandala 54
Himmelsträger-Zwerge 32
Hirsch 42
Hjaltrimul 31

221

Hjortrimul 31
Hjötra 28
Hjuki 29
Hläwang 32
Hlebard 6
Hleidr 35
Hler 10
Hlidolf 32
Hlif 29
Hlifthursa 29
Hlin 29
Hlodyn 20
Hlödyn 20
Hloi 34
Hlöll 31
Hlora 35
Hnoss 29
Hochsitz 57
Hochsitzsäulen 57
Hoddraupnir 5
Hoddrofnir 5
Hödur 19
Hofund 19
Höggstari 32
Högni 16
Högni 39
höhere Mächte 36
Holmgang =>
Zweikampf 55
Holunder 45
Homöopathie 64
Honig 40
Honigtau 45
Hönir 18
Horn 57
Horn (Riesin) 35
Hörn 29
Hörn 35
Horn-Neb 35
Hornbori 32
Hraesvelgr 6
Hrafnhild 35

Hraudnir 6
Hraudungr 5
Hrede 29
Hreidmar 7
Hremsa 35
Hrimgerdr 28
Hrimgerdr 35
Hrimgrimnir 34
Hrimnir 34
Hrim-Riesen 34
Hrimthurs 34
Hringi 5
Hringvölnir 5
Hripstodr 34
Hrist 31
Hrist 29
Hrisungr 6
Hroarr 5
Hrod 35
Hrodwitnir 5
Hrodwitnir 43
Hrökkvir 6
Hrönn 35
Hrossthjofr 34
Hrotti 5
Hruga 28
Hrungnir 5
Hrungnir-Herz 67
Hryggda 35
Hyria 35
Hrym 34
Hrund 31
Hügelgrab 49
Hugin 40
Huhn 40
Huldar 28
Hund 43
Hundalfr 6
Hunding 16
Hvalr 6
Hvedra 35
Hvedrungr 16

Hymir 6
Hymnen an die Götter 80
Hyndla 26
Hypnose 64
Hyrrokkin 26
Idi 34
Idun 25
Igel 44
Illugi Grid-Ziehsohn 79
Ilmr 29
Ima 35
Imd 35
Imgerdr 35
Imr 6
Imsigul 34
Imth 35
In 20
Ingibjörg 29
Ingibiörg 31
Intuition 64
Inzest 51
Irmin 20
Irpa 29
Istwas 20
Itrek 5
Itreksjod 5
Itreksjod 20
Ividja 35
Iwaldi 5
Iwalt 5
Iwiedie 29
Jari 32
Jamtaland-Zwerg 7
Jarngerdr 28
Jarnglumra 35
Jarnhauss 6
Jarnnef 34
Jarnsaxa 28
Jarnvidja 35
Jenseits 49

Jenseitsbarke 49
Jenseitsberge 49
Jenseitsbrücke 49
Jenseitsfährmann 49
Jenseitsfluß 49
Jenseitsgrenzen-Landkarte 49
Jenseitshalle 49
Jenseitsinsel 49
Jenseitsleiter 49
Jenseitsmauer 49
Jenseitsreise 49
Jenseitstor 49
Jenseitstor-Gitter 49
Jenseitstor-Hund 49
Jenseitswächter 49
Jenseitswald 49
Jenseitswasser =>
Wasser 49
Jenseitsweg 49
Johanniskraut 45
Jokul 34
Jokul Eisenrücken 34
Jörd 23
Jomali 20
Jörmungandr 41
Jörmunrek 39
Jorunn 29
Jötunn 6
Jotunbjorn 6
Julnacht 54
Käfer 40
Kaldgrani 34
Kamille 45
Kampfmagie 64
Kannibalismus 55
Kara 31
Karabin 34
Kari 6
Katze 43
Kausalität 55
Keila 34

Keiler 42	**Lachanfall** 64	Luchs 43	Miötwitnir 32
Kenningar 75	Lachen 55	Lutr 34	Mjoll 34
Kerbel 45	Lachs 44	Lyngheid 35	Modgudr 29
Kessel 57	Landgeister 36	**Magni** 19	Modgudr 31
Keule 66	Lauch 45	Malseron 34	Modi 19
Kiebitz 40	Laufey 26	Mana 35	Modrädnir 32
Kili 32	Laurin 7	Managarm 43	Modsognir 7
Kisi 34	Laus 40	Mannus 20	Mögthrasir 6
Kiste 57	Leber 63	Mardalla 27	Moin 32
Kjallandi 6	Leib 63	Marder 43	Mökkurkjalfi 6
Kjallandi 35	Leidi 34	Margerdr 35	Molda 35
Klaufi 34	Leifi 6	Margerthur 35	Mona 20
Klee 45	Leifnir 6	Mangold 45	Mond 48
Kleima 35	Leikn 35	Mantel 67	Mondul 32
Knochen 67	Leimrute 66	Mantel der Nanna 67	Moosfrau von Saalfeld 32
Knoten 64	Leiter 49	Marnar 29	Moosleute von Arntschgereute 32
Kobolde 36	Leirvör 35	Märzviole 45	
Kol der Bucklige 39	Leopard 43	Maske => Helm	Mörn 35
Kolfrosta 28	Lerche 40	Maus 44	Möwe 40
Kolga 35	Lidskialf 20	Meer 49	Mühle 66
Kopf 63	Liebestrank 70	Meer der Zeit 55	Mundilfari 6
Kormoran 40	Liebeszauber 64	Meer-Menschen 36	Munin 40
Korn 45	Lif 39	Mehlbeere 45	Munnharpa 35
Körperteile 65	Lifthrasir 39	Mehltau 45	Münze 67
Köttr 34	Litr 6	Meili 9	Muspel 6
Kraftgütel => Gürtel	Litr 32	Meise 40	Muspelheim => Feuer 52
Krähe 40	Ljod 29	Menglöd 22	
Kraka 31	Ljota 35	Menja 28	Myrkrida 35
Kranich 40	Lodin 6	Menschenopfer 64	Myrkvid 49
Kräuter 45	Lodinfingra 35	Messer 66	**Nabbi** 32
Kreppvör 35	Lodur 16	Midgard 52	Nacktheit 60
Kriegerin 62	Lofar 7	Midgardschlange 41	Nadel 55
Kreuzblume 45	Lofn 29	Midi 6	Nägel 55
Kreuzkraut 45	Lofnheid 35	Midjungr 34	Naglfar 49
Krönung 64	Logi 34	Midwitnir 6	Nain 32
Kröte 44	Loki 16	Mimir 6	Nali 32
Kuckuck 40	Loni 32	Mist 31	Namensgebung 64
Kuril 6	Lopthoena 28	Mistel 45	Nanna 21
Kult 55	Lori 35	Mistkäfer 40	Nauma (Hel) 35
Kundalini 64	Loricus 6	Mittelpfeiler => Yggdrasil	Nar 32
Kwasir 20	Löwe 43		
Kyrmir 6	Löwenmäulchen 45	Mittsommer 54	Narfi 6

Nari Loki-Sohn 19	Nyi 32	Priester 60	Ringkampf 55
Nati 6	Nyr 32	Priesterin 58	Rist 31
Naudir 36	Nyrad 32	Prolog (Edda) 77	Robbe 44
Nebel 64	**Oddrun** 31	Prophezeiung 71	Rögnir 7
Nefia 35	Odin 13/14	Pukis 36	Rose 45
Nehalennia 29	Odr 20	**Rabe** 40	Röskva 37
Neri 30	Ofoti 5	Rad 67	rot 46
Neris Schwester 30	Öflugbarda 35	Radgrid 31	rota 31
Nerthus 28	Öflugbardi 6	Radvör 35	Rotkehlchen 40
Nepr 20	Ogautan 39	Ragnar Lodenhose 39	Rücken 63
Nessel 45	Ogladnir 6	Ragnarök 55	Rud 35
Netz 67	Ogn 35	Ran 27	Rudent 6
Neuentstehung aus den Knochen 55	Ohr 63	Randalin 31	Rudi 34
	Oin 7	Randgnid 31	Runa 35
neun Heimdall-Mütter 35	Olius 32	Randgrid 31	Runen 72
	Ölwaldi 5	Rangbeinn 5	Runenkästchen von Auzon => Kiste
neun Schwestern 35	Omen 71	Rasereitrank 70	
Niblung 7	Onarr 48	Raswid 32	Runenstein 64
Niblung 39	Öndudr 6	Rätsel 76	Runenstein von Ardre 64
Nicor 34	Onn 32	Raud 34	
Nid 64	Opfer 64	Raugnir 34	Rußland-Riese 6
Nidi 32	Orakel 71	Raum 6	Rütze 35
Nidr 28	Oregano 45	Reck 32	Rygi 35
Nidud 16	Ori 32	Regenbogenbrücke 49	**Saemdill** 6
Nieswurz 45	Örnir 6		Saga 28
Niflheim => Eis 52	Ortnit 34	Regin 7	Sährimnir 42
Niping 32	Ösgrui 5	Reginleif 31	Säkarsmuli 6
Nirdir 10	Öskrudr 34	Reiher 40	Salbei 45
Niola 48	Ostara 29	Rentier 42	Salfangr 6
Njola 48	Osten 54	Riesen auf der West-Insel 6	Sam 34
Njörd 10	Otr 32		Sämingr 39
Njörun 29	Otter 44	Riesen-Baumeister 6	Sanngrid 31
Nölvi 10	Otunfaxe 39	Riesen von Feldkirchen 34	Sati 51
Norden 54	**Penis** 55		Säule => Weltenbaum 52
Nordosten 54	Perchta 28	Riesen von Lichtenberg 35	
Nordri 32	persönliches Glück 64		Saxnot 20
Nordwesten 54	Pfeil 66	Rifingalfa 35	Sceaf 20
Nori 32	Pferd 42	Rifingöflu 35	Schachtelhalm 45
Nornen 30	Pferdezwillinge 12	Rigingöflu 35	Schädelschale 63
Norr 34	Pflug 67	Rind 42	Schadenszauber 64
Norr 48	Phol 9	Rindr 20	Schaf 42
Nott 48	Polygamie 55	Ring 57	Schafgarbe 45

Schaumkraut 45	Siar 32	Skorpion 40	Sternbild 55
Schierling 45	Sichel => Sense	Skrati 34	Stigandi 5
Schild 66	sieben Schwestern 28	Skrymir 5	Storch 40
Schlafdorn 55	Siegfried 38	Skrimnir 5	Storkvid 34
Schlangen 41	Sieglind 31	Skuld 30	Stoverkr 34
Schlangenauge 63	Siegstein 67	Slagfid 39	Strahlen-Breitsame
Schlangengrube 49	Sif 24	Sleggja 35	45
Schlangenzunge 63	Sigdrifa 31	Snae 34	Strudel 49
Schleifstein =>	Sigurd 38	Snotra 29	Struthan 34
Wetzstein	Sigi 39	Solbiart 5	Stumi 5
Schmetterling 40	Sigrlami 39	Sohn der Freya 19	stumm 63
Schmied 4	Sigrun 31	Sohn des Freyr 19	Süden 54
Schmied 55	Sigyn 28	Solblindi 5	Südosten 54
Schnecke 44	silbern 46	Sölfn 29	Sudri 32
Schneeweiß-	Simul 31	Sommer 54	Südwesten 54
Goldschöne 28	Sinmara 28	Somr 5	Surtur 6
Schuh 63	Sindri 32	Sonne 48	Suttung 6
Schutzgeist =>	Sinthgunt 29	Sonnengöttin 48	Svada 5
Fylgja/Hamingja	Sivör 35	Sonnenhymne 64	Svadi 5
Schutzzauber 64	Sjuld 31	sonstige Magie 64	Svaf 7
Schwalbe 40	Skadi 20	Sörli 39	Svarangr 5
Schwan 40	Skafid 32	Spatz 40	Svasudr 6
Schwanenkleider der	Skalden 61	Specht 40	Svatr 6
Walküren 40	Skaldatal 77	Speer 66	Sveid 31
Schweden-Riese 6	Skaldenlieder 78	Sperber 40	Sveipinfalda 35
Schwein 42	Skaldinnen 61	sprechende Tiere 41	Svidi 6
Schwert 66	Skalli 34	Sprichworte 74	Svip 5
Schwitzhütte 64	Skalmöld 31	Spindel 55	Svipul 31
sechsköpfiger Riese 6	Skadskaparmal 77	Spinnerin 55	Sivivör 31
Seehund 44	Skärir 5	Spiritus familiaris 36	Swaf 20
Seekuh 44	Skeggiöld 31	Sprettingr 5	Swanhild 31
Seelenvogel 40	Skidbladnir 49	Stab 67	Swanwit 31
Seelenvogel 50	Skimsli 5	Starkad 6	Swawa 31
Segen 68	Skirnir 37	Starkad 39	Swior 32
Seher 60	Skirkjar 35	Stärketrank 70	Swipdag 20
Seherin 58	Skirwir 32	Statue 57	Syn 29
Seidelbast 45	Skjalf 29	Stein 64	Syr 29
Seidr 64	Skjalv 34	Steine und Edelsteine	**Tafl** 57
Sel 6	Skjellinefja 29	64	Tal 52
seltsamer dritter	Skjöldr 39	Steinigung 55	Tamfana 29
Bruder 55	Skögul 31	Stern 48	Tarn-Kappe 67
Sense 67	Sköll 43	Sternbild 48	Tarn-Umhang 67

Tasche 60	Thrungva 29	Uri 20	- in Fuchs 65
Tätowierungen 55	Thrym 6	Utgard 52	- in Geier 65
Tattoo 60	Thulur 77	Utgardloki 6	- in Habicht 65
Tau 52	Thundr 6	Ungeheur 41	- in Hecht 65
Taufe 64	Thundr 29	Utiseta 50	- in Hirsch 65
Teer 45	Thurbiörd 35	**Vagnhöftdi** 34	- in Hund 65
Telemark-Riese 5	Tiere 44	Valbrandur 5	- in Krähe 65
Telepathie 64	Tiere der Götter 44	Vali Loki-Sohn 19	- in Lachs 65
Teller 57	Tierfelle 60	Valthögn 31	- in Löwe 65
Tempel 56	Tierfelle bei Hinrichtungen 67	Vandil 5	- in Mücke 65
Teufelsabbiß 45		Vandlir 5	- in Otter 65
Thagnar 31	Tor 49	Var 29	- in Pferd 65
Theck 32	Torfa 35	Vardrun 28	- in Rabe 65
Thialfi 37	Tote wiederbeleben 64	Vardrun 35	- in Rind 65
Thiazi 5		Vardruna 35	- in Robbe 65
Thing 73	Tragestange 67	Vasad 6	- in Schlange 65
Thiodwitnir 34	Trana 35	Vatermord 55	- in Schwalbe 65
Thistilbardi 34	Traum 71	Velle 5	- in Schwan 65
Thjodrerir 7	Traumdeutung 71	Venus 48	- in Seekuh 65
Thögn 31	Traumfrau 31	Verbene 45	- in Spinne 65
Thökk 35	Trima 31	Verdandi 30	- in Tier 65
Thor 17	Trolle 36	Vervielfältigung von Körperteilen 65	- in Vogel 65
Thora 28	Trona 35		- in Wal 65
Thorgerdr Hölgabrudr 29	Tuch 57	Vergessenheitstrank 70	- in Walroß 65
	Tuisto 20		- in Widder 65
Thorin 7	Tuisto 33	Verirren auf der Hirschjagd 55	- in Wolf 65
Thorir 6	Turm 56		- in Ziege 65
Thorn 5	Tyr 3	Verr 34	- in Ziegenbock 65
Thorstein Haus-Macht 79	Tyr-Riesen 5	Verwandlung:	Vidblindi 5
	Udr 35	- einer Frau in einen Mann 65	Viddi 34
Thrain 32	Uffe 39		Vidgreipr 34
Thrasir 6	Ulfhedinn 62	- einer Frau in eine andere Frau 65	Vidgymir 5
Thrigeitir 5	Ulfrun 35		vier Riesen-Ritter 34
Thrivaldi 5	Ullr 11	- eines Mannes in eine Frau 65	vier Stier-Riesen 34
Thröng 29	Umhang => Mantel 60		viertüriges Haus 52
Thror 7		- in Adler 65	Vifflöd 29
Thror 20	Uni 20	- in Bär 65	Vignir 34
Thror 32	Unn 35	- in Drache 65	Vikarr 6
Thorri 34	Unsichtbarkeit 64	- in Eber 65	Vilja 20
Thrud 31	Unsichtbarkeits-Stein 67	- in Falke 65	Vindr 34
Thrudgelmir 5		- in Fliege 65	Vingnir 6
Thrudr 29	Urd 30	- in Floh 65	Vingrip 34

Vipar 34	Wegwarte 45	Winter 54	Zwerge 32
Vogel 40	Weig 32	Winteranfang 54	Zwerge:
Vogelsprache 64	Weihung => Segen	Wirwir 32	- im Berg 32
Volkrast 7	Weinen 55	Witr 32	- im Gebirge 32
Vör 29	weiß 46	Witwen-Selbstmord 51	- Kuttenberg 32
Vörnir 34	Weisheiten 74		- Untersberg 32
Vulkan-Riese 34	Weisheitstrank 70	Wolf 43	- Blankenburg 32
Waage 64	Weißstern 39	Wolfsfell 62	- Bonikau 32
Waberlohe 49	Weltenbaum 53	Wortschatz Magie 64	- Dardesheim 32
Wächter 49	Weltesche 53	Wohlstandszauber 64	- Eilenburg 32
Wafthrudnir 6	Wespe 40	Wucherblume 45	- Elbogen 32
Wagen 67	Westen 54	Wurzel 45	- Glaß 32
Wagnhofde 6	Westri 32	Wyrd 30	- Hohenstein 32
Wal 44	Wetter 64	**Yggdrasil** 53	- Heilingsfelsen 32
Wälder =>	Wettlauf 55	Ymir 33	- Nünberg 32
Weltenbaum 52	Wetttrinken 55	Ymis 33	- Osenberg 32
Wald-Riesin 35	Wetzstein 67	Yngvi 32	- Plesse 32
Wali 19	Wichte 36	**Zahlen** 47	- Rosenberg 32
Wali 32	Widar 19	Zähne 63	- Selbitz 32
Walküren 31	Widfinnr 5	Zauberer 59	- Sion 32
Walnuß 45	Wiedergeburt 51	Zauberin 58	Zwerg:
Walroß 44	Wiederholungen 55	Zaubersprüche 68	- Gebirge 32
Waltam 20	Wiederzeugung 51	Zeh 63	- Kyffhäuser 32
Wandteppich => Tempel	Wieland 4	Ziegen 42	- Hohenstein 32
	Wiesel 43	Zisa 29	- Dresden 32
Wanen 36	Wig 32	Zunge 63	- Hoia 32
Warkald 6	Wigrid 55	Zweikampf 73	- Lützen 32
Warr 20	Wili 20	zweiköpfige Riesen 34	- Ralligen 32
Wasser 52	Wili (Zwerg) 32		- Rantzau 32
We 20	Wind (Magie) 64	zwei Zwerge 32	- Scherfenberg 32
Weberin 55	Wind 52	Zwerg auf dem Felsen 32	- Thorgau 32
Wegdrasil 20	Windalf 32		Zwillinge 55
Wegerich 45	Windloni 6	Zwergberg zu Aachen 32	
Wegetritt 45	Windswal 6